王乐夫教授文集

WANG LEFU JIAOSHOU WENJI

王乐夫 著

中山大学出版社
SUN YAT-SEN UNIVERSITY PRESS
·广州·

版权所有　翻印必究

图书在版编目（CIP）数据

王乐夫教授文集/王乐夫著. —广州：中山大学出版社，2021.7
ISBN 978-7-306-07236-8

Ⅰ.①王…　Ⅱ.①王…　Ⅲ.①公共管理—文集　Ⅳ.①D035-0

中国版本图书馆 CIP 数据核字（2021）第 117218 号

出 版 人：王天琪
策划编辑：嵇春霞　赵　冉
责任编辑：赵　冉
封面设计：曾　斌
责任校对：陈　莹
责任技编：何雅涛
出版发行：中山大学出版社
电　　话：编辑部 020-84110283，84113349，84111997，84110779，84110776
　　　　　发行部 020-84111998，84111981，84111160
地　　址：广州市新港西路 135 号
邮　　编：510275　传　真：020-84036565
网　　址：http://www.zsup.com.cn　E-mail：zdcbs@mail.sysu.edu.cn
印 刷 者：恒美印务（广州）有限公司
规　　格：787mm×1092mm　1/16　18 印张　320 千字
版次印次：2021 年 7 月第 1 版　2021 年 7 月第 1 次印刷
定　　价：78.00 元

如发现本书因印装质量影响阅读，请与出版社发行部联系调换

  王乐夫 1941年生，海南省定安县人。中山大学政治与公共事务管理学院教授、博士生导师、首任院长（2001—2004年），享受国务院政府特殊津贴的有突出贡献专家。

  曾任中山大学党委副书记、中山大学校务委员会副主任、教育部高等学校公共管理类学科教学指导委员会主任委员、全国公共管理专业学位研究生（MPA）教育指导委员会副主任委员、教育部社会科学委员会委员、第五届国务院学位委员会公共管理学科评议组召集人、国家社科基金规划项目学科评审组专家、中国政治学会副会长、中国行政管理杂志社编委会副主任等，被西安交通大学、华中科技大学等多所高校聘为客座教授。

  主要研究领域为公共管理与领导学等。先后主持国家、省（部）级研究项目14项，出版《行政管理学》《公共管理基础理论及体系》《领导学：理论、实践与方法》《中国公共管理理论前沿》等教材和著作18部（含合作），在《政治学研究》《管理世界》《中国行政管理》等重要学术期刊发表学术论文近百篇。

出版说明

一

改革开放 40 多年来，中国公共管理学在学科构建、学术研究、人才培养和知识应用等方面均取得显著进展，成就斐然，为国家治理体系和治理能力现代化做出了不可替代的重要贡献。这是几代公共管理学人孜孜以求、努力奋斗的结果。尽管如此，加快构建具有中国特色的公共管理学学科体系、学术体系、话语体系的事业仍然任重道远。在此背景下，回顾公共管理学科建设起步阶段一代学人的学术思考，不仅有重温学科"初心"、梳理学科历程的意义，也将为我们提供回到元问题、发掘新启迪的宝贵机会。

同时，2021 年恰逢中山大学政治与公共事务管理学院建院 20 周年。因此，我们决定从学院首任院长、同时也为全国公共管理学科建设做出过重要贡献的王乐夫教授的众多论文中，鉴选其代表性作品，辑成此卷，以飨读者，并示敬意。这部文集真实记录了王乐夫教授在中山大学从事公共管理学的教学、科研过程中，对公共管理基本理论和实践的理解与感悟，它也从一个侧面忠实地记录了王乐夫教授所代表的老一代公共管理学人对建构中国特色公共管理学体系"四梁八柱"所开展的艰辛且睿智的探索。我国的公共管理学科如今发展喜人，其欣荣之势，自然有赖于前辈学人的奠基之功。

二

基础理论建构与传承仍然是学科建设的重要内容和使命，对公共管理这一新兴学科尤其如此。当今世界正经历百年未有之大变局，全球治理体系深刻重塑，公共管理研究的重要任务就是深刻总结中华人民共和国成立 70 多年来中国共产党治国理政的成功经验，从中提炼具有实践特色、民族特色、时代特色的公共管理基础理论。关于这种理论构造的工作，王乐夫教授从基本概念、内涵特征和学科体系等不同层面提出了自己的理解。

首先，从概念来说，公共管理由"公共的"和"管理"两部分构成，它们的逻辑关系是：公共管理立足于"管理"，但本质上要体现"公共性"。"公共性"强调公共管理的目标是公众的利益，以服务公众为宗旨，它代表某种规范性的价值追求，因此不可避免地要把公平、正义和其他社会伦理道德纳入自己的视野。"管理性"表达了公共管理的一般特性，表明它是一种旨在追求效率、有技术性、很多时候可以量化的社会管理活动，因而与一般的管理活动有着基本的相通性。这要求公共管理必须讲求对管理一般原则和技术方法的掌握和运用，以获取管理效益。因此，"公共性"和"管理性"是全面解释公共管理概念或活动不可或缺的一对概念：公共管理的"公共性"是公共管理的本质属性，它使公共管理与一般管理有所不同；"管理性"则是公共管理的一般特征，它表明公共管理存在的基础是管理的一般原理与方法。

其次，从公共管理的内涵特性出发，公共管理主体的公共性主要表现为组织的代表性、行为的公务性、宗旨的公益性、权力的法定性。公共管理价值的公共性表现为伦理原则、公平正义和社会责任。公共管理手段的公共性依托于公共权力，公共权力是公共管理活动的后盾和基础，公共权力的公共性充分体现了公共管理手段的公共性。公共管理对象及目标的公共性表现为研究公共事务和公共问题。与此同时，王乐夫教授对公共管理的主体、领域保有极为开阔的视野，认为它是由国家公共管理、政府公共管理、社会公共管理共同构成，并尝试在此基础上构造公共管理的知识光谱。

最后，完整的公共管理学科体系建构包括纵向和横向两个维度。从纵向学科体系看，公共管理学作为一门学科，必然有其自身的学科体系，这一学科体系应该包括公共管理的核心概念、理论基础、逻辑起点、组织类别、运作过程、物质基础、基本功能、抽象行为、战略、策略和艺术、行为规范、绩效评估等重要内容。从横向学科体系看，公共管理学包括国家公共管理、政府公共管理、社会公共管理和国际公共管理四种类型。

三

公共管理学本质上是一门实践科学。党的十八大以来，以习近平同志为核心的党中央在坚持和完善中国特色社会主义制度、推进国家治理体系和治理能力现代化等方面进行了一系列重大实践创新，提出了一系列治国理政新理念新思想新战略。中国公共管理学的实践创新，必须紧扣我国社会主要矛盾变化，研究和解决国家重大公共管理与公共政策领域的复杂问题，服务国家治理体系和治理能力现代化的战略需求。王乐夫教授对公共管理实践的研究重点关注以下五个问题,现在看来,这些研究符合实践发展的趋势,而且在很多方面回应了实践发展的需求。

一是关注政府职能的社会化转变。他主张政府和社会应当在互动和磨合中寻求公共事务管理的平衡点,社会有能力承担的由社会承担,社会不能承担的由政府承担,社会不能完全承担的由政府与社会合作承担,政府与社会之间应建立起公共事务管理的利益共享和责任分担机制。

二是强调统筹安全和发展,有效应对公共危机。王乐夫教授较早就敏锐地认识到,我们需要运用多学科的知识,探索危机管理理论,推进建立一种有效的危机管理体制,包括建立有效的预警机制、内部协调机制、政府间和国家间合作机制,发展相关的专业化组织,建立应对危机管理的社会支持系统,等等。

三是挖掘基层治理案例,探究中国公共管理的真实世界。在老一代公共管理学者中,王乐夫教授较早就意识到,公共管理学固然需要思辨性的理论建构,但变革社会中生动的治理实践才是学科新知的源泉,也是提升学科专业化、科学化水平的必由之路。例如,他对深圳万丰以共有制形式探索公有制最佳实现形式的开拓性探索进行专题研究,揭示其背后深刻的社会治理意涵,至今读来仍颇有启发。

四是提倡和研究政府治理创新。王乐夫教授主张适当引入政府间竞争,形成政府管理创新的外在激励与内在动力机制,提升管理能力。他对西方新公共管理运动及其在中国的实践持有冷静的批判态度,既注意到它引入市场竞争机制的积极意义,同时又一直保持对政府管理公共性的高度敏感,倡导不断改进政府运作模式,改进政府与企业、市场和社会的关系,以最终实现良性有序的共同治理模式。

五是对领导力的持续研究。王乐夫教授一直认为,公共管理要抓住公共领导这一关键少数。公共领导关注的是宏观决策与政治领导,是对公共管理行为的提升;而公共管理则致力于对公共事务的治理,追求管理的绩效。他把公共领导作为一个相对独立的研究领域,应该说,这一领域的研究仍有极大的空间。

当然,公共管理学科的实践性也在很大程度上决定了它的时代性。这种时代性既体现在议题上,也体现在概念、方法上。王乐夫教授在本文集中讨论的一些议题,是从公共管理学的角度出发,对当时一些重要的社会问题所做的回应和反思,因此我们也要参照当时的语境才能更好地理解他的观点。

议题和语境的变化，本身就是"中国之治"充满活力的表现。

  常言道，伟大的时代需要伟大的精神，伟大的精神推动伟大的事业。以王乐夫教授为代表的老一代学人，在不断创新发展的公共管理实践中，让自己的研究与时代发展同步，与改革发展大势共振。这是一个开放的时代，公共管理也是一个开放进取的学科，无论是国家治理，还是全球治理，都有许多亟待破解的重大理论与实践课题。老一代学人给我们留下的道德文章，既是楷模，也是营养，更是动力。王乐夫教授不但是改革开放以来公共管理学术研究的重要开拓者，而且，作为学院创院院长，他为学院公共管理学和政治学学科建设付出了大量的智慧和心血，在他的直接领导和推动下所搭建的学术平台，为学院的后续发展提供了高水平的起点。在学院建立 20 周年之际，我们选编出版《王乐夫教授文集》，希望从一个侧面呈现中国公共管理学科发展的一段独特历程，并以此表达对王乐夫教授的由衷敬意。

中山大学政治与公共事务管理学院　谨识
2021 年 2 月

王乐夫教授公共管理学研究概观

陈天祥　黄宝强*

改革开放之初的 20 世纪 80 年代，是中国社会科学各学科专业集中恢复或重建的"黄金时代"，中国的改革开放与经济社会发展急切需要社会科学新知识和新理论的指导与帮助，而改革开放和经济社会发展实践本身既为各学科的学术研究提供了丰富多样的经验素材，又创造了社会需求。中国行政学的恢复与重建，在这一时代背景下徐徐展开，从 1982 年 1 月夏书章教授在《人民日报》发表《把行政学的研究提上日程是时候了》，到 1997 年公共管理在我国成为一级学科，在恢复与重建的头 15 年里，行政学研究主要聚焦于对政府或行政管理体制内部组织结构、人员配备和职能定位的科学设计与优化，以尽快打破"全能""臃肿""低效"的政府管理体制，建构一个"科学""精简""有效率"的行政管理体制，更好地服务经济建设这一中心任务，推动社会主义市场经济体制的建立和发展。但到 20 世纪末、21 世纪初，伴随着市场经济的蓬勃发展，各种各样的社会问题不断涌现，政府作为单一的行政主体，以及政府行政管理的既有范式，已经无法有效应对日益复杂的经济社会状况，只聚焦于政府行政体制自身的传统行政学范式也已无力为政府改革与治理创新提供充分的理论指导。正是在这种背景下，中国的行政学或行政管理学迈向了公共管理学的时代，西方国家从 20 世纪 70 年代流行起来的公共管理范式，逐渐引起了我国学者的广泛关注。

任何学科或专业在中国的发展，似乎都面临着对基础理论的介绍、澄清与阐说，以及对经验实践的观察、解释与理论提炼等问题。作为一门新兴的学科或专业，公共管理学也不例外。公共管理学的创业前辈们在创业之初对基础理论和经验实践等方面的研究与构想，奠定了过去、现在甚至未来一段时期内我国公共管理学的基本面貌和发展路径。因此，阅读和学习创业前辈们的学术作品与学术思想，不仅能丰富我们对公共管理学基础理论和中国实

---

* 陈天祥，中山大学政治与公共事务管理学院教授。
　黄宝强，贵州财经大学副教授。

践的认识，更有助于增加我们对中国公共管理学学科发展历程、现状与未来的认知和把握，于学术研究、实践指导和学科建设而言都是一件值得投入的事情。

王乐夫教授是我国著名的公共管理学者，是中国公共管理学学科发展与建设最主要的创业前辈之一，他长期潜心于公共管理的教学与研究工作，发表和出版了大量的专业论文与著作，在公共管理基础理论和中国公共管理实践等方面做出了杰出的贡献。1997—2007年是王乐夫教授研究公共管理学问题、发表公共管理学作品最集中的时期，更是中国公共管理学发展壮大的"黄金十年"。本论文集精心挑选了这一重要时期王乐夫教授在公共管理基础理论、中国公共管理实践和公共领导这三个方面公开发表的主要学术作品，意在尽可能全面地呈现王乐夫教授的主要学术思想，为读者提供一个了解和把握中国公共管理学学科发展基本面貌的切入点。下面我们将从本文集收录的三个方面集中对王乐夫教授的部分代表性文章进行简要呈现与介绍，供读者初步了解与参考。

一、公共管理基础理论

对于一门学科而言，基础理论一般要处理的是对核心内涵的界定、对特殊性质的说明、对重要关系的澄清和对实践目标的确认等问题。关于基础理论的讨论似乎是一个老生常谈却又争论不休的话题，它可能不会显著增加我们的专业知识储备，更不能增进我们对实践的认识与理解，却能有效增进我们的学科意识和身份认同，维持我们对一个"学术共同体"的归属感与凝聚力。就公共管理而言，即便在其发轫和相对成熟的西方国家，学者们对以上几个方面的基础理论也是观点不一、莫衷一是，而作为年轻的中国公共管理学，对基础理论的探讨就显得既自然而然，又更为迫切和必要了。

首先，关于公共管理的内涵，王乐夫教授认为公共管理"就是为了维护、增进和公平地分配公共利益，立法、行政、司法等国家机关和非政府公共组织对公共事务依法进行管理的活动"①，而公共管理学则是"一门研究公共组织管理公共事务的过程及其规律的学科，其目标是为公共组织有效地

---

① 王乐夫、李珍刚：《公共管理与公共行政：内涵比较探析》，载《江西社会科学》2004年第11期。

处理公共事务、实现公共利益提供理论指导"①。由此可见，无论是作为一种实践，还是作为一门学科，与公共行政或行政管理、公共政策以及新公共管理等范式传统相比，公共管理都是一个内涵更加丰富、外延更加广泛的概念范畴，它所指涉的主体、对象、目标和手段方法等都超出了传统范式所聚焦的内容，即"狭义政府"或"行政体制"通过运用公共权力对行政事务进行的"行政管理"，而涵盖了更加广泛的社会性成分。实际上，公共管理产生的时代背景就在于传统行政范式无法有效应对日益广泛复杂的经济社会问题，而需要转向对社会性力量和非权力性手段方法的引入和应用。此外，无论是在国外的产生与建构还是在国内的引入与发展过程中，公共管理都在某种程度上实现了从专指一种特殊的公共事务管理范式向指代一门学科或专业的转变，是经济社会发展要求公共管理范式转变与公共管理范式转变推动公共管理学科转型的双重过程。

其次，关于公共管理的性质，虽然存在着持续且剧烈的争论，但焦点都聚集在对"公共性"和"管理性（管理主义）"之间的偏向性选择与权衡上，而总体趋势在于明确其"管理性（管理主义）"特质的同时，其"公共性"特质得到越来越多的认可与强调。由于我国改革开放初期行政管理体制改革的目的是建立一个"科学""精简""有效率"的行政管理体制，导致公共管理研究存在过于重视其管理性或管理主义特质，强调公共管理的管理学基础并追求对一般管理方法的运用，王乐夫教授认为这显然是一种"不太科学的态度与方法"②。王乐夫教授认为"公共性"才是公共管理研究的基础与核心，并指出公共管理"公共性"特征的四个方面，即"管理主体即公共部门的'公共性'，管理手段即公共权力的'公共性'，价值观即公平、正义的'公共性'，管理目标即公共利益的'公共性'"③。他不仅基于"公"与"共"的异同对"公共性"概念进行了辨析，而且还对公共管理的"公共性"特征与"社会性"特征进行了分析和论证。更有创意的是，其基于"公共性"特征的视角对公共管理的"政治属性"进行的分析，使我们对"政治"与"公共管理"之间的关系，这一公共行政思想史中的经典问题，有了一个更具体和可操作的认识和理解。

---

① 王乐夫、李珍刚：《公共管理与公共行政：内涵比较探析》，载《江西社会科学》2004年第11期。
② 王乐夫：《公共管理：政治学的视域》，载《政治学研究》2004年第3期。
③ 王乐夫：《公共管理：政治学的视域》，载《政治学研究》2004年第3期。

最后，关于公共管理的价值目标，我们耳熟能详的是关于"效率"这一单一价值追求向与诸如"公平""民主"等多元价值追求之间的争论，并往往给人一种"非此即彼、互不相容"的刻板印象。王乐夫教授告诉我们，像效率、公平和民主等只不过是一种工具性价值，学者们对它们的理解大多停留于浅表性的认识层面，实际上，公共行政存在着一种系统性的"价值异化"问题，即在公共行政主体、公共行政客体和公共行政内容等方面都存在价值异化的倾向。① 概括来讲，王乐夫教授的公共管理价值观主要包括三个方面，一是公共管理的价值目标应包含工具性价值（效率、公平等）和目的性价值（可持续发展、人性完善）；二是虽然在不同的发展阶段、不同的经济社会背景下对价值的偏好和侧重点会有所不同，但诸价值之间并不是非此即彼、不可调和的；三是公共行政价值应该是"一个由不同层次的价值所构成的有机系统，在这个系统里面，公共行政的目的性价值和工具性价值达到和谐和统一"②，也只有建构起这样的一种价值体系，公共行政学才能算得上是一门自立自足的学科。

二、中国公共管理实践

理论与实践的相得益彰、相互促进是公共管理学学科发展的关键。中国改革开放 40 多年来的成就精彩纷呈、惊艳世界，在行政发展、政府改革和国家治理现代化建设等方面更是锐意进取、创新不断。中国的改革与发展实践为学术研究提供了丰富、宝贵和源源不断的经验素材，也为公共管理学科发展提供了巨大的需求和广阔的空间。那么，我们所习得的西方公共管理理论是否能够有效解释中国的公共管理实践，该如何充分利用精彩纷呈的中国治理样本宝库来建构新的理论，推动成功经验的有效推广与学习？这些都是过去、当前和未来一段时期内公共管理学界的同人们值得思考的问题和努力的方向。

首先，借鉴既有理论对中国实践进行新的解释。有效的理论或原理必须具备一定的普遍性，即能解释一种普遍现象。当前我国公共管理学的大多数理论都是"舶来品"，是以西方国家的实践经验为基础而建构起来的，那

---

① 王乐夫、张富：《试论公共价值异化》，载《中山大学学报》2004 年第 4 期。
② 王乐夫、张富：《公共行政的价值范畴研究》，载《安徽大学学报》2004 年第 2 期。

么，这些理论可以有效地解释中国本土化的公共管理实践吗？我们可以肯定的是，作为一种经过经验检验的理论，在解释中国本土化实践时即使是部分有效的，我们也要善于发现它的不足之处，进而对其做出修正，这是理论发展与完善的一种基本路径。比如，以私有产权为核心的现代产权理论是西方经济学中一个非常重要的理论，它的核心论点是产权的私有是效率的基础，非私有（或公有）的产权会导致交易成本飙升、资源浪费、过度消耗，或在委托—代理关系中产生问题。但王乐夫教授对深圳市万丰村共有制模式的研究表明，通过一系列的制度设计和模式探索，可以将产权公有制形式转变为一种共有制形式而无须私有化，既能体现公有制的性质，又能避免公有制形式下的种种问题，从而实现生产资料的充分有效利用。① 理论往往存在着某种程度的滞后性，而实践总是与时俱进的，这就要求我们在学习和利用既有理论的同时，必须时刻关注实践的最新动态，对既有理论做出新的调整与完善。只有时刻保持与时俱进的品质，中国公共管理学才能历久弥新，紧跟时代的步伐。

其次，基于中国实践建构有效的理论。扎根实践并建构有效理论，是每一位公共管理学人应有的学术追求。经过几十年的发展，中国的公共管理学已经走出了译介和学习西方理论的初始阶段，进入一个立足于本土化实践、发展和建构普遍性理论的新时期。虽然行政改革和公共管理创新是20世纪以来众多国家为解决一系列治理难题、适应经济社会变迁而普遍采取的变革手段，但似乎没有哪个国家能像改革开放以来的中国那样，持续进行着一系列高强度、高频次、深刻而又广泛的改革与创新尝试。从过去到现在、从地方到全国，行政改革和公共管理创新不断推陈出新、日新月异，为我们的理论建构和创新活动提供了令身处其他改革"实践匮乏"国家之中的学者所羡慕的丰富的经验素材，充分发掘和利用这些本土的经验素材，将有助于公共管理学走出当前"理论匮乏"的处境，在公共管理学学科发展和理论创新的蓝图上增加更多的中国元素。例如，基于我国的政治制度和国情而实行的决策参与机制和公共决策体制，就明显不同于美国的利益集团式决策参与和消费者选择式的公共决策。王乐夫教授对我国的决策参与机制和公共决策

---

① 王乐夫、陈干全：《从"公有"到"共有"——对深圳市万丰村共有制模式的公共管理分析》，载《中国行政管理》2003年第5期。

体制进行了全面细致的分析①，那么，我们是否可以在此基础上对其中的现象、行为和机制做进一步的探讨，进行新的理论提炼和建构，补充和丰富当前的公共政策理论呢？实际上，当前我们的很多研究成果只需要再向前一步，打通"最后一公里"，就能在理论发展和创新上做出卓有成效的本土化贡献。

最后，对成功的实践经验进行总结和推广。故事化叙事和理论化包装是推广和传播成功治理经验的有效途径。我国的大部分公共管理改革和创新遵从的都是先试点试验、后总结推广的路径，比如作为中国改革开放排头兵和试验田的广东省，有许多值得其他地方甚至国家层面借鉴和推广的行政管理体制改革和公共管理创新成功案例。同时，中国作为一个发展中国家，虽然与其他国家存在着制度文化等方面的差异，但有效治理的成功经验以及许多改革创新的举措，值得其他国家借鉴和参考。那么，如何促进成功经验的有效推广和传播呢？对于各种精彩纷呈、扣人心弦的实践案例，我们既要以讲故事的方式把它呈现出来，同时也要把蕴含其中的道理讲明白，最终形成一个既有经验叙事、又有理论解释的社会科学研究文本，这一文本也将是一个可供其他国家或地区学习借鉴的典型范本。以地方政府在经济发展中的地位和作用为例，西方国家一直在用自己的经验故事和理论成果向广大发展中国家灌输经济发展应完全依赖市场、政府不该积极有为的理念，但现实告诉我们，凡是完全照搬西方这套理念的国家，经济都没有获得持续稳定的发展。中国的经验则表明，政府尤其是地方政府的推动引导和积极有为，是促进地方经济发展的关键力量之一。将中国地方政府在经济发展中的角色、作用、机制和存在的问题讲完整、讲明白，为其他发展中国家提供一个明显有别于西方国家的经验模式，供他们比较、学习和借鉴，自然成为公共管理学的一个重要"实践旨趣"，王乐夫教授对珠江三角洲地方政府在经济发展中的作用和地位的分析，正是这一"实践旨趣"的良好体现②。

---

① 李联、王乐夫：《珠江三角洲乡镇公共决策体制转型探索》第7期，载《中国行政管理》1997年第7期；王乐夫：《我国国家决策参与机制的改革和完善》，载《公共管理研究》2003年第2期。

② 王乐夫、唐兴霖：《珠江三角洲：地方政府在经济发展中的地位和作用》，载《中山大学学报》1997年第4期。

三、公共领导

在西方公共管理学界，公共领导是一个受到持续和广泛关注的研究议题，对公共领导的概念界定、重要关系的梳理澄清以及公共领导实践等内容的思考与讨论一直存在于西方公共管理学的学术传统当中。然而在中国，公共领导在公共管理学界似乎并未引起应有的关注。王乐夫教授在 21 世纪之初就曾指出，在国内"至今未见到'公共领导'方面的文章，连'公共领导'这一名词、概念也未曾谋面；或者对领导与管理的错误理解十分普遍"[1]，即便到现在，情况似乎也没有得到很大的改善。之所以如此，一方面是因为在中国语境下，"领导"这一概念往往仅指"上级""首长"等名词或"带领""指引"等动词，而与我们通常所说的"管理"或"执行"严格区分开来。另一方面则是因为由于上述概念上的认知偏差，"领导"往往被认为属于"政治"范畴而不是"管理"或"行政"范畴，因此应该属于政治学的研究议题而不是公共管理学的研究议题。但是，王乐夫教授告诉我们，公共领导是一个不应被"忽视与扭曲的领域"[2]，中国公共管理的全面、健康和协调发展，需要弥补公共领导方面的短板，加强对公共领导的深入分析与研究。

首先，在基本概念的界定与澄清方面，王乐夫教授重点分析了公共领导与公共管理两个概念之间的关系和异同，以此来突出公共领导的特殊性和重要性。他说，概念界定一般通过揭示邻近的属和种差来进行，并根据逻辑同一性原则对领导和管理两个概念进行了辨析，进而提出了在狭义或功能上"领导是高层次的管理，管理是低层次的领导"[3]的观点。在此基础上，王乐夫教授将公共领导界定为"公共部门在管理过程中，为了实现公共利益，体现公共精神而进行的高层次的管理活动"，并进一步阐释了公共领导的四个核心特征，即"公共领导是具有'公共'精神的领导""公共领导是一种政治或政策领导""公共领导是一种战略型领导""公共领导更关注组织外

---

[1] 王乐夫：《论公共领导——兼议公共领导与公共管理的关系及其研究意义》，载《管理世界》2003 年第 12 期。

[2] 王乐夫：《论公共领导——兼议公共领导与公共管理的关系及其研究意义》，载《管理世界》2003 年第 12 期。

[3] 王乐夫：《管理、领导概念异同辨析——一对核心概念的基础研究》，载《中山大学学报》1999 年第 3 期。

部管理而不是内部管理"①。那么，公共领导与公共管理是什么关系呢？对此，王乐夫教授提出了两点，第一点与"领导是高层次的管理"相一致，即"公共领导是高层次的公共管理"；第二点"公共管理是公共领导的基础与依托"，即公共领导虽然居于公共管理的"高层次"，但公共领导价值目标的实现需要以中下层的管理和执行为基础，公共领导行为需要通过具体的公共管理活动来实现。②

其次，在领导管理工作的专业化方面，在外行和内行之间，究竟选择谁来"领导"，是公共领导研究中的一个核心问题。现代组织与社会分工的一个结果就是"由专业的人来做专业的事"这种理念的兴起和强化，资本主义企业的兴起带来了管理岗位与管理工作的专业化和专门化，某种程度上，对于管理的科学化而言，专业的就是科学的，而科学的才是合理的。如果领导的科学化和管理一样，也需要专业化要求，那么对于领导而言，它的"专业化"是什么呢？王乐夫教授指出，以美国为代表的西方国家经历了两次领导管理工作的专业化转向，第一次是由"所有者"做领导转变为由掌握某一领域高超的生产技术和专业知识的"硬专家"做领导；第二次则是由"硬专家"做领导转变为由掌握领导和管理专门知识与经验的"软专家"做领导，即"领导"本身被专业化了。③ 实际上我国也经历了一个与西方国家类似的领导管理工作专业化的转向，即由政治素质过硬的"外行"来领导，到由专业技术能力过硬的"内行"来领导，再到由领导管理专业出身的"内行"来领导。当然，在中国的本土化背景下，面对当前日益复杂的经济社会形势，"全面复合型"领导人才越来越紧缺，作为公共领导，既需要具备政治上的大局观、决断力和公共精神，又需要对自己所领导的具体领域内的业务十分"内行"，同时还需要熟识领导管理工作本身的专业知识和技巧，只有做到"三管齐下"，才能在领导管理工作岗位上得心应手、游刃有余。

最后，在公共领导实践方面，公共领导的体制安排决定着公共权力的分配、行使和监督效果，从而对腐败的产生、预防和惩治具有重要影响。大体来讲，腐败可以分为政治腐败和行政腐败，各级与各部门领导是腐败的高发

---

① 王乐夫：《论公共领导——兼议公共领导与公共管理的关系及其研究意义》，载《管理世界》2003 年第 12 期。

② 王乐夫：《论公共领导——兼议公共领导与公共管理的关系及其研究意义》，载《管理世界》2003 年第 12 期。

③ 王乐夫：《刍议领导管理工作的专业化》，载《中国行政管理》1997 年第 7 期。

群体，而公共领导体制的缺陷是导致这一现象产生的重要原因。因此，王乐夫教授指出，通过以往的思想教育和运动式反腐等手段并不能有效预防和惩治腐败，必须深化公共领导体制改革，规范公共权力运作，通过分权、引入竞争、政务公开、转变政府职能和强化监督与惩罚机制等，让居于领导岗位上的人不敢作恶、不能作恶，才能推动我国公共领导体制不断完善和优化，从而最大限度地遏制腐败，促进廉政建设。①

从 1997 年国家设立公共管理一级学科到现在，我国公共管理学已经走过了 20 多年的发展历程，从一门年轻学科一跃成为我国社会科学中的"显学"。经过 20 多年的积累与发展，我国公共管理学理论研究越来越丰富，经验解释越来越深刻，人才培养越来越完善，不仅在学科建设上取得了长足的进步，更对中国公共管理实践提供了重要的理论指导，为中国国家与社会公共管理事业培养了大量的专业人才。当 21 世纪的第 2 个 10 年刚刚开始的时候，人类社会迎来了一个"百年未有之大变局"。于国内而言，我国经济社会发展进入了一个史无前例的新阶段，面临着一系列新的问题，推进国家治理体系和治理能力现代化的任务变得越来越迫切。于国际而言，气候变迁、新冠疫情以及贸易保护主义等问题使得人类命运共同体面临前所未有的考验，全球治理和国际公共管理面临着严峻的挑战。在这样一个风云际会的大时代，我们既需要时刻保持清醒的头脑，洞察和把握瞬息万变的公共管理实践，对实践做出快速敏捷的反应，同时也需要我们时时回顾创业前辈们对公共管理理论与实践的思考与构想，与前辈们进行"对话"和"交流"，从他们那里汲取更多的知识与智慧，从而迸发出更多的灵感与创意。创业前辈们筚路蓝缕、苦心经营，中国公共管理学的学界同人们必将继续秉持一颗进取之心，在前辈们打下的基础上，立足于中国本土化的公共管理实践，将公共管理学不断推向新的高度和境界，为中国公共管理实践和全球公共治理做出我们应有的贡献。

---

① 王乐夫、倪星：《转型期中国公共领导体制变革与廉政建设》，载《公共管理学报》2004 年第 2 期。

目　录

第一编　公共管理基础理论

试论公共管理的内涵演变与公共管理学的纵向学科体系……………… 3
论公共管理类型
　　——公共管理横向体系分析 ……………………………………… 15
公共管理：政治学的视阈 ……………………………………………… 26
公共性：公共管理研究的基础与核心 ………………………………… 38
论公共管理的社会性内涵及其他 ……………………………………… 50
公共管理的公共性及其与社会性之异同析 …………………………… 60
从"公"与"共"的异同看公共管理的基本特征及其实现形式………… 70
公共事务的责任分担与利益共享
　　——公共事务管理体制改革与开放的思考 …………………… 79
公共行政的价值范畴研究 ……………………………………………… 88
试论公共行政价值异化 ………………………………………………… 99
国际公共管理的新趋势：全球治理 …………………………………… 107
全球化背景下国际公共事务管理主体的合法性思考………………… 117

第二编　中国公共管理实践

我国经济社会转型期的政府管理创新研究…………………………… 133
我国国家决策参与机制的改革和完善 ………………………………… 140
论中国政府职能社会化的基本趋向 …………………………………… 146
中国基层纵横含义与基层管理制度类型浅析………………………… 157
我国政府公共服务民营化存在问题分析
　　——以公共性为研究视角 ……………………………………… 164
新时期农村基层民主政治建设的进程及其政治学分析……………… 171

论"两票制"对我国基层民主政治建设的贡献
　　——以深圳市龙岗区为例 ………………………………………… 181
珠江三角洲乡镇公共决策体制转型探索 ………………………………… 188
珠江三角洲社会保障制度与公共管理体制的改革 ……………………… 210
从"公有"到"共有"
　　——对深圳市万丰村共有制模式的公共管理分析 …………………… 219

第三编　公共领导

管理、领导概念异同辨析
　　——一对核心概念的基础研究 …………………………………… 229
论公共领导
　　——兼议公共领导与公共管理的关系及其研究意义 ………………… 234
现代领导与公共关系 ……………………………………………………… 245
刍议领导管理工作的专业化 ……………………………………………… 248
转型期中国公共领导体制变革与廉政建设 ……………………………… 252

第一编 公共管理基础理论

试论公共管理的内涵演变与公共管理学的纵向学科体系[*]

对于刚刚在国内兴起的公共管理学,无论是其内涵的把握还是基本体系的构成,都还在探讨之中。笔者认为,这种讨论有助于我们科学地构建有中国特色的公共管理学,是值得提倡的好事。自1997年公共管理一级学科设立以来,笔者就对公共管理基础理论及其体系进行过一些探索,提出公共管理(学)基本内涵①、基本特征、基本原理及理论基础等方面的初步性成果。本文在此基础上对公共管理学的内涵及体系做进一步挖掘,以就教于学界同人。

一、公共管理的含义及其演变

笔者以为,明确公共管理的含义,是界定公共管理学内涵的前提。从广义上说,立法、司法和行政等机关属于大政府的范畴,它们都是公共组织,当然也是公共管理的主体。在公共管理中,它们各自扮演着不同的角色。立法机关主要通过行使立法、决定、监督等权力对公共管理活动和公共利益产生重要影响。司法机关按照司法程序维护社会公共秩序和公共利益。行政机关则通过行政立法、行政执法和其他行政管理活动保障并增进社会公共利益。需要指出的是,在现代社会,这三者当中,行政机关是公共管理的关键主体。立法、司法与行政三机关的这种关系,与近现代国家行政职能的扩展和行政权力的扩张有关。历史上,在相当长的时期里,西方国家一直奉行自然法的国家理论。这种理论认为,唯有议会才能直接和真正反映国民的意志,议会被认为具有至高无上的法权地位,行政只能依法而治,受立法的严格控制,由此形成"无法律即无行政"的法治行政原理。加之在自由资本主义条件下,人们信奉自由竞争、自动调节、自由放任的原则,主张限制政

---

* 本文原载于《管理世界》2009年第6期。
① 王乐夫:《论公共管理的社会性内涵及其他》,载《政治学研究》2001年第3期。

府的作用,政府行政在当时只是扮演着"守夜人"的角色。然而,自从自由资本主义发展成为垄断资本主义,特别是"二战"以来,人类社会发展的节奏明显加快,给西方国家带来日渐增多、日趋复杂的政治、经济和社会等诸多方面的问题,这就需要一种能对变化及时作出反应并有效解决问题的力量。显然,立法和司法机关因其权力属性和运用权力的方式缓慢且欠灵活,无法及时满足这种需求。在此条件下,具有较强灵活性的国家行政机关便顺理成章地被推到国家的主导地位。行政机关越来越多地被赋予在符合法律原则和规范的前提下进行自由裁量、采取行政行为的自主权力。

政府行政职能的扩展和行政权力的扩张,导致了美国行政学家沃尔多所指的"行政国家"(administrative state)的兴起[1]。在当代西方立法、司法和行政三种国家权力主体的关系中,行政机关具有制定同议会立法效力相当的行政命令的权力和做出同法院判决效力相近的行政裁判的权力,大量直接管理介入国家事务及社会公共事务,从而使它发挥着最活跃和最强有力的国家作用。虽然,20世纪80年代以后,鉴于政府权能扩张带来了许多严重问题,西方国家出现了广泛的行政改革运动。但是,我们看到,这场运动主要冲击的是传统的行政管理模式,并没有改变行政机关在国家公共管理中的关键地位。我国虽然不是三权分立的国家,也不是西方学者所讲的行政国家,但是,行政机关在公共管理中也具有突出的作用,这是毋庸置疑的。

至于说到其他社会公共组织,也就是人们常说的非营利组织(non-profit organization, NPO),也应当属于公共管理的主体。非营利组织是除了政府机构和营利机构以外的社会组织,包括文化与休闲、教育与科学研究、卫生、社会服务、环境与动物保护、法律、基层群众自治、商会、工会、专业协会、慈善机构、宗教团体等组织。自20世纪70年代以来,随着各国行政改革的不断推进,发达国家和第三世界国家的非营利组织以及跨国性的非营利组织蓬勃发展,其在公共领域内的作用日益突出。进入20世纪90年代后,转型国家的非营利组织更成为国际学术界关注的焦点。同样,非营利组织也成为我国学术界研究的前沿课题。自然,公共管理研究也不能不对此予以关注。我们知道,任何一个社会都存在着大量的公共事务管理活动。在阶级社会中,政府在社会公共事务管理活动中扮演着重要角色,但这并不是说一切公共管理活动都应由政府包办。其实,除政府外,非营利组织也可参与

---

[1] 陈庆云:《公共管理研究中的若干问题》,载《中国人民大学学报》2001年第1期。

其中。

在西方，有许多学者相当重视非营利组织在公共管理中的作用。美国学者埃莉诺·奥斯特罗姆在经过充分的实证分析后指出，人类社会中大量的公共事务并不是依赖国家，也不是通过市场来解决的，人类社会中的自我组织和自治，实际上是由更为有效的管理公共事务的制度安排①。著名管理学家杜拉克在总结西方几十年福利国家经验后也指出，"现在人们终于明白了，政府履行社会职责的能力是极为有限的，而非营利部门可以发挥巨大的作用"②。当然，他们的说法不一定反映各个国家的情况，但是，至少从发展趋势上来说，非营利组织的作用是不可低估的。一般来说，宏观方面的管理职能和法律规定是必须由政府履行的职能，应由政府承担，如国防、外交、立法、司法和行政执法活动，只能由政府来完成。微观方面的管理活动，政府可以承担其中的一部分，更多的可以交给社会其他公共组织去完成。"愈是接近基层方面的公共事务，愈有可能让相关的非政府部门来完成"③。

基于上述分析，我们认为，所谓公共管理，就是为了维护、实现和公平地分配公共利益，国家行政机关、立法机关、司法机关和其他社会公共组织对社会公共事务依法进行管理的活动。显然，公共管理的对象是社会公共事务。公共事务的内容相当广泛，它涉及政治、经济、文化、社会生活等多个方面和多个领域。公共管理实际上就是各种公共组织从各个层面向社会提供各种公共服务和公共产品，如建立法制基础；维护社会公共秩序；保持非扭曲的政策环境，包括宏观经济环境；投资于基本的社会服务与基础设施；保护承受力差的弱势阶层；保护环境；以及各种具体的方方面面的公共事务。公共管理的目的和本质在于维护、实现、增进和公平地分配公共利益，不断满足社会的公共需要。公共利益是一个社会共同体存在和发展的基础，公共组织应当是社会公共利益的代表和体现。毋庸讳言，公共组织也有自身的特殊利益。这就要求公共组织在维护、增进和分配公共利益时，应处理好公共利益与自身利益之间的关系，将公共利益置于自身特殊利益之上，体现公共组织的公正性。为了保证社会公共利益能够得到维护、增进和公平地分配，

---

① 周志忍、陈庆云：《自律与他律——第三部门监督机制个案研究》，浙江人民出版社1999年版，第285页。

② Peter F. Drucker, *Managing the Nonprofit Organization: Practices and Principle*. 转引自周志忍、陈庆云《自律与他律——第三部门监督机制个案研究》，浙江人民出版社1999年版，第285页。

③ 张良：《公共管理学导论》，上海三联书店1997年。

必须建立公共组织依法活动的责任机制。法制是公共组织行动的准绳，责任是公共组织活动的动力。在当今世界，法制和责任的状况已经成为衡量一个国家政治体制民主化程度的重要标志。

明确了公共管理的概念，就不难理解公共管理学的内涵了。简单来说，公共管理学是一门研究公共组织管理公共事务的规律的学问。其目标是为公共组织有效地处理公共事务提供科学理论指导。

二、公共管理学的内涵分析

为了进一步把握公共管理学的内涵，有必要把它与公共行政学和政策科学做比较分析。首先，我们看到它们之间有所不同。公共行政学主要研究国家行政系统内部的运行及其管理规律，其目的是为提高行政效率提供理论指导。因而，"它更可归结为组织行为学的一个分支"①。政策科学主要探求各种政治主体（国家、政党等）为了达到一定目的，制定和执行行为准则的过程及其规律，其目的是提供政策相关知识，旨在改善政策系统，提高政策质量。而公共管理学则主要研究公共组织如何通过有效的活动去管理公共事务，其侧重点在于对公共组织外部管理活动的研究。应当说，重视公共组织自身内部管理是必要的，但内部管理只有最终体现在外部管理即公共事务管理的有效性上才有意义，各种公共组织都应把提高对外管理的质量和效率作为衡量其绩效的最终标准。从内容上看，公共管理学主要研究公共管理环境、公共事务、公共利益、公共权力、公共组织、公共组织与社会、公共组织与市场、公共权力与公共参与、公共管理体制、公共政策与执行、公共管理绩效评估、公共管理责任、公共管理伦理、公共管理法制、公共管理变革等。可见，在公共管理学的研究中，公共组织自身的建设和政策运行机制仅是两项基本的内容，公共管理学研究的视野和内容要比公共行政学和政策科学宽泛得多。

当然，公共管理学与公共行政学、政策科学之间也有着密切的联系。可以说，公共管理学是以公共行政学、政策科学为基础，同时吸收了其他相关学科如政治学、经济学、管理学、社会学、法学等学科的最新成果而发展起来的。公共管理学综合运用这些理论研究各种公共事务的管理问题，不断探

---

① 张梦中：《美国公共行政管理历史渊源与重要价值取向——麦克斯韦尔学院副院长梅戈特博士访谈录》，载《中国行政管理》2000年第11期。

求一些新的结论，正逐步形成新的知识体系。在美国公共行政思想发展过程中，公共管理是继公共行政传统（19世纪末—20世纪50年代）、公共事务传统（20世纪50年代—60年代前期）、政策分析传统（20世纪60年代中期—70年代）三个传统之后的第四次浪潮。我国也有学者指出，公共行政、公共事务、公共政策是构成公共管理学的三大支柱①。

公共管理学研究之所以兴起和发展，有着深刻的历史和现实的原因。20世纪二三十年代，西方国家爆发的严重经济危机宣告了自由放任理论和政策的破产。继之而起的是，以扩大有效需求、实行国家对经济生活全面干预的凯恩斯主义逐渐成为西方经济学的主导流派和国家经济政策的理论基础。在这一理论指导下的政策一度取得了巨大的成功。然而，20世纪70年代以后，西方国家出现了以低经济增长、通货膨胀、财政赤字、高失业率等为特征的"滞胀"现象。同时，长期以来形成的官僚制政府也由于权能过度膨胀所导致的机构臃肿、人浮于事、公共开支重不堪负、行政效率低下等突出问题而陷入了财政危机和信用危机。这些问题促使人们对政府全面干预经济社会生活的政策和凯恩斯主义进行批判与反思，导致以现代货币主义学派、公共选择学派、新制度学派等为代表的新自由经济学思潮随之兴起。这种思潮主张改革政府管理模式，限制甚至取消政府干预，充分发挥市场机制作用等，对西方国家的政策选择产生了重大影响。20世纪80年代以来，西方的政府管理改革在相当程度上是按照这一理论的思路进行的②。

面对政府的困境和世界范围内的行政改革潮流，现有的公共行政学理论显得有些无能为力，既难以解释政府管理中的现实问题，又不能为政府改革提供有效的理论指导。到了20世纪80年代中后期，这种情况才开始有所改变。在行政改革浪潮的推动下，西方学术界逐步形成了一场新公共管理运动。这一运动突破了传统公共行政学的学科界限，它以公共事务的管理为中心，把当代经济学、管理学、政策分析、政治学、行政学、社会学等学科的相关知识和方法融合到政府管理的研究中，形成了一个跨学科的研究领域，以适应当代公共管理实践发展的需要。在研究方法上，它更多地采用经济学的途径去分析公共管理问题，打破了传统公共行政学主要以政治学研究途径为主导的局面。对此，《布莱克维尔政治学百科全书》评论道："以经济学

---

① 邓正来：《布莱克维尔政治学百科全书》，中国政法大学出版社1994年版，第612页。

② 陈振明：《公共管理学》，中国人民大学出版社1999年版。

为基础的研究方法对公共行政学的传统主流理论构成了严峻的挑战,因为它拥有一种通用的分析语言,广泛地采用了以消费者为导向的方法来研究公共服务。如果说公共行政学的传统主流研究方法对20世纪早期美国行政学发展做出了贡献,并占据了相当重要的学术地位的话,那么,现在或许可以说,这一位置已被以经济学为基础的研究方法所取代"①。新公共管理运动反映了西方公共管理实践的发展趋势,推动了公共管理学理论的产生和发展,使公共管理学理论逐步成为当代西方政府改革的指导性理论。例如,1992年奥斯本和盖布勒所著的《改革政府——企业家精神如何改革着公共部门》一书一经面世,刚上任不久的克林顿总统即给予高度评价。他说:"美国的每一个民选官员都应诵读这本书。此书给我们提出了(改革的)蓝图。"② 之后,美国政府种种改革措施几乎都是对那些要求"改革美国政府"呼声的回应。

  总的来说,公共管理学理论是一种正处于发展中的理论,虽然在发展中它还面临着诸多难题和挑战,但它毕竟已朝前迈出了第一步,在当代西方已经成为公共管理尤其是政府管理研究的主流。当前,我国正处于转型时期,大量的公共管理问题亟待研究和解决。虽然中西方国情明显不同,但双方都是以市场经济为基础的,双方的公共组织尤其是政府都面临着大量相同或相似的公共管理问题。因此,西方的公共管理理论和实践经验中不乏可以借鉴之处。然而,更加现实的是,我们急需结合我国国情和经济全球化的背景,建立具有本土特色的公共管理理论体系,以满足我国公共管理事业飞速发展的需要。我们欣慰地看到,不少学者一直在为此而努力,相信随着研究的深入与发展将会取得更加丰硕的成果。

三、关于公共管理学的纵向体系

  公共管理学作为一门基础理论,必然有其自身的体系。笔者认为,这一体系应该包括以下内容。

---

  ① 邓正来:《布莱克维尔政治学百科全书》,中国政法大学出版社1994年版,第612页。
  ② 戴维·奥斯本、特德·盖布勒:《改革政府——企业家精神如何改革着公共部门》,周敦仁等译,上海人民出版社1994年版,"译者序"。

（一）公共管理的概念

对公共管理概念的把握直接关系到公共管理学体系的建构。在笔者看来，尽管目前关于这方面的争论很多，但理解公共管理的概念可以从以下四个方面入手。

第一，就最抽象意义来说，公共管理是对公共事务的管理活动，因此只要有公共事务或公共组织活动，就有公共管理意识或理论存在。我们不能说公共管理是现代的产物，只能认为现代（新）公共管理是20世纪80年代以来现代社会的产物。

第二，就时间论，公共管理起码可以有始初的公共管理、传统公共管理和现代公共管理三个阶段。原始的公共组织管理称为始初的公共管理；国家产生后的公共事务管理称为传统公共管理；20世纪80年代以来，以新理念支撑的公共管理则为现代公共管理。

第三，就空间论，公共管理有广义公共管理和狭义公共管理之分。囊括立法、行政、司法及非政府公共组织等管理主体的公共管理是广义公共管理；只把政府行政公共组织作为管理主体的公共管理是狭义公共管理。

第四，公共管理的基本特征在于它融公共性、社会性和管理性于一身。首先，公共管理在本质上是一种管理活动，它必须注重管理原则和管理绩效；其次，公共管理不同于私营部门管理，它肩负着公共部门的独特使命，必须体现公共部门的责任；最后，公共管理是社会发展的产物，它来自社会、服务社会，社会性是其根本属性，它也必将回归社会。

（二）公共管理的理论发展

传统公共管理学的基本理论建立在政治/行政二分法和韦伯官僚制的基础上，在产生之初的30多年里，其强调科学管理的重要性，并借用工商管理的理论，把公共管理看作是一种专门的管理技术，严格地与政策制定分开。20世纪40年代后，行为主义理论占据公共管理的领域，仍然把公共管理作为公共部门管理的专业技术，但注重从组织与个体心理及行为研究公共管理，而相对忽视公共管理的政策性导向。另外，公共选择理论也对这一时期的公共管理产生了重要影响。20世纪70年代后，公共管理又先后有新公共行政理论、政策分析理论、民主行政理论等，不断试图弥补传统公共管理的固有不足，但没有真正构成新的公共部门管理范式。

现代公共管理发端于西方国家的新公共管理改革运动。尽管新公共管理无法系统地提出自己的理论框架,但它把经济学原则和私营部门管理的方法与精神引入公共管理之中,提出了顾客导向、绩效管理、分权原则、公共责任等一系列重要的管理理念,这有助于把公共管理的视野开阔到政府之外。事实上,现代公共管理与传统公共管理的根本区别就在于:公共部门的管理不仅是公共部门一个部门的管理,它应该而且必须与其他组织合作才更加有效;公共管理与私人管理,在重要的方面不同,在不重要的方面却有许多相同;虽然公共管理的过程很重要,因而要研究实现这一过程的技术与方法,包括它的原则,但相对而言,公共管理要实现的结果更加重要,结果取向的意义就在于此。

(三) 公共管理的理论基础

公共管理具有广泛的理论基础。传统公共管理脱胎于政治学,古老的政治学理论对它产生了深远的影响,公共权力、政策分析、国家与社会关系等至今仍然构成现代公共管理分析的基础。现代公共管理吸收了管理学和经济学的基本理论,例如,管理学中的人本管理、绩效管理、责任管理、目标管理等理论,同时又把经济学的委托代理、公共选择、交易成本、制度创新等理论纳入其中。现代公共管理实现了管理主体之间、管理主体和对象之间的互动,源于它把社会治理理论作为自身分析问题的基础;与此同时,现代公共管理把依法管理和遵循规则作为基本信念,把法律理论结合到自己的理论体系之中。

(四) 公共管理的逻辑起点

公共管理以理论建构为手段,以解决公共问题为目的。因此,公共问题成为公共管理研究的逻辑起点。公共管理注重效率,但更关注公平,面向众多的社会公共问题,从公共问题出发,以制定和实施解决公共问题的方案为中心,这就是公共管理的使命。从这个意义上说,公共管理可视为公共问题管理。公共管理必须而且只能用于解决公共问题,这是因为:首先,既然把公共管理定位为运用公共权力、解决公共问题、实现公共利益的社会管理活动,那么,通过解决公共问题以实现公共利益,理应成为公共管理的灵魂。其次,只有解决了公共问题,才能为全社会营造一个良好的公共环境。

(五) 公共管理的核心概念

在前文,我们初步构建了公共管理的基本概念体系。在这一群概念中,能够被称为核心概念的有两个：公共利益与公共权力。

公共利益能够成为公共管理的核心概念，是基于以下考虑：一般来说，公共管理研究通常有两种截然不同的立场——管理者的立场和公众的立场。站在管理者的立场上，公共管理研究主要关注作为公共利益代表者和维护者的公共部门，研究如何对公共事务进行有效的管理。站在公众的立场上，公共管理研究主要关注公民如何从政府那里得到他们所需要的东西。显然，这两种立场都没有脱离公共利益这个核心问题：前者以公共部门如何实现和服务于公共利益为焦点，后者以公共利益如何被实现为焦点。进一步对比可以发现，前一种主张所说的公共利益多半是抽象的，而后一种主张则意指现实的公共利益，它与公众利益密切相关。因此，公共利益是公共管理追求的终极目标，公共利益最大化是政府与公众追求的首要目标。

公共权力是公共管理最基础性的手段，并且体现了公共管理区别于其他管理活动的本质特征。简单地说，公共权力就是用来处理公共事务的权力。在公共管理中，公共服务大部分不能通过市场主体完全提供，公共物品与公共服务也是与市场精神背道而驰的，若没有公共权力的作用，很难保障公共利益的实现。由此，公共权力是实现公共管理活动的基础性力量，是公共管理核心概念之一。

（六）公共管理的组织类别

按照我们对公共管理概念的定位，公共管理组织类别可以从两种角度划分。首先，公共管理既然可以看作是公共组织的管理活动，那么我们就能从公共组织及其层次性上区分不同类型的公共管理，即把公共管理分为国家公共管理、政府公共管理和社会公共管理三种形态。相应地，公共管理的组织类别就是国家、政府与社会三个层次。这里的国家是指立法、司法机关，政府是指行政机关，社会是特指非政府公共组织与公民社会领域，它必须具备四个基本条件：一是其功能直接或间接地为社会提供公共物品或准公共物品，二是其目标为维护或增进社会公共利益，三是直接或间接从公共财政中获得资源，四是其职权为公共权力的一部分。

如果把社会看成广义的领域，那么这个大社会的组织形式又可以被描述为公共部门、私人部门和第三部门。公共部门无疑是主要的公共管理组织，第三部门作为新兴的社会组织正日益成为公共事务管理的重要力量，而私人部门过去常被看作与公共管理无关，现在也成为公共管理的重要补充力量，如在公共物品的私人部门供给等方面。不仅如此，如果把"大社会"的视野扩大到全球，则还有国与国之间的公共事务管理，这就产生了国际公共管理组织及其管理活动问题，即国际公共管理问题。

（七）公共管理的运作过程

一般管理过程所包含的诸如计划、组织、领导、控制等内容，同样体现在公共管理过程之中，这是公共管理"管理性"的共通要求。然而，公共管理的这些运作环节又有不同于一般管理之处，它时时处处带有公共部门的独特印记，其"公共性"凸显在过程的各个环节之中。

关于公共管理活动的过程，也有三个层次的划分：宏观层次解决制度化问题；中观层次解决机制、过程问题；微观层次解决具体的管理实践问题。因此，我们所说的公共管理运作过程，主要是指中观层面的公共管理。

（八）公共管理的物质基础

公共财政是公共管理的物质基础，它主要表现为税收及其他公共部门的财力来源。所谓公共财政，是指各级政府的财政资金（包括税和费）取之于民，用之于民，收支的各个环节都接受人民监督，公正而且透明。人民主要通过其选举产生的代议机构监督政府财政，在中国，这个机构就是各级人民代表大会。从本质上说，公共财政是人民财政而不是政府财政。所谓人民财政，就是各级政府在年度预算编制、执行过程中，从预算调整、年终财政超收部分的资金安排到次年年初的决算认可，每个环节都要公开透明，接受人民监督。

现代公共管理的两大基石就是公共权力和公共财政。从公共政策角度来看，公共预算和支出实际上是一种政府制订与实施公共政策的过程；从组织管理绩效的角度来看，公共财政则是控制成本、绩效衡量的主要依据；从公众利益的角度来看，公共财政就是促使社会财富的分配趋于合理，实现社会公平的重要途径；从公共事务管理的角度来看，公共财政既是公共问题解决的前提，又是公共事务管理的结果。

（九）公共管理的基本功能

公共管理的基本功能是提供公共物品，包括物质形态的公共产品与劳务形态的公共服务两大类。公共管理所实现的公共利益，直接的表现形式就是公共物品。但是，长久以来，传统公共行政一直把政府作为公共物品供给者的唯一角色，现代公共管理则认为，包括政府在内的所有组织都可以提供公共物品或服务。因此，在公共服务供给制度创新方面，市场化及社会化是公共服务的新趋势，即用市场和社会力量，实行公共服务职能市场化、社会化。

公共物品供给多元化的好处在于：打破政府垄断，形成对官僚机构的外部竞争压力，促使其提高效率、提升效果；公私机构同时介入某一公共服务领域，这一服务的"成本信息"就不再为官僚机构所垄断，这有利于公众对官僚机构的工作效率实施有效的监督和控制，有利于弥补政府财力和服务能力的不足，遏制公共机构规模的全面扩大和腐败的滋生。

在公共机构中引进市场竞争机制，主要是通过分权、分群等形式，实现公共服务的基层化、小规模化。在此基础上取消划片服务办法，给服务对象以选择服务机构的自由。公民个人由此获得了市场权力：就像顾客通过对产品的选择决定企业的命运一样，公民对服务机构的选择可以决定单个公共机构的存亡。这必然会迫使公共机构竭力改善服务，以赢得更多的"顾客"。

（十）公共管理的政策行为

公共物品是公共管理具体而微观的行为结果，而在宏观层面，它却表现为公共政策与政策分析。传统公共行政主张行政远离政治，把决策从管理活动中剥离出去，而现代公共管理则主张全部过程的公共管理是一个事实与价值、效率与责任不可分割的整体。公共管理在最抽象意义上就是决策与政策执行的过程。

现代社会的两个基本事实证明了上述状况：政府管理行为本身就是决策过程，这便是西蒙提出的"管理就是决策"。并且在社会事务复杂化程度日益提高的情况下，政府决策也是政府实现公共管理的重要手段，是政府用来处理或解决公共问题，实现公共目标（公平或正义）的基本途径。

（十一）公共管理的战略、策略和艺术

战略与策略可能最早源于军事领域，但过去一直被私人管理大量使用。如今，现代公共管理也把它纳入自身考虑的范畴。欧文·休斯指出："传统的行政模式因其过分关注内部问题及其短视行为而受到批判。随着新公共管理的出现，以及公共部门越来越比以往更重视长期战略，这两方面的不足已有所改善。"①

---

① 欧文·E. 休斯：《公共管理导论》，彭和平等译，中国人民大学出版社2001年版，第149页。

随着时代发展的需要，公共管理再也无法只关注内部诸要素，而是强调公共组织与外部环境之间的关系，重视策略问题。特别是高层次公共管理，必须花更多时间来应对公共关系、环保问题、政策导向及"顾客"需求等策略性问题。这也与传统公共行政钟情于规范原则的研究方式有根本区别。

公共管理既是一门科学，也是一门艺术。面对日益复杂的外部环境，公共管理比以往任何时候都更讲求管理的艺术性和方法的科学性。

（十二）公共管理的行为规范

法律、法规是公共管理最基本的依据和规范。从历史上看，传统的行政管理中拥有依法行政的理念，但在官僚制的命令—服务关系中，依法行政与行政命令之间往往存在许多矛盾和冲突。而公共管理则可以在制度层面上解决这一问题，那就是公共管理中行政命令的手段日益丧失其普遍合理性，代之而起的只能是依法管理，甚至来自政府部门的公共政策都会日渐式微，公共管理主体基本上是在法律的框架下活动的，并有着较为充分的自主性空间，能够依法发挥其能动性。

与一般意义上的管理相比，公共管理所要考虑的伦理价值要丰富得多。因此，公共管理除了依法进行以外，还必须遵循道德原则。特别是在构建中国特色公共管理学体系时，依德管理应该被提到重要地位。公共管理不同于私人管理，它不能只讲效率；公共管理不同于一般管理，它不能仅靠法规来衡量自己的行为及结果。有时候，公共管理的伦理价值要超过其效用价值。

（十三）公共管理的绩效评估

公共管理所追求的管理绩效，其评估方法往往受到公共管理价值观的影响。传统公共管理以效率为其主导价值观，因而在管理绩效的评估上倾向于运用定量的方法，从技术的角度去分析公共管理活动。相对而言，现代公共管理更注重在效率之外的社会公正与公平问题，因而倾向于对公共管理活动进行定量与定性相结合的分析。

以上对构建公共管理学学科体系的具体内容进行了简单探讨。应该说，这是一个初步的设想。由于公共管理在我国的研究尚处于初级阶段，许多问题还存在争议，要构造一个完整的学科系统，并不是件简单之事。比如上面的论述很少涉及制度与方法论方面的问题，等等。所有这些，都有待于学术界进一步的深化与完善。

论公共管理类型*

——公共管理横向体系分析

笔者认为，公共管理理论研究目前仍然处于功能定位阶段。自20世纪90年代以来，尽管国内公共管理学界对引进国外公共管理理论做了大量工作，也尝试在学科建设上进行改革，但总体看来，似乎更注重阐述"为什么"和"是什么"。即便如此，对中国特色公共管理体系的建构，也仍然处于探索初期，更不必说研究公共管理"如何做"的问题。然而，无论是从理论本身还是学科定位看，公共管理都应该是一门"显学"。因此，从中国实际出发，探索研究如何建构一套既具有方法论指导意义，又具有实践操作价值的公共管理类型体系，是十分必要的，也是我们对公共管理研究的一点大胆尝试。

一、公共管理概念及其研究的方法论问题

公共管理的概念问题，是关系到公共管理理论及其公共管理学科建设的基础性问题之一。然而，时下对其理解与表述还是见仁见智，众说纷纭。例如，最典型的分歧是在关于公共行政与公共管理的异同分析上，有的主张公共管理大于公共行政，有的主张公共行政大于公共管理，还有的认为公共管理与公共行政是等同的①，等等。出现这种现象有多方面的原因，在内容的理解上确有分歧，是主要原因之一。此外，在研究方法上缺乏类型性的区分，也许是另一个方面的原因。本文拟先尝试在这方面做一点探索，旨在为解决难题寻找一条方法论的出路。

"公共管理"既有一般概念也有具体概念。就最抽象（最高、最普通的

---

* 本文原载于《政治学研究》2006年第1期。

① 例如，欧文·休斯认为公共管理区别并包含了公共行政（参见休斯《公共管理导论》，彭和平等译，中国人民大学出版社2001年版）；夏书章则认为公共管理等同于公共行政，两者只是翻译上的不同（参见夏书章《现代公共管理学》，长春出版社2001年版）。

范畴)的意义上说,所谓公共管理是指对公共事务与公共部门的管理。展开而言,是指公共组织为了解决公共问题,维护和实现公共利益,运用公共权力,对公共事务与公共部门实施管理的社会活动。只要有公共事务、公共组织活动,就势必有对其的管理,即公共管理,只是内容和形式有别而已。公共管理意识、理论(包括公共管理概念)是公共管理存在的客观反映,因此,它也像公共管理的存在一样,源远流长。只要有人类社会就有公共管理活动,就有公共管理的意识,只是是否自觉地意识以及是否有科学形态概括反映不同而已。比如"公共管理"这个概念是人类长期公共管理实践活动的产物。至于"公共管理"这个词汇源于何时,源出于何处,笔者还未探究清楚,但就现在所看到的文献资料来说,起码在1892年由法国行政法学中"制度理论"的奠基人莫里斯·奥里乌(Maurice Hauriou)出版的《行政法与公法精要》一书中就多次提到"公共管理"。因此我们绝不能说,公共管理是现代的产儿,只能说现代公共管理是20世纪七八十年代以来的现代社会的产物。

从时间方面论,公共管理大体可以分为始初公共管理、传统公共管理。简单而论,原始氏族或部落的公共组织管理,称得上始初的公共管理。当国家产生并第一次以"和人民大众分离的公共权力"为依据实施公共管理开始,直至20世纪七八十年代,统称传统公共管理,包括早期公共管理和中期公共管理。而从20世纪七八十年代开始,以西方政府面临的种种公共问题为背景,一种以经济学和私营管理理论为基础,以政府与市场关系协调为核心管理理念的公共管理开创了现代公共管理(新公共管理)的先河,故称之为现代公共管理。

从空间而论,客观上公共管理活动是千差万别、丰富多彩的,人们对其也有不同的定义和表述。例如,不仅把行政公共组织,而且把立法、司法公共组织以及各种非政府性公共组织,甚至是政党都当作公共管理的主体,这是广义的公共管理观;不仅把行政公共组织,而且把立法、司法公共组织都当作公共管理的主体,这是中义的公共管理观(即平时讲的"大政府");只把行政公共组织当成公共管理的主体,这是狭义的公共管理观(即通常讲的"小政府")。

综上所述,既然"公共管理"四个字有如此复杂多样的含义和内容,我们在讨论什么是公共管理时,就要首先确定各自的相对条件和视角定位,把它们区别开来,尔后再找出同一性,把它们统一起来。然而现实状况是,人们往往停留于一个笼统的"公共管理"概念,彼此各执一种公共管理概念,妄论"公共管理",像"瞎子摸象"一样,各人说的不是一回事,因此就不可能按"同一律"原则达到合乎逻辑的共同结论。这是属于方法论方面的问题,不可忽视。

二、公共事务划分与公共管理的类型

(一) 关于公共事务划分

既然公共管理是指对公共事务的管理,那么如果这种公共事务可以进行进一步的划分,则可以根据事务划分类别反过来区分不同类型的公共管理。实际上,我们认为这是可行的。

公共事务可以划分为国内公共事务和国际公共事务两大类。国内公共事务就是一个主权国家之内的公共事务。国内公共事务由国家基本职能内涵所规定,国家对这些事务的治理权具有独立自主性和优先性。所谓独立自主性,就是这种治理权本身就是国家主权的体现,不允许别国的干预和侵犯;所谓优先性,也就是内政决定外交,外交服从和服务于内政。由于国内公共事务管理具有优先性,所以人们一般谈及公共管理时主要是指国内公共事务的管理问题。就我国的实际情况来看,我们可以将纷繁复杂的国内公共事务划分为三大类:国家(立法与司法)公共事务、政府(行政)公共事务和社会(NGO①与公民社会)公共事务。而国际公共事务在某种意义上更适合被称为国际共同事务。随着国际关系的发展,人类共同面临的问题逐渐增多,国际公共事务管理也将成为研究的重点。

由此,我们对公共事务划分如下:

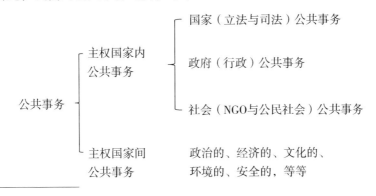

---

① 即非政府组织。

国家公共事务主要指立法与司法的公共事务，包括制定和修改宪法，制定法律、法令，解释法律，组织其他国家机关，选举决定和任命国家元首、政府首脑和其他国家机关的组织成员，决定预算、国民经济发展计划等国家重大事务，监督国家行政机关和司法机关的活动等。①

政府公共事务主要包括贯彻执行法律，根据宪法和法律制定行政法规，规定行政措施，发布决定和命令，提出议案，实施行政管理，领导或指导经济建设，领导或协调所属行政部门的工作，领导武装力量，任命行政人员，签订条约和协定，保护国家利益，维护公共秩序等公共事务。②

这里讲的社会公共事务是除以上两项事务以外的社会事务，主要是与公共利益密切相关的各种社会性事务管理和公共活动，具体包括提供公共服务，以及维护公共利益的各种有关事务。

国际公共事务是主权国家间在政治、经济、文化、环境和安全等问题上互相协调配合而产生的事务，具体包括国际争端协调、国际合作机制建立、国际组织管理等方面。

（二）关于公共管理类型

公共管理的基本职能就是管理公共事务。根据我们对公共事务做上述划分，公共管理可以被区分为四种类型：国家公共管理、政府公共管理、社会公共管理和国际公共管理。

首先，国家公共管理是国家（立法、司法机关）对国内政治性公共事务的管理，是一种国家治理活动和更为宏观的高层次管理，具有全局性的特征。国家公共管理本质上是一种宪政管理，它使得公共管理能够将政治与管理有机地整合到一个框架内，克服了传统公共行政学（古典时期行政学）将政治与行政割裂开来的根本缺陷；同时，又使研究领域从传统公共行政的一般管理拓展到战略管理或宏观管理、从内部组织管理扩展到组织之外的公共问题和公共事务管理，并从根本上把国家治理从封闭的行政系统中拓展出来。国家公共管理主要研究国家治理结构以及在这种制度框架下国家事务的综合管理问题，具体内容包括宪政制度的建构、中央—地方的管理关系、国家职能与组织架构、执政党的建设以及党政关系等宏观问题。

---

① 王浦劬：《政治学基础》，北京大学出版社1995年版，第260－261页。
② 谢庆奎：《当代中国政府与政治》，高等教育出版社2004年版，第146－147页。

针对我国当前突出强调"依法治国"的特定情况，似乎还应当突出强调以下内容。

（1）研究怎样通过立法和完善法律并保证监督法律的实施来建设国家公共管理。1999年3月15日通过的我国宪法修正案规定，"中华人民共和国实行依法治国，建设社会主义法治国家"。所谓依法治国，也就是依照法律管理国家公共事务，可见，立法和完善法律，使国家的公共事务的管理有法可依，是公共管理的基本要求，是国家公共管理应该研究的重要内容。同时，有法可依不等同于依法治国。在我国，有法不依，违法行政，违法不究或者执法不严以至司法腐败的情况都有不同程度的表现，作为国家公共管理的重要组成部分，还应该研究怎样更好地保证监督法律实施、全面落实依法治国的问题。此外，还应该研究如何严格执行《中华人民共和国立法法》，规范中央和地方行政法规和规章的制定和公布，特别是审查行政法规和规章，要求修改同宪法或者法律相抵触者，以及撤销那些有抵触而不予修改的行政法规和规章，以此来全面地依法进行国家公共管理。

（2）研究如何行使好宪法规定的选举、决定、任免、罢免行政和司法机构领导人员的权力，进行国家公共管理。在过去相当长的一段时间内，我国国家权力机关对上述权力的运用，一定程度地存在着一些走形式的问题，如今应予以认真解决与处理。

（3）研究如何行使好宪法规定的审查（包括要求修改和调整）、批准（或者不批准）经济和社会发展计划及其执行情况的报告，通过更加有效和有力地监督政府工作来进行国家公共管理的问题。

其次，政府公共管理涉及的是由于在对公共事务的管理过程中，因管理主体和治理对象的分化，而产生的由政府专门从事的对国家行政性公共事务的管理活动。从主体上看，行政机关是政府公共管理的唯一执行者，它排除了政府与其他管理主体之间混沌不清的状态；从对象上看，政府公共管理把行政机关的活动限定在行政性公共事务的范围内，它排除了万能政府的不科学状态。政府公共管理主要研究政府依法行政的体制，政府的政策过程，以及政府对社会公共部门的管理，目的是提高政府组织提供公共产品和公共服务的效能。政府公共管理的具体内容主要包括以下方面。

（1）政府公共管理的基本内涵，即谁来管理行政公共事务，管理哪些方面的行政公共事务，政府公共管理的特征与价值观，等等。这些是构建公共管理类型体系所必须明确界定的。

（2）政府公共管理的基础，即研究政府公共管理赖以进行的基础条件，可以分为理论基础和实务基础。前者指政府公共管理包含的相关学科理论，如公共选择、公民社会治理等。后者指公共管理活动的基础资源，包括人力、财力和信息资源等。

（3）政府公共管理的过程，包括机制和发展趋势。旨在阐明政府公共管理活动遵循的原则、路径和机理，以及按照机制发展的最终趋势。同时，也指政府公共管理的主要内容，如决策、管理、控制、绩效和模式等。

再次，社会公共管理是以政府为主导，以非政府为延伸，以公民、社会和第三部门广泛的公共参与为动力，以最大多数人的最大利益为目标，以经济发展为基础，以制度建设为保障，以尊重和实现公民的政治、经济、社会和文化的权利为本质的社会治理过程。而所谓"社会治理"，就是多元主体对社会公共事务的协同公共管理过程。社会公共管理主要研究各类社会公共事务的管理体制、组织方式、实际运行规程。其目的是实现专门化、专业化的社会服务和社会治理，具体内容主要包括各种社会组织自身管理及其对社会性公共事务的治理，如居民自治、村民自治、社区自治和各 NGO 在公共事务中如何发挥作用，等等。

最后，国际公共管理是国际公共管理主体对全球性的、国际性的、国家间的公共问题和公共事务进行处理、治理和解决的活动。国际公共管理主要研究国际合作的机制，全球治理的过程，国际参与的制度渠道与基本规则，等等。国际公共事务增多是全球化的结果，同时，它也将进一步促进全球化。尽管在国际事务治理上还存在争议，但我们相信，由区域治理向全球治理发展的过程不会改变。

三、各类型公共管理的相互关系

根据以上各类公共事务的不同类别而形成的各类型公共管理，共同构成公共管理横向类型体系。在这里，我们还需要对不同类型公共管理的外延进行进一步的说明。就国内各类公共管理而言，它们之间既有区别又有联系。

（一）国内各类型公共管理的主要区别

关于国家公共管理。所谓国家公共管理也称国家治理（governance）形式。它在根本上关注一个国家的宪政体制以及在此基础上国家权力机关和司法机关如何有效完成政治性事务的治理任务。传统上把国家政治管理总结为统治阶级采取何种形式组织自己的政权机关，具体地说，就是在国家中占统治地位的阶级，按照本阶级统治的需要，根据一定的原则设立国家政权机关，规定权力关系，并确定这些机构的基本组织原则和方法。通常称之为政体。在现代社会，国家公共管理则更注重对政权机构自身的治理和这种治理对社会生活的影响。

关于政府公共管理。政府历来是公共领域治理活动的主要成员，因此，在我们构建的公共管理类型体系中，政府公共管理是占据主要地位的。如上所述，这里讲的政府是狭义的政府，即国家的具体化，或者说国家意志的执行者。政府管理领域既非政治统治领域，也非社会自治领域，而是指那些因为具有公共品性质而主要由政府来完成行政事务的领域。其基本特征一是少数人对多数人的管理；二是权力运行是由上而下进行的；三是原则上管理主体是政府，即行政机关，但不排除其他组织的参与。

关于社会公共管理。西方社会的观念是，社会领域是介于公共领域与私人领域之间的第三领域，属于公民社会自治范畴。相应地，社会公共管理主要指那些不必由政府直接管理，同时又涉及公众利益，也需要一些公共权力影响或公众参与解决的管理。在我国，长期以来习惯上把包括对公共卫生、环境保护、公共医疗、公共教育、公共交通、公共福利、社会保险等事项的管理称为社会管理，相应地，涉及这些管理的社会部门一般称之为事业单位。只要这些"事业单位"是靠政府财政拨款来支持的，它就是社会的公共部门，就要接受政府的管理控制和公众的监督。但是，随着政府职能转变与社会自治发展，这些事务最终将被重新归为政府本身的事务，而且是主要应该解决的事情。正如温家宝总理在政府工作报告所指出的，政府的主要职能是提供公共服务和进行社会管理。因此，我们这里所讲的社会公共管理，是严格限定在除公域和私域之外的社会事务自治管理，是公民社会成长发育的结果。狭义的社会公共管理，是指政府法定管理范围之外以及公民个人自主权限范围之外的公共事务的管理。它既不应该由政府直接管理，也不是由公民个人自主管理。政府与它是相互依存的关系，而不是简单的统治与被统治、管理与被管理的关系。

（二）各类型公共管理的相互联系

公共管理在国家—政府—社会三个层次的划分是相对的，相互之间存在交叉区域。下图显示了这种具有交叉包容的性质。

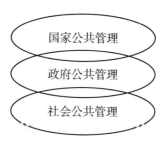

公共管理在国家—政府—社会之间的相互关系

国家公共管理与政府公共管理的关系。就一般政治学意义来看，国家是一个拥有主权地位的政治共同体，而政府是这个主权国家的唯一代表。政府必须执行国家管理意志，政府行为必须体现国家意志。在我国，这一点显得特别明显。我国宪法明确规定，作为最高国家行政机关的国务院即中央人民政府是最高国家权力机关全国人民代表大会的执行机关，国务院对全国人民代表大会及其常务委员会负责并报告工作。同时规定，地方各级国家行政机关是地方各级国家权力机关的执行机关，地方各级行政机关首先要对本级人民代表大会及其常务委员会负责并报告工作。可见，国家与政府既有区别又密不可分，国家公共管理与政府公共管理是相辅相成的。

政府公共管理与社会公共管理的关系。社会公共管理是政府公共管理的基础，政府公共管理是社会公共管理存在与发展的关键。在改革开放之前，政府包办代替了一切社会事务的管理，因此也就不存在实质意义上的社会公共管理。所谓"实质意义"是指不存在一个相对独立的社会组织来承担社会公共事务的管理，所有的管理工作都交由政府职能部门去履行。一方面，几乎所有从事公共服务和提供公共产品的部门即"事业单位"，都是属于政府的；另一方面，几乎所有的事业单位都是政事不分的。但政府并不能真正管理社会，服务公众，往往处于缺位状态。这种管理模式难免有两个方面的失效性，一是降低了政府组织提供公共产品、公共服务的效率和效果；二是大大减少甚至是取消了社会公共管理领域，这样肯定不利于社会的自我管理和自我更新，更谈不上和谐发展。反过来，如果取消了社会公共管理，其结果又将扭曲和压制政府管理的功能，从而也将严重影响政府管理功能的正常发挥。随着社会发展，我国真正意义上的社会领域逐步形成，一些社会组织如 NGO 已经在社会领域起到重要作用，承担了基本职责，公民的社会责任感和自治能力也在逐步得到强化，社会管理逐步摆脱公共权力的控制，发展成为独立的领域，与其他公共管理一起，推动社会进步。

（三）关于国际公共管理的问题

就全球范围而言，还有一个涉及范围最大的公共管理，即国际公共管理。在 20 世纪初，就有人提出要建立"世界政府"，但在当时的背景下是不完全具备条件的。在国际经济一体化及经济全球化的今天，美国学者阿里·法拉兹曼得（Ali Falazmand）又提出"世界政府"问题："跨国公司的成长以及全球资本主义的扩张，已经使国家变得无足轻重"；"全球资本主义导致了超国家管理机构的出现，它们即便没有取代疆域性的民族国家，也成为民族国家的重要补充"；"国家权力和权威在质量和数量上都发生了退却性转移，在有些地区和国家，为了适应塑造和控制不断增长的国际政治经济渗透，正在逐渐体现出'从福利国家到竞争国家'、'空心国家'、'法人国家'等过渡性特征"；"全球性公司将创造一个超民族国家的世界秩序，即一个'地球村'，一个实行全球治理世界政府"。①

在我国学者周鲤生所著，商务印书馆 1976 年 5 月出版的《国际法》下册中已多次提到"国际行政"的概念及有关内容。因此，国际公共管理不但是一个早已存在并且随着全球化的进展而大大发展了的客观事实，而且是一个在理论上早已提出并且有所论述的问题。国际公共管理的组织，主要是联合国（注意，"联合国"的本意就是"联合国家"）及其他以国家为成员的全球性或地区性的国际组织。国际公共管理主要是管理国家之间的公共事务，包括全球性、地区性以及部分国家之间的公共事务（特别是国家之间的和平与安全、经济、社会、科技、文化、教育、卫生等方面的交流与合作问题），还包括各参加国共同需要而又愿意进行和接受共同管理的问题（如世界贸易、国际劳工、《联合国人权公约》涉及的人权等问题）。国际公共管理也有强制性的手段和约束机制。例如，联合国的安全理事会不仅可以采取非武力的办法来维持或者恢复和平及安全，如果上述办法不足以完成任务时，还可以采取必要的军事行动来履行职责。特别值得注意的是，联合国的安全理事会有权做出建议或者决定应该采取何种办法来执行作为联合国主要机关的国际法院的判决（不过从历史上看，联合国的上述具有强制性的行动往往受到西方大国特别是美国的操纵）。再如世界贸易组织也有一套具有相当大强制性的约束其成员国行为的机制。上述问题和其他有关问题以及国

---

① 阿里·法拉兹曼得、曾峻、朱华：《全球化与公共行政》，载《北京行政学院学报》2000 年第 5、6 期。

际公共管理与国内公共管理的关系,都是国际公共管理需要进行研究的重要内容。

国际公共管理也像其他公共管理一样,有其主体、客体、条件、手段和目标等诸方面要素。它也有同其他公共管理相异的地方,这里要强调其两个基本特征,一是管理的主体是国际公共组织,而国际组织的权力是由各成员国所让渡的;二是国际公共管理的着眼点是全球治理,从而为各国提供一个和平共处与平等发展的国际舞台。国际公共管理要研究所面对的国际环境,确定国际公共管理的基本原则,建立国际公共管理的基本体系、国际公共管理的运作机制以及国际公共管理的方法与手段等。

四、建构公共管理的横向(类型)体系的意义

对公共管理进行以上四个方面的划分,以及由此引申出一系列具体的课题研究,不仅可以拓展我们现有的公共管理学研究,而且是建立有中国特色公共管理学科体系所必需的。对于包括国家公共管理、政府公共管理、社会公共管理和国际公共管理四方面的公共管理,我们将按照统一的体系系统阐述,进一步充实完善,形成专著。

从公共管理理论发展看,建构公共管理横向(类型)体系有两点价值。其一,国外公共管理理论在发展演变中形成了许多流派,各自有不同的研究重点,这大大丰富了公共管理理论本身。而在国内,对理论的引进、消化和建构应是同步进行的。公共管理理论发展到今天,我们已经从最初对概念做区分和界定的阶段发展到深入思考理论本身和利用理论指导实践的阶段,此时着手建立一套中国特色的公共管理体系,是十分必要的。其二,与20世纪80年代行政管理理论相比,公共管理理论仍然缺乏系统的理论基础和明确的定位,国内相当多的公共管理研究也还停留在概念与原理乃至范式等的争论之中。因此,从基本概念和核心要素入手,逐步厘清其发展脉络和相互关系,在此基础上建立一个比较完善的体系,不仅是很有必要的基础性工作,也是很有价值的事。

从公共管理实践看,建构公共管理类型体系的重大价值在于明确不同类型公共管理活动各自的主体和对象,从而使公共管理实践更加有序和富有效率,而不是职责不清,互相扯皮。在公共管理实践领域,几种趋势必须给予关注:一是政府职能转变越来越成为政府改革的核心与前提;二是社会自治越来越显示出其在公共管理活动中的重要作用;三是执政党、国家立法、司

法机关的活动对社会生活的影响越来越具体化,《中华人民共和国公务员法》就明确把执政党、立法、司法机关纳入公务员系统;四是一国事务国际化和国际事务区域化的特点越来越明显。在这一公共管理主体多元化的背景下,我们所建立的这套体系,恰恰满足了实践需要,并且对实践具有指导意义。

　　从公共管理学学科建设看,1997年国务院修改研究生专业目录后,公共管理成为一级学科,各教学单位根据这一修改都开设了一些公共管理课程,但多集中于行政管理学范畴,总体而言,对于公共管理学科究竟包括哪些内容,各部分是什么关系,还不是十分明确。关于公共管理学科建设问题,笔者认为这里有四个问题要探讨。①公共管理的科学体系。在这个问题研究中,需要解答公共管理的基本范畴、基本原理以及基本的理论体系,否则难以说明学科发展是否达到了科学理性的成熟。②学科建设的基本内容。首先是前面提到的公共管理学的科学体系;其次是课程体系设置的完整与优化;再次是编写教材;最后,也是最主要的,是明确学科定位。1997年前,行政管理是定位于法学门类政治学一级学科下的一个二级学科,1997年研究生专业目录修改后的公共管理移位并成为新设置的管理学门类的第三个一级学科,学生毕业后发的是管理学的学位文凭,这种"移位"会带来一系列的新问题,不能不认真研究,以求从各方面去适应这种变化的需要。③公共管理的横向结构体系。根据以上笔者对公共管理的广义理解,公共管理可以分为四类:国家公共管理(主要指立法、司法方面的公共事务管理),政府公共管理(主要指行政公共事务管理),社会公共管理(主要指非政府公共事务管理),国际公共管理(主要指国际公共事务管理)。我们应该从以上四个领域去构建一个完整的公共管理体系,为公共管理学科发展做出奠基性的探索。④公共性与管理性的有机统一。在这里,我们提出这套体系,不祈望能完全解决问题,但可以为高等学校公共管理专业课程设置、教学安排、教材撰写等提供一些咨询和参考。可以预见,随着对公共管理学的进一步研究,该体系将会越来越完善,公共管理学科的教学科研也会更加科学合理。

公共管理:政治学的视阈[*]

一、引言

自 1997 年国家教育部门正式把公共管理确定为一级学科以来,无论是在引进国外最新理论方面,还是在扎根于国内公共管理实践,从事理论提炼和实证研究方面,我国公共管理领域研究都取得了令人瞩目的成绩。与此同时,公共管理不同层次学科体系的建构也渐成规模,许多高校都进行了相应的调整改革,以适应新形势的需要。然而,在取得实效的同时,也遇到一些有待深入研究的问题。其中,政治与公共管理的关系问题就是一个突出的理论与实践问题。1997 年因研究生专业目录修订,"公共管理"成为一级学科后,有关公共管理的教学行政机构纷纷成立,其中又以冠名为"政治与公共事务管理学院"者为多。这里就有一个如何正确把握政治与公共管理的关系的问题。在西方,管理主义强调管理过程的执行性,而忽视了公共管理必不可少的价值判断,有的主张政治学与公共管理学分离。为此,笔者认为,公共管理有其特定的研究领域和范式,应该具备独特性,但无论是在历史上,还是当前国内外管理实践中,政治对公共管理都有着很大的影响,甚至有时决定着公共管理的发展。因此,无视这些事实而使公共管理研究走向偏颇的做法是不可取的。笔者认为,公共管理研究一定要讲政治。对于我国来说,情况更是如此。本文试图从方方面面对公共事务做政治学分析,使公共管理有可靠的政治学理论与方法支撑,同时也使政治学奠定在扎实的公共管理基础上,使二者相得益彰。

二、公共管理与政治

唯物辩证法告诉我们,对待任何问题都要坚持一分为二的观点,特别是

---

[*] 本文原载于《政治学研究》2004 年第 3 期。

在探讨关于公共部门尤其是政府管理的理论与方法的重大问题上。当前，在论及公共管理时，一种不太科学的态度或方法是，片面强调公共管理的经济学和管理学基础，单纯地追求市场化改革和一般管理方法的运用，其结果可能会偏离公共管理的"公共"本意。诚然，在公共管理发展史上，它始终摇摆在政治或宪制与管理两种价值取向之间，并在不同时期各有侧重。但是，从根本上说，公共管理作为一种表征公共部门尤其是政府部门的管理活动，它与一般管理有本质性差别，不能把它纳入一般管理范畴。从概念的内涵角度说，这就是公共管理的"公共性"。它集中表现在公共管理主体即公共部门的"公共性"，管理手段即公共权力的"公共性"，价值观即公平、正义的"公共性"，管理目标即公共利益的"公共性"这四个方面。①

公共管理的公共性特征，表明它与政治因素的影响不可分割。何谓政治？这是一个复杂的问题，历史上不同时期、不同理论派别看法相差很大，但在政治与管理之间的联系上，一些观点具有相似性。② 马克思主义历来反对把社会整体割裂而单独对政治或经济进行武断地定义，在马克思主义看来，"政治因素"是一个长期存在的组成部分，进入一切社会关系，并且政治有其核心问题即国家权力。马克思主义对政治与管理也进行了精辟论述，在阶级社会里，政治与管理有密切关系，就政治的内容而言，政治就是管理。美国政治学者庞顿和吉尔认为，"政治活动可以被认为是与对人的集体生活的管理联系在一起的。"③ 英国学者麦肯齐也说，"在英国，通用的政治定义是奥克肖特的定义，即政治是'参与一个社会的全面的管理的过程'。"④ 孙中山对政治也有独到的见解，他认为，"政治两个字的意思，浅而言之，政就是众人之事，治就是管理，管理众人之事就是政治。有管理众人之事的权力，便是政权。"⑤ 因此，就政治本身的含义来说，它与管理密不可分，政治过程与管理过程有时是同步的，只是在未来没有政治的社会，管理还将继续存在罢了。

再从历史发展的基本脉络看，众所周知，政治与行政的关系问题一直是公共行政理论的重要内容之一。公共行政学从政治学中分离出来成为独立的

---

① 关于公共管理的公共性问题，请参阅王乐夫、陈干全：《公共管理的公共性及其与社会性之异同析》，载《中国行政管理》2002 年第 6 期。
② 谢庆奎：《政治改革与政府创新》，中信出版社 2003 年版，第 127－133 页。
③ 转引自王浦劬：《政治学基础》，北京大学出版社 1995 年版，第 5 页。
④ 转引自王浦劬：《政治学基础》，北京大学出版社 1995 年版，第 5 页。
⑤ 孙中山：《孙中山选集》，人民出版社 1981 年版，第 692－693 页。

新范式,并不等于就是主张政治与行政分离,也并不等于否定公共行政活动是一种意志活动,而是要使公共行政从过去更多地强调"特殊集团"的意志转到更多地强调社会公众的意志。19世纪末,在《行政之研究》中,威尔逊呼吁,美国应该力求通过一门新的科学来使它的共和、民主宪政臻于完善。① 而韦伯同样认为,官僚体制化和民主化一般具有更加政治的性质。20世纪60年代,沃尔多指出,公共行政说到底还是"公共"的行政,其过程必须具备公共性。达尔也认为,公共行政研究不能无视价值规范和道德观问题,科学无法在事实与价值之间架设沟通的桥梁。以弗雷德里克森为代表的新公共行政学理论(New Public Administration),认为经济和效率不是公共行政的核心价值,核心价值应是社会公平(social equity),主张将"效率至上"转为"公平至上";强调公共行政组织变革的终极目标是建立民主行政之模型,强调公共行政的顾客导向,将顾客的需求作为行政组织存在和发展的前提与行政组织设计方案应该遵循的目标。20世纪90年代,对公共管理"公共性"的关注表现为对公共管理基本理论问题的兴趣和重视。关于公共管理和公共管理学的性质、公共管理的目标和评价准则、什么是好的生活和好的社会、应当谁管理和如何管理、合理的管理准则、公共管理的范围、公共管理者应当以仆人还是企业家的态度来从事管理以及一般公共哲学的建立等问题的讨论越来越多,特别需要建构公共管理学自己哲学层面上的一般理论。② 从上面的分析看,如果不能全面地把握公共管理理论内涵与实践模式,而一味地奉行"拿来主义",不对一般公共管理学的理论建构有所参与或贡献的话,公共管理的范式危机将在所难免。更可怕的是,用此理论指导我们的公共管理实践,无疑是有害无益的。

因此,现代公共管理既要讲管理和效率,也要讲政治,这是我们建立在上述分析基础上的基本论断。事实上,在政治与行政管理"二分法"的缺陷已经显露,大量的文献也已经证明,在政策制定和政策执行不可分割的情况下,现代公共管理与政治在其本质上已经密不可分。比如,国外一些学者认为,公共管理是与传统公共行政不同的自下而上的"政治管理",并将这种政治管理看作公共组织管理中一个极为重要的构成部分。在这种管理中,公共管理者就像院外游说者那样,会与政治家或公共政策决策者进行博弈,

---

① 伍德罗·威尔逊:《行政学研究》,载《国外公共行政理论精选》,彭和平编译,中央党校出版社1997年版,第5页。
② 蔡立辉:《公共管理范式——反思与批判》,载《政治学研究》2002年第3期。

通过影响政策过程和内容而获得公共组织有效运作的基本资源,包括公共权力、人力资源、货币和其他物品,并在此基础上创造公共价值。① 就我国而言,公共管理不是单纯的生产过程,而更应该是管理的过程,甚至是规制与调节的过程。面对一系列政治与社会问题,如贫富差距、失业、地区差别、政府不作为等,公共部门的管理更需要一种伦理的价值力量而不是经济力量。如果公共管理不解决在经济效率提高的情况下公众生活水准下降的现实问题,那么它就不是真正意义上的为实现公共利益而进行的管理活动。从这个角度说,公共管理要讲"公共性"或"政治性",这既是理论本身的要求,又是实践发展的必然。因为历来国家、政府都是具有鲜明的阶级性、政治性的,即使是一般社会组织,也带有或多或少的政治特征。

三、公共管理的政治学分析

为了进一步说明政治与公共管理之间的紧密联系,接下来我们以政治学基本概念范畴为分析视角来对公共管理进行全方位剖析。

(一) 关于公共管理主体的政治学分析

现代公共管理具有多元化的管理主体,政党、国家、政府和社会公共组织共同构成公共管理的主体(这里的国家、政府与社会都是从狭义上说的,我国把政党视为政治与社会公共事务管理的重要力量)。有的学者认为公共管理的主体包括六类,即国家机关、执政党、政治团体、法律或政府授权管理公共事务的公共部门、自治组织和民间组织。② 作为公共管理主体,这些组织具有不同于其他私域组织的根本特征,追根溯源,它们与政治因素相关,主要表现在:①组织的代表性。私域组织虽然在一定条件下也可以成为某些群体的利益代言人,但却不能成为公共意志的代表者。国家、政府及社会公共组织则不同。从起源上看,政党、国家、政府都是一定阶级的代表,维护一定阶级的根本利益。在现代社会,政党、国家、政府也都力求成为最大多数人利益的代言人,在构成上尽可能吸纳一切可以吸纳的人或组织参加其中。②行为的公务性。公共管理主体之所以是公共机构,主要在于其机构

---

① 马骏、叶娟丽:《西方行政学理论前沿》,中国社会科学出版社 2004 年版,第 172 页。

② 王惠岩:《公共管理基本问题初探》,载《国家行政学院学报》2002 年第 6 期。

(组织）都是围绕着一定的公共事务而开展活动的。不管是政党、国家机关及其工作人员还是社会公共组织及其成员，都在行使一定的公共权力，从事一定的公务活动，而非私人事务。并且，这种公务活动是具有强烈的意识形态取向的，是与政治制度、政府结构、社会公益及规范管理相联系的。所以，"与私人管理不同，公共管理过程更多的是一种政治过程，因而公共管理的公共性或政治性的特征十分显著"①。③宗旨的公益性。公共管理组织及其代表的行为目标或宗旨必须具有公益性本质，公共性组织依靠特殊的公共权力和组织制度规定，把实现公众依靠个人无法实现的利益作为自身存在的价值体现。西方社会契约论认为，国家是个人出让主权并订立契约的产物，是保障个人无法实现利益的主权者代表。现代政府也被当作维护社会公正、效率，弥补市场不足，实现公共利益的制度性工具。④权力的法定性。不仅国家、政府机构和其他社会公共组织的产生、设立与废止及其活动都是法定的，具有合法性，而且他们的行为和结果也都必须合法，相应地要承担一定责任。法律，就其实质而言，是公众意志的表达。而法律所保障的权力，在本质上同样是公共权力。公共管理主体只有依法行使权力，才真正具备合理性。

如前所述，历来政党、国家、政府都是具有鲜明的阶级性、政治性的，即使是一般社会组织，也带有或多或少的政治特征。如果公共管理不讲政治，背离公共性，也就丧失了自身的本质特征，流为一般的管理理论，不再成为公共管理。在实践中，更大的危害表现在于：由于不讲公共性，不科学区分不同国家公共性的相异性，在共同管理的抽象思维中，简单地照搬照抄，在改革中片面强调市场化与管理主义，使得公共部门一贯秉承的公平、正义、责任意识等道德伦理观念和必要的规制限定作用大为削弱，导致政府公共部门本应具备的公共性、规范性的价值观丧失，其结果只能是误导而非引导。为此，在大胆引用新的公共管理理论和方法的同时，重建其规范性价值观，以提醒不要忘掉其公共性是十分必要的。

（二）关于公共管理的客体或对象的政治学分析

公共管理的客体或对象是公共事务，即国家公共事务、政府公共事务和社会公共事务，在对公共事务有效管理时，它必须以实现公共利益为核心。一般认为，公共管理研究通常有两种截然不同的立场：管理者的立场和公众

---

① 陈振明：《公共管理学》，中国人民大学出版社1999年版，第41页。

的立场。站在管理者的立场上,公共管理研究主要关注作为公共利益代表者和维护者的公共部门如何对公共事务进行有效的管理。站在公众的立场上,公共管理研究主要关注"公民怎样从政府那里得到他们所需要的东西"①。显然,这两种立场都没有脱离公共利益这个核心问题:前者以"公共部门如何实现和服务于公共利益"为焦点;后者以"公共利益是怎样被实现的"为焦点。进一步对比可以发现,前一种主张所说的公共利益多半是抽象的,而后一种主张则意指现实的公共利益,它与公众利益密切相关。

公共事务的公共性同时也在于它以实现公共利益为宗旨。"一切社会团体均以善业为目的。"② 这里的善业就是一种公共利益。公共利益是一定范围内特定多数人的共同利益,它产生于社会又独立于社会。在非阶级社会中,公共利益与全体成员的利益是一致的,而在阶级社会中,公共利益因阶级分化而分化,公共权力维护的是统治集团的公共利益。尽管如此,运用公共权力所进行的政治统治,也必须是以为社会公众提供服务为基础,以执行社会职能为基础的。尽管公共利益在起源上可以是大众与私人利益的结合,但本质上公共利益不是私人利益的简单相加。作为公共管理主体所追求的目标——公共利益,是公共管理主体从社会性本位出发所进行公共选择的结果,并且通过一定的法律规范制度安排而体现出来。不这样做,公共利益就难以得到保障。亚里士多德曾说过,许多人共有的东西总是被关心最少的,因为所有人对自己东西的关心都大于其他人共同拥有的东西。③ 相对于私人利益来说,公共利益更容易受到侵害,实现起来也更加困难。所以,在对公共事务的管理中,公共管理主体往往把实现公共利益作为自身的责任。特别是现代社会,公众对公共管理的质量更为关心,要求管理者从公众需求入手,以社会公众的喜好为导向,为社会提供高质量的服务。正如文森特·奥斯特罗姆所说,如果美国公共行政的实践者要为民主社会的活力做出贡献,他们就必须准备增进和服务于单个人的利益,正是后者构成了他们实质性的公共性。④

---

① Howard Frant, "Useful to Whom? Public Management: Social Science and the Standpoint Problem", in *International Public Management*, 1999 (2): 324.
② 亚里士多德:《政治学》,吴寿彭译,商务印书馆1965年版,第3页。
③ 亚里士多德:《政治学》,吴寿彭译,商务印书馆1965年版,第48页。
④ 文莱特·奥斯特罗姆:《复合共和制的政治理论》,毛寿龙译,上海三联书店1999年版,第32页。

（三）关于公共管理基本手段的政治学分析

公共权力与公共财政是现代公共管理的两大基础，也是实现管理目标的两种基本手段。公共权力是公共管理最基础的手段，并且体现了公共管理区别于其他管理活动的本质特征。简单地说，公共权力就是用来处理公共事务的权力。但在公共权力的起源上，一种观点认为，公共权力是社会中的强者为维护自己的利益而通过法律的形式制订并规范的状态，权力是强权的合法化；另一种通行的观点是，公共权力是公众共同意志契约化的产物，本质上它体现了"公意"。应该说，两者都存在不科学的一面。恩格斯通过分析国家的产生，揭示了公共权力的本质是一种统治工具，但也是不得不在一定程度上为公众利益服务的统治力量。恩格斯分析到，一方面，在社会成员之间的利益差别和冲突普遍的情况下，没有以社会名义管理社会的力量就无法维持社会的正常运转。这种维持是一种强制力量，从而使权力一产生就具有强制性。另一方面，从公共权力的产生看，它应当具有公共性，能够代表公众意愿进行公共事务的管理，从而实现公共利益。公共权力一产生，它便有了相对独立性，行使公共权力的主体便有可能具有一种凌驾于整个社会的特殊地位，从而掌握权力的一方的特殊利益以渗透方式存在于公共权力之中。实际上，在资产阶级社会中，统治阶级掌握着公共权力，国家成为阶级利益的代言人，公众要实现最大化的共同利益，就必须使公共权力合法化。当然，掌握权力的阶级也想方设法增加其合法性以维护其统治。正是在这种斗争中，产生了近代以来的民主政府。对于我国而言，人民是国家权力的真正主人，公共权力机关是代表人民行使合法权力的机构，公共权力是人民自己或通过他们的代言人管理国家事务、社会事务和机构自身事务的根本手段和保障。

在政治学领域，公共权力的重要作用体现在维护社会秩序上，这使公共权力成为政治学研究的核心。在公共管理领域，公共权力同样是公共事务管理所不可缺少的条件。在上文的分析中，大部分公共事务不能通过市场主体提供，公共物品和服务也是与市场精神背道而驰的，若没有公共权力的作用，很难保障公共利益的实现。由此，公共权力是实现公共管理活动的基础性力量。

现代公共管理的另一个重要基础是公共财政。因为从公共政策的角度来看，公共预算和支出实际上是一种政府制订与实施公共政策的过程；从组织管理绩效的角度来看，公共财政则是控制成本、衡量绩效的主要依据；从公众利益的角度来看，公共财政就是促使社会财富的分配趋于合理，实现社会公平的重要途径；从公共事务管理的角度来看，公共财政既是公共问题解决的前提，又是公共事务管理的结果。

何谓公共财政？所谓公共财政，是指各级政府的财政资金（包括税和费）取之于民，用之于民，收支的各个环节都接受人民监督，公正而且透明。人民主要通过其选举产生的代议机构监督政府财政，在中国，这个机构就是各级人民代表大会。从本质上说，公共财政是人民财政而不是政府财政。所谓人民财政，就是各级政府在年度预算编制、执行过程中的预算调整、年终财政超收部分的资金安排、次年年初的决算认可，每个环节都要公开透明，接受人民监督。

因此，公共财政不等同于政府财政。过去所说的政府财政只是政府管理的一个内部要素，而现代公共财政则是开放式的、眼界向外的公共部门收支体系。由于公共管理活动的广泛性，它需要大量的资金支持，而传统意义上的政府财政很难或不应该支撑起公共管理的任务，这就需要引入公共财政的概念。关于财政的本质，有两种解释，马克思主义从国家本质出发来界定财政，认为财政是国家公共权力使用的表现；西方市场经济国家则认为财政是实现公共利益的手段。两种解释并无根本冲突，只是界定角度有差异而已。然而，在实践中，我们却始终把二者对立起来，导致真正的公共财政体系难以建立。实行社会主义市场经济后，与市场经济相一致的公共财政体系逐渐为我们所认同，即把公共财政定位为实现公共利益的基本手段，才有可能真正建立以效率、效能、效益为宗旨的新型政府。因此，未来改革所要建立的效益型政府，其公共财政不仅要在资源配置、收入分配、经济稳定和增长三个方面发挥职能作用，还必须保证这种活动的廉价性，即以最少的投入获得最大的产出。

（四）关于公共管理过程的政治学分析

对公共管理过程的研究实际上是把公共管理置于现实活动的环境背景下进行实证性分析，这被越来越多的学者和研究人员所青睐。由于政府在公共管理活动中的主导地位，人们往往用政府管理过程替代公共管理过程。但我国有的学者认为，若政府过程是泛指包括政党、立法、行政与司法机关在内的大政府的行为活动，则政府过程实际上就是政治过程。[①] 他指出，过程的

---

① 朱光磊：《中国政府过程》，天津人民出版社2002年版，第19页。

政治与过程的政府,必然在所反映的可观察对象上是对等的,只是强调的侧重点不同而已。在现代,不论是政治过程,还是政府过程,其所涵盖的对象都是政府、军队、政党和其他正式的或非正式的社会团体的活动,以及它们的相互关系,它们的活动、它们的作用都是围绕着政权进行的。它们所采用的方法也是一样的,即都是行为主义的、实证的研究方法和吸收某些社会科学、自然科学的方法。因此,所谓政治过程一般是以政府活动为主要的、核心的内容。而所谓政府过程,也必然是以整个社会政治生活为基本活动领域。也就是说,政治过程侧重强调政府活动的广泛的政治生活背景,政府过程则侧重强调政府活动在政治生活中的重要地位与作用。

实践中的公共管理过程并不是截然独立的社会生活环节,在阶级社会里,政治则是一切社会生活环境的影响者。仅以公共管理的决策行为而言,更多时候,政府的公共决策都是政治性决策的二次决策,是对政治性决策的诠释。而且,在我国,包括政党、立法及其他政治性团体对政府公共决策的影响非常大,不考虑这种影响因素,单纯从管理角度去研究,就有可能发生偏差,并且事实上也解释不了现实中的许多问题。

(五) 关于公共管理职能的政治学分析

马克思主义对于国家的基本职能即政治统治与社会管理职能之间的关系有十分精辟的论述,恩格斯在《反杜林论》中指出:"一切政治权力起先总是以某种经济的社会职能为基础的""政治统治只有在它执行了它的这种社会职能时才能持续下去"[①]。就整体发展趋势和规律而言,社会越向前发展,社会自我管理、自我调节的能力越强,国家对社会发生作用的领域就越小,作用的强度也就越弱。由此,国家对社会的作用呈现出这样一种发展趋势:在政治统治职能不变的同时,国家的经济职能、社会事务管理职能和科技文化职能不断扩展;政治性、统治性职能越来越依赖于管理性、服务性职能作用的发挥。在公共管理职能体系内部,无论是计划、决策、执行、监督、控制还是组织、协调与指挥职能,都可以发现政治因素在其中起作用。例如,中国共产党作为执政党,在公共决策过程中主要起政治导向作用,规定公共决策的基本价值,确保各项公共政策体现人民的意志和利益。在宏观方面,中国共产党主要负责国家基本路线、方针和政策的制定,并通过法律形式把党的意志上升为国家意志;在微观方面,各级党委则通过常务委员会形式实

---

① 《马克思恩格斯选集》第3卷,人民出版社1972年版,第219页。

现对重大决策的控制。再如，我国宪法赋予人大在重大决策问题上的提议权、监督权及制定相关法律权等，都从宏观上影响着具体的管理决策活动。而且，人民代表大会制度也是对公共管理活动实施有效监督的良好制度，在保证公共权力在公共管理中是否被滥用，或者公共管理是否实现了公共利益等方面作用巨大。

从我国的政治体制看，国家的一切权力属于人民，但在具体实现形式上采用代议制、委托制，以间接民主的方式体现人民当家做主的权力所有者的地位。然而由于代议制、委托制造成了权力的所有者与行使者相分离，导致公共权力所有者不能很好地制约公共权力使用者，从而形成某种政治失控，危及公众利益，主要表现为权力滥用，以权谋私等不法行为。为此，加强包括立法、司法机关在内的监督，是确保公共管理正常进行的重要举措。

四、建构中国特色的公共管理理论与学科体系

若公共管理不讲政治，背离公共性，就会丧失自己的本质特征，流为一般的管理理论。更大的危害表现在实践中由于不分国情的照搬照抄，在改革中片面强调市场化与管理主义，使得公共部门一贯秉承的公平、正义、责任意识等道德伦理观念和必要的规制限定作用大为削弱，政府公共部门本应具备的公共性、规范性的价值观丧失。其结果只能是误导而非引导。特别是在当前，社会领域内公平、公正问题日益凸显，政府公共部门更应该秉承为民众服务的价值观，把实现人民利益作为自身的行为准则。为此，我们也主张，在大胆引用新的公共管理理论、方法与观点的同时，还必须紧密结合中国国情，建构具有中国特色的公共管理新的理论体系与实践模式。

（一）强化对执政党和立法机关在公共管理中重要作用的研究

公共管理研究以管理为基础，旨在运用科学的方式促进管理绩效，这是国内外的一贯做法，但由于执政党即中国共产党在我国政治体制中的重要地位，以及对国家政治、经济、社会生活的重大影响，公共管理研究必须强调党的领导与决定作用。在我国，中国共产党不仅是各种决策的指导者与制定者，而且通过组织程序，在各级部门中发挥影响作用，有时甚至是决定作用，例如各级党政领导者都是公共管理的直接负责人。人民代表大会是我国的立法机关，是人民利益与人民权力的体现，公共管理若以公共利益为宗旨，就必须把立法机关纳入重要的研究视野。人大在我国政治与管理活动中

的作用主要是决策与监督，例如各级立法机关一般通过质询、询问、国政调查、提出不信任案、行使审批或批准权等形式对行政机关的各种活动进行监督。因此，我国的公共管理理论建构，决不能仿效西方国家的政治中立等做法，而应坚定地把政党的领导与立法机关的监督列为公共管理研究的重要内容。

（二）政治文明是公共管理制度建设与创新的基本方向

公共管理的发展一方面要追求技术与管理方法的进步与成熟，另一方面要在制度创新的基础上完善公共管理的一系列制度化措施，对于一门科学而言，后者更重要，并且也更加符合中国的实际需要。党的十六大提出建设社会主义政治文明的目标，无疑是对包括公共管理学在内的社会科学今后的发展方向的精确定位。人类要发展，就不能没有物质财富的积累，物质文明的进步；人类要进一步发展，就必须满足精神文化的高层次需求，因而追求精神财富与文明是应然之举；而最终一切事物的进步总是在最高层面上表现为制度文明、伦理与意识形态的先进性，因此，政治文明就是人类活动（当然包括管理）的最高实现标准。当前的公共事务管理过程中，许多问题表面上出现在具体的管理与执行环节，但根源却是制度建设不足，相应的法规与制度没有完善，即使解决了短期问题，类似问题还会出现。例如，公务员活动的低效率与随意性强等，追根溯源与人事制度和管理体制有关。所以，公共管理要向前发展，就要坚定地把自己定位于追求制度层面的文明之上，在当前，这种制度层面的文明就是政治文明。

（三）把人民利益当作检验公共管理成败得失的根本依据

正如前面论述的那样，公共利益是公共管理的最终目的，也是一切公共管理活动的出发点。但是，现实中许多人对公共利益存在误解，认为它是虚幻的，只是作为一种象征而存在。诚然，对于公共利益的认识，按照亚里士多德的说法，凡是公共的，都是无人关心的，因而公共利益很难保证得到最终实现。而我国是人民当家作主的社会主义社会，人民利益就是公共利益，而维护人民的基本权益就成为公共管理的基本职责。公共管理不是公共部门自身的管理，更不是公共部门自身利益的博弈工具，中国特色的公共管理必须使自己的眼界向外，更多地关注人民的需求，把实现群众利益作为一切管理活动的出发点，并以此为标准检查管理效果。

(四) 将政治学、领导学整合到公共管理学科体系建设之中

鉴于政治与公共管理不可分割的天然联系,公共管理学科体系中就不能没有政治学、领导学等重要成分。笔者始终认为,政治学是公共管理研究不竭的理论源泉,现代公共管理也只能在古老的政治与行政关系系统中才能保持生命力与独特性。另外,笔者主张建立公共领导学,并把它作为高层次公共管理的重要内容,这也是对健全中国特色的公共管理学科体系的补充。基于此,近年来,为了全面而有效地推进政治与公共管理学科建设,一些高校坚持以公共管理学为主体,以政治学为主导,注重整合政治、经济、社会、管理、法律、卫生、教育等学科资源,组织多元化研究队伍,以求建立相对完善的公共管理学科体系,初步形成系统的公共管理基础理论研究框架。我们期望,通过不懈的努力,共同为国内公共管理领域欣欣向荣的研究态势增添一份力量。

公共性：公共管理研究的基础与核心[*]

一、当前"公共性"问题研究的契机

随着公共管理作为一种新的公共部门管理范式在我国的研究渐趋深入，其"公共性"的本质越来越受到重视。原因有两个，一是"公共性"的丧失，二是"公共性"的觉醒。

首先，公共管理在本质上异于私人部门管理，它更多地体现了"公共"的特性。然而目前主流的公共部门管理理论（新公共管理）有过分管理主义取向，表现为"公共性"的丧失。对此，欧文·E. 休斯也认为，目前流行的管理主义有两大基础，一是经济学，二是私人部门的管理方法。经济学对于私营部门的管理是有效的，但运用到公共部门则完全是一种拙劣的构想。而对于私人部门的管理方法，尽管公共部门可以借鉴，但不应是毫无保留的沿袭，因为"管理主义在某些方面违背了公共服务的传统，不利于提供服务，在某些方面是不民主的，甚至其理论依据也值得怀疑"。因此"公共管理并不是要广泛地、不加辨别地采用私营部门的方法。它所包含的内容是指需要发展一种独具特色的'公共'管理"①。这一观点在国内同样得到回应。张成福教授在其早期一篇研究公共行政的"公共性"问题的文章中指出，"现时代行政体系面临的最大挑战在于对于公共行政'公共精神'的忽视乃至衰微"。这种忽视乃至衰微主要表现在：公共行政理论的非公共倾向，试图寻找既适合于私人管理，又适用于公共部门管理的普遍法则；公共行政基本价值的偏差，倾向于把效率视为公共行政的最终目的，而实际上现代公共行政的价值很大程度上在于促进民主社会所拥有的基本价值，即自由、秩序、正义、公民利益和公共利益等；公共行政实践存在误区，公共行

---

* 本文原载于《社会科学》2003 年第 4 期，原作者为王乐夫、陈干全。
① 欧文·E. 休斯：《公共管理导论》，彭和平等译，中国人民大学出版社 2001 年版。

政成为追求私人利益的手段。因此，现时代强调对公共行政的公共精神、公共性质、公共目的进行研究和反思，乃至弘扬这种精神，既有科学研究上的意义，也有重要的实践价值。①

其次，公民社会的日益成长，第三部门在公共管理中的作用越来越大，形成了强大的参与力量，这就要求公共部门在管理过程中更多地体现"公共性"，从而表现为某种程度上"公共性"的觉醒。譬如，一种成熟的理论认为，公共领域和私人领域都存在体现公共理性的力量，公共领域由于是公共权力活动的场所，因而天然地必须体现公共性。而私人领域是市民社会成熟基础上的产物，它发挥社会批判功能，体现参与和监督精神，因此，它的存在有助于公共性的发扬。② 经济的市场化推动着市民社会与政治国家分离开来，使其获得独立的存在和发展。一般而言，自治原则、法治原则、多元主义、公开性、公共性等被认为是市民社会特有的价值旨趣或规范基础。随着第三部门的成长壮大，它在政治生活中起到有效抑制公共权力对社会公众的滥用，从而发扬民主行政理念，使公共管理更能体现为公众利益的本质目标。③ 由此看来，当前对于"公共性"的研究，既是对过去探索的延续，又具有现实紧迫性。

二、"公共性"的由来及演变过程

根据《辞海》的解释，"公"的中文含义为"公共；共同"，与"私"相对。《礼记·礼运》所言"大道之行也，天下为公"，即为此意。《汉语大辞典》中，"公共"意为"公有的，公用的，公众的，共同的"。因此，自古以来，"公共"的中文语义强调多数人共同或公用。也有人认为"公共"一词有两个起源：一是起源于古希腊词汇（其词义后发展为英语的 pubes 或 maturity），强调个人能超出自身利益去理解并考虑他人的利益。同时意味着具备公共精神和意识是一个人成熟并且可以参加公共事务的标志。二是源于古希腊词汇（Koinon），英语词汇"共同"（common）就起源于该词，意为人与人之间在工作、交往中相互照顾和关心的一种状态。在古希腊社会里，

---

① 张成福：《论公共行政的"公共精神"》，载《中国行政管理》1995年第5期。
② 哈贝马斯：《公共领域的结构转型》，曹卫东等译，学林出版社1999年版。
③ 参见江俊昌《我们今天应当怎样谈论市民社会》，载《浙江学刊》1999年第3期。

公共是一种所有成年男子都可以参加的政治共同体,其主要职责是建立一些永久的标准和规则,目的是获取最大之善。因此,从起源上看,"公共"更多地意指社会层面的非个体性,并在古希腊政治社会里与早期民主相关联。这也印证了,随着时代发展,当代的"公共"概念已发生很大改变,公共成为政府和政治的同义词的观点。

哈贝马斯考察了另外一种公共性起源。在哈贝马斯的理论中,公共性或公共领域不是指行使公共权力的公共部门,而是指一种建立在社会公私二元对立基础之上的独特概念,它诞生于成熟的资产阶级私人领域基础上,并具有独特的批判功能。关于公共性的演变,哈贝马斯认为,自古希腊以来,社会有明确的公私划分,公代表国家,私代表家庭和市民社会。例如,在古希腊、罗马,公私分明,所谓的公共领域是公众发表意见或进行交往的场所,那时虽有公共交往但不足以形成真正的公共领域。在中世纪,公私不分,公吞没私,不允许私的存在,公共性等同于"所有权"。直到近代(17、18世纪)以来,在私人领域之中诞生了公共领域,才有了真正意义上的公共性。[1]

受到国外对这一问题研究的启发,国内也有学者从社会领域分化的角度分析公共性的产生。他们认为,公共领域与私人领域,国家与市民社会,政治生活与经济活动均具有对应的相关性。整个近代社会发展史的客观进程,都在于使公共领域与私人领域日益分化,这样一来,整个社会就成了公共领域与私人领域的整合体。在社会分化为公共领域与私人领域的过程中,国家的职能也开始了分化的历程,出现了国家职能的多样化趋势,其中统治职能与管理职能是最为基本的两大职能。由于国家统治职能是在统治集团和被统治集团的关系中实现的,所以,虽然它表现出一定的现代公共性的内容,但本质上是与公共性相悖的。而在管理职能中,公共性则是其最为根本的特性,甚至可以断言:归咎于管理职能的是一个纯粹的公共性的领域。因此,社会领域的分化引发国家职能的分解,从而导致公共性的彰显。

在论及公共性在近代的演变时,国内外学者都倾向于用"公共性丧失"一词。一种观点认为,在近代功利哲学和市场经济的趋利倾向共同催生下,古希腊公共性的含义进一步丧失,现时情况是,"通过集体的方式寻求更大的善已被个人的计算、功利以及成本和利益所替代。政府的目的在实践中已是私有的福利(private well-being)。我们凭借官僚、技术和科学的手段来决

---

[1] 哈贝马斯:《公共领域的结构转型》,曹卫东等译,学林出版社1999年版。

定福利、幸福和功用。这里没有公共的原初含义，有的只是原子个人的集合体；这里没有公共利益，有的只是许多私人利益的聚合体。"虽然美国公共行政对于如何实现公共性有过几种理论，包括以利益集团形式表现出来的公共（多元主义视角）；以理性选择人形式表现出来的公共（公共选择视角）；以代议的形式表现出来的公共（立法的视角）；以消费者形式表现出来的公共（提供服务的视角）；以公民权形式表现出来的公共（公民权视角）；等等，但这些理论都不能真正代表公共。真正的公共理论架构应是以宪法为基础，公共概念必须建立在公民权、仁慈和爱之上，此外还需要听证系统和程序的保持及发展，以及对集体公共群体和弱势群体的关怀，等等。

哈贝马斯也认为，随着资产阶级社会的发展变化，出现了公共领域的结构转型（哈贝马斯理论中的"公共性"一词，可以译成公共性，也可以译为公共领域，二者没有实质差异。但倾向于用公共性指称政治层面，而用公共领域指称社会层面。——笔者注），由此导致公共性丧失。"两种相关的辩证趋势表明公共性已经瓦解：它越来越深入社会领域，同时也失去了其政治功能，也就是说，失去了让公开事实接受具有批判意识的公众监督的政治功能。"① 在这里，哈贝马斯把公共性的丧失归于公共领域与私人领域的相互渗透。

在笔者看来，关于"公共性"的本源及演变，其实离不开整个社会环境的变化背景，这一背景包括社会的、经济的和政治的因素。首先，最早意义上产生的"公共性"代表一种朴素的全民性，如古希腊民主制。其次，在古代社会，由于没有明确的公私领域划分，在政治领域，代表国家权力的"公"吞没了"私"，在经济领域，表现为国家对经济生活的全面控制，因而公共性等同于国家权力。再次，按照哈贝马斯的看法，直到近代，"公"与"私"才截然分离，各有自己的独有领域。与此同时，经济领域盛行自由主义和市场经济理论，在政治领域采取国家放任主义，公共行政在政治与行政"二分法"的影响下，热衷于对纯粹管理技术和效率的追求，从而形成对公共行政的公共精神和公共价值的冲击，于是就有了新公共行政学强调公平与参与及同期的政策分析理论中的民主因素等。最后，现代社会"公"与"私"出现相互融合的趋势，经济领域表现为国家干预与自由经济并存，而在政治领域，以第三部门为核心的公民社会成长壮大，社群主义盛行，引发大规模的公民参与和公共行政改革浪潮，"公共性"问题再一次被重视起

---

① 哈贝马斯：《公共领域的结构转型》，曹卫东等译，学林出版社1999年版。

来，此时，突出"公共性"不仅是公共部门的内在要求，同时也是公民社会外力推动的结果。

三、公共管理的"公共性"内涵

在对国内外关于"公共性"起源和演变问题的相关论述做了一番考察之后，我们仍然不得不面临一个根本性的问题，即什么是"公共性"，什么是公共管理的"公共性"。在没有给出自己明确的答案之前，我们发现，对公共性问题的阐述可以有很多角度，不同学科也有不同的认可。仅从公共行政与哲学等角度对"公共性"的内涵进行阐述的观点，就可以归纳为以下六个方面。

（一）作为一种分析工具的"公共性"

该理论认为，"公共性"是用于描述现代政府活动基本性质和行为归宿的一个重要分析工具。在一般情况下，是指政府作为人民权力的授予者和委托权力的执行者，应按照社会的共同利益和人民的意志，从保证公民利益的基本点出发，制定与执行公共政策。具体表现为：从基本理念上讲，"公共性"指政府组织应着眼于社会发展长期、根本的利益和公民普遍、共同的利益来开展其基本活动。由此，衡量政府活动是否达到公共性的基本标准是，公共政策及其执行是否坚持和维护了公民的基本权利，是否在舆论中充分体现和表达了公民的意志，政策与执行的出发点是否超越了政府的自利倾向，而考虑更为普遍的社群利益和社会长远利益等。在道德层面上，"公共性"应是每一个政府公职人员的职业态度、观念和信仰。它要求公职人员以此信念竭诚为民服务，明确政府组织与公职人员的行为必须在道德上、伦理上满足公共性的基本要求，并在政策制定与执行过程中，防止部门和个人偏私的利益驱动。在政治过程层面上，"公共性"意味着在涉及公共物品提供等集体行动上，存在着有效的决策参与通道和决策选择机制。在这里，"公共性"的获取及其保证，具体为政府政策利益导向的选择过程，它包含政府的政策制定与执行是否具有开发性，以使公民能够充分了解有关政策的信息，并能够与政策制定者进行磋商；公民的利益能否通过民主的程序得到表达与整合；公民依靠怎样一组规则来决定政治决策的选择，决定政府公共物品或服务的提供等。在政府的财政活动中，评价"公共性"价值是否满足的核心要素，应是政府提供各种类型的公共物品行为和与此相关的政府收支行为的基本取向和政策目标,以及相关的财政制度和规则的安排。①

(二) 作为一种公共精神的"公共性"

这种观点认为,公共行政的"公共性"内涵可以归结为公共精神。现代公共行政的公共精神应包括四个方面:民主的精神,即人民的意愿是政府合法性的唯一来源;法的精神,它意味着政府的一切活动应受到预先确定并加以宣布的规则制约;公正的精神,即承认社会公民应具有平等的权利并不受公共权力所侵害;公共服务的精神,即政府的公共服务应尽可能公平分配,政府的施政过程应平等、公正和透明。这四种公共精神在公共行政活动中的实现方式应是:逐步实现政府与公民平等化;行政权力既受到保护又受到制约;行政活动既有效率又有责任;公共行政是由民众驱动的、积极的、合作主义的、参与的过程;等等。②

(三) 作为一种最新理念的"公共性"

把"公共性"看成是公共管理的最新理念:它揭示了管理目的的公益性,强调了为公众服务的出发点;它明确了管理的范围是公共事务,揭示了管理所依据的权力为公民所授予,因而其行使必须接受公民的监督,以公民认定的是非为是非,不能违背公民的意志;它体现了行政过程中的责任,要求行政行为必须对其后果无条件承担责任;它强调了行政过程中必须有公民参与,强调注意听取公民的意见,要求行政过程中有公开性与透明性;它强调公共行政的结果必须取得公民的认可,要求有向公民报告的制度,工作一定周期后,政府应按程序向公民报告,以接受公民审查并予以通过;等等。③

(四) 作为一种价值基础的"公共性"

该理论认为,由于行政体系的价值基础是其公共性,因而政府的制度安排所要重建的价值观念就在于明确公共行政的公共性。也就是说,政府把自我表达存在的公共性作为至高无上的原则,政府的组织机构、行为方式、运

---

① 孙柏瑛:《公共性——政府财政活动的价值基础》,载《中国行政管理》2001年第1期。
② 张成福:《论公共行政的"公共精神"》,载《中国行政管理》1995年第5期。
③ 刘熙瑞:《理念·职能·方式——我国地方行政机构改革面临的三个转变》,载《人民论坛》2000年第7期。

行机制、政策规范等,都无条件地体现出其公共性。政府组织是掌握公共权力的实体,但这个实体却没有自己独立的利益要求和政治愿望,也不是任何一个社会集体的利益要求和政治愿望的代表,它所体现出来的是整个社会的公共利益和政治要求。政府价值公共性最直接的表现是政府的规范体系和行政行为系统的公正性,而且这种公正性是一种制度公正,是包含在行政行为机制之中的,由法律法规和公共政策体系提供的,是一种制度安排。①

(五)作为一种公平与正义的"公共性"

针对传统公共行政过分追求理性与效率的倾向,新公共行政主张:①社会公平。强调所有公民平等的政治和社会机会。它同样代表着对所有公民而不是对公共机构负责,以及对公共部门经决策和实施项目负责。②代表性。尽管大众并没有影响代表决策的直接权力,但相信代表性肯定是新公共行政的重要组成部分。这不是唯一的激励因素,还需要考虑其他价值观的积极参与。③响应性。主张政府需要更多地响应公众的需求。④参与。新公共行政提供在公共事务中广泛程度的公民与公务员参与。⑤社会责任感。公共管理者以公众的利益而不是自我的利益去创造高效率而平等的服务。②

(六)作为一种理性与法的"公共性"

这里指哈贝马斯重点探讨的资产阶级公共性的本质。他认为,"公共性应当贯彻一种建立在理性基础上的立法",从而使"公共性成为国家机构本身的组织原则"。他进一步提出,在资产阶级哲学那里(霍布斯、卢梭、洛克和康德),公共性等同于理性,甚至是良知,依靠公共舆论表达出来。而在法哲学那里,公共性需要法律和道德元素支撑,所以"康德所说的公共性是唯一能够保障政治与道德同一性的原则。公共性既是法律秩序原则,又是启蒙方法"。而"默格尔根据18世纪的范型把公共性的功能界定为统治的合理化"。由此我们不难看出,哈贝马斯指出了公共性作为市民社会独立领域的批判力量和促进资产阶级统治合法化的献身精神。③

综合起来,有关"公共性"内涵的观点主要集中在以下方面:第一,

---

① 张康之:《行政改革中的制度安排》,载《公共行政》2000年第4期。
② 参见康特妮、马克·霍哲、张梦中《寻求社会公平与民主价值》,载《公共行政》2001年第3期。
③ 哈贝马斯:《公共领域的结构转型》,曹卫东等译,学林出版社1999年版。

在伦理价值层面上,"公共性"必须体现公共部门活动的公正与正义。第二,在公共权力的运用上,"公共性"要体现人民主权和政府行为的合法性。第三,在公共部门的运作过程中,"公共性"体现为公开与参与。第四,在利益取向上,"公共性"表明公共利益是公共部门一切活动的最终目的,必须克服对私人或部门利益的追求。第五,在理念表达上,"公共性"是一种理性与道德,它支持公民社会及其公共舆论的监督作用(哈贝马斯)。总之,我们倾向于把"公共性"作为公共部门管理活动的最终价值观,在此之下,才有公正、公平、公开、平等、自由、民主、正义和责任等一系列价值体系。

尽管在公共性问题上,不同时期、不同角度的理解存在差异,但对于公共管理,基于它是一种为实现公共利益而进行的公共部门管理活动,我们把这种管理活动的公共性内涵归纳为以下四个方面:一是公共管理主体的公共性。国家、政府和社会公共组织共同构成公共管理的主体(这里的国家、政府与社会都是从狭义的意义上说的)。作为公共管理主体,这些组织具有不同于其他私域组织的根本特征,主要表现为组织的代表性、行为的公务性、宗旨的公益性、权力的法定性。二是公共管理价值观的公共性。与一般意义上的管理,即经济地、富有效率地实现管理目标不同,公共管理的价值观主要体现在平等、正义、公平、民主、伦理以及责任心等方面。私人管理则建立在个人本位主义和自利性本质之上,把追求个人效率或利益最大化作为目标取向。与其迥然不同的是,公共管理注重在民主政治理念上去实现公众的高度参与、社会公平以及承担为公众谋求福利的责任。三是公共管理手段的公共性。权力是政治社会的基石,是理解一切政治现象的基础。恩格斯认为,国家本质上是同人民大众相分离的公共权力。① 公共管理是管理主体运用公共权利实现管理目标的社会活动,因此,公共权力是公共管理活动的后盾和基础,公共力的公共性充分体现了公共管理手段的公共性。四是公共管理对象及目标的公共性。公共管理的客体或对象是公共事务,即国家公共事务、政府公共事务和社会公共事务,它们无疑均具有鲜明的公共性。公共管理的主体,即对公共事务的管理,首先应从公共问题入手,公共问题是公共管理的逻辑起点。同时,由于对公共事务的管理,最终要达到的目标或宗旨是实现社会公众的公共利益,因此,公共事务、公共问题和公共利益的"公共性"正是公共管理"公共性"的题中应有之意。

---

① 《马克思·恩格斯选集》第 4 卷,人民出版社 1972 年版,第 135 页。

四、公共管理的公共性与社会性的异同

公共性作为公共管理的一种基础性内涵,与公共管理在本质上是一种社会治理活动之间存在怎样的联系,这是个至关重要的问题。它涉及我们对于公共管理研究的基本价值取向,即它是实证的过程还是规范的研究,或是两者兼而有之。

我们认为,就总体而言,作为公共管理的本质内涵,公共性与社会性既有区别又有联系。在阶级与国家产生之前的原始社会时期,公共性与社会性在最广泛意义上是一致的或领域是重合的;随着阶级与国家的产生,国家成为公共性的代表,公共性逐渐从社会领域中凸显并独立出来;而在阶级与国家消亡之后,公共性与社会性又再次融为一体。因此,本文所讨论的公共性,是指处于从阶级与国家产生到消亡这一历史时期的特定概念。另外,从上述公共性的自然发展过程可以得出,社会性是公共性的存在基础,公共性是社会性的特殊体现;社会性具有量的规定性,公共性则有质的规定性。随着人类社会不断发展,公共性将不断扩张与壮大,最后发展成为社会性。

(一)公共性与社会性的区别

首先,从概念的定义上看,社会是具有多重性含义的。在现代汉语词典中,社会有两层意思,一是指由一定的经济基础和上层建筑构成的整体,二是泛指由于共同物质条件而互相联系起来的人群。我们平常所说的社会,既可以指最广义的"人类社会",也可以指狭义的社会性事务,如与人们生活息息相关的教育、文化、卫生等事务。因此,理论上对社会这个概念作界定并不简单,从不同的角度都可以定义社会。马克思主义认为,物质实践创造了社会,社会本质上是一种人与人之间的关系,"生产关系总和起来就构成所谓社会关系,构成所谓社会,并且是构成一个处于一定历史发展阶段上的社会,具有独特的特征的社会"①。

政治科学常用的社会概念,最初在思想家眼里是与国家等同的,例如卢梭就把国家、社会共同体和社会契约混用起来。直到19世纪以后,大多数资产阶级理论家才开始把社会当作与国家对立的社会领域,即市民社会或公

---

① 孙晓莉:《中国现代化进程中的国家与社会》,中国社会科学出版社2001年版,第9页。

共社会。摩尔根较早指出,"我们可以在这里提出一个前提:即一切政治形态都可归纳为两种基本方式,此处使用方式(plan)一词系就其科学意义而言。这两种方式的基础有根本的区别。按时间顺序说,先出现的第一种方式以人身、以纯人身关系为基础,我们可以名之为社会。这种组织的基本单位是氏族;……第二种方式以地域和财产为基础,我们可以名之为国家。这种组织的基础或基本单位是用界碑划定范围的乡或区及其所辖之财产,政治社会即由此而产生"①。马克思主义把社会性看成是人的本质属性,并认为社会的产生先于国家,因而国家代表的公共性与社会性不能如早期思想家所认为的那样可以等同或浑然一体。

其次,在公共管理实践中,公共与社会各有所指。平常说的"小政府、大社会"模式,是我们区分政府所代表的公共性与社会性的实际体现,表明在政府与社会二元对立的情况下,政府代表的公共性与社会所代表的社会性相互关系的状况。一般而言,公共性表示一种权力或权威,而社会性则代表公开性、参与性和非国有化等意思。

(二)公共性与社会性的联系

其主要表现在于:公共性来源于社会性,在一定条件下它们是一致的,比如在非阶级社会里,公共性实际上和群体性是等同的。然而,公共管理的公共性从根本上抽象并升华了社会性(群体性),比如建立在契约之上的"公意",体现出公共管理区别于其他管理的本质特征。因而在一定条件下,公共性又不完全等同于社会性。二者的联系具体表现在以下三个方面。

首先,从起源看,早期的思想家对公共性与社会性是分不清的或认为是等同的,表现在政治上就是国家与社会的根本混淆。如柏拉图认为,国家起源于人类生活的自然需要,国家就是达到正义或公道的手段。在这里,他把国家与社会等同起来,混淆了两者的界限。因此,他认为的国家充其量是群体的结合,因为还没有出现与人民相对立的公共权力。② 直到亚里士多德那里,才区分了国家与社会,认为国家起源于社会,是社会自然发展的结果。恩格斯肯定国家源于社会说,同时指出,"在这里,国家是直接地和主要地从氏族社会本身内部发展起来的阶级斗争中产生的"③。因此,我们认为,

---

① 摩尔根:《古代社会》上册,杨东莼等译,商务印书馆1997年版,第6页。
② 邹永贤:《国家学说史》上,福建人民出版社1987年版,第9页。
③ 《马克思恩格斯选集》第4卷,人民出版社1972年版,第165页。

国家所代表的公共性与整个社会所代表的社会性是具有产生的异时性的。

其次,从哲学意义上讲,社会性与公共性是一般与特殊的关系。公与私是相比较而存在的,公共性与私人性也是如此。只是公共性与私人性并没有截然分开,二者有交叉之处,即所谓"公中有私(局部和个人),私中也有公(共同事务和利益)"①。正是公共性与私人性及二者交叉的部分构成了广义的社会性。与此同时,公共性作为共性是对社会群体中的个性的一种提炼和升华,是建立在一定条件(契约等)基础上的群体一致的意志或者意识表达,因此,公共性脱离了社会个体的杂乱无章和无序,成为一定团体的集中意志。还应看到,在发展趋势上,随着社会自治的完善和国家作为统治工具的最后消亡,公共性与社会性将再次趋同,达到终极目标的社会性,实现古人所称颂的社会大同。如《礼记·礼运》所说,"大道之行也,天下为公。选贤与能,讲信修睦,……故外户而不闭,是谓大同"。公共性与社会性由混沌统一到分离对立,再到在新的社会领域内的统一,体现了公共性与社会性及其相互关系具体的、历史的辩证演进过程。

再次,在具体实践中,公共管理的公共性以社会性为参考坐标。表现为公共部门的活动越接近社会,其公共性越明显;越远离社会,其公共性越弱。如公共管理从权力中心向社会中心转变,从管理中心向服务中心转变,管理原则从对上负责向对下负责转变,如此等等,其结果都将使公共管理活动更趋向民主,更能保障公平,并尽可能给公众带来效益。

五、公共管理的公共性及其与社会性关系问题研究的现实意义

公共性与社会性是各有其特定内涵的复杂概念,同时二者的异同在一定程度上体现出国家(政府)与社会之间的相互关系,由此我们可以用它们作为分析现实问题的理论工具,从而使得对这一问题的研究不仅有理论上的意义,而且有实践上的方法论意义。

首先,马克思主义认为,人类社会生活中的问题或现象都具有自然和社会双重属性。公共管理既是一项主观见诸客观的管理过程,又是一种现实状态,因此我们在分析这一现象时,就必须既看到它自然发展的演变过程,又要注意这一过程的社会属性。针对这种社会属性,人们的态度、方法不是企

---

① 夏书章:《现代公共管理概论》,长春出版社2000年版,第3页。

图超越或跨过它，而应该是在承认它的前提下，不断根据时代发展和环境变化的需要，探索公共管理不同的运行模式。

其次，仅就公共管理的社会性来说，它包含"公"与"私"两个不同领域，前者是公共权利的活动范围，后者是指狭义的社会领域，包括各种营利组织第二部门及公民个体的活动范围。尽管在理论上，社会历史发展的趋势是废除公私界限，逐步走向大同。然而，在每一个具体的历史时期，同一社会内部的公与私关系可以有不同的表达形式，即在一定时期里，公共权力活动范围远大于社会力量的活动范围，甚至取代后者；而在另一特定时期，社会力量可以很强大，能够取代公共权力的管理（治理）作用。所以，公共性与社会性的相互关系，有其客观的发展过程，它取决于客观环境而非主观意念。

最后，政府与社会的关系曾是困扰当前我国行政改革的核心问题之一，解决这一问题也可以从公共性与社会性的关系中获得启示。改革开放前，我国曾长期实行政社合一体制，极端的情形是公共权力无所不在，政府行为无所不包。改革开放后，我们经历了从"大政府、小社会"到"小政府、大社会"的转型，这一过程使得国家、政府的活动范围受到一定限制，社会力量获得发展机会，并随着改革进程不断增长。在公共管理（行政）领域，表现为政府职能社会化、管理主体多元化及公民社会的成长壮大等。然而，尽管社会化是遏制公共权力或权威泛滥的有效途径，却不代表可以在现阶段过分夸大社会化的作用，在上文对公共性与社会性的分析中，我们已经明确了二者关系演变过程的客观性，因而应合理地看待社会化的作用。或许，结论应当是：当前，我国公共管理（行政）改革与发展必须做到，在努力体现公共性的同时，积极走政府职能社会化的道路。

论公共管理的社会性内涵及其他[*]

内涵是关于事物的本质属性。揭示事物的内涵是认识事物和处理问题的基础和前提。然而，我国关于公共管理问题的讨论与争鸣虽早已开锣，但对其内涵却未有很深入的研究，已有的看法和意见不一。有鉴于此，笔者不揣浅陋，将管见和盘托出，就教于行家、学者。

一、公共管理的概念与类型辨析

(一) 关于公共管理概念

公共管理研究与教育正在华夏大地兴起，专家学者推出的教材、著作、论文颇为可观。但是在什么是公共管理的问题上，可谓见仁见智。不说中国，就是"先行者"的西方一些国家也有类似情形，以至于有些学者认为"公共管理"概念像"瞎子摸象"，难以确定。在此，笔者拟做一次把复杂问题简单化的尝试，把公共管理的概念界定为：对公共事务进行管理的社会活动。具体来说，就是公共管理主体为了解决公共问题，实现公共利益，运用公共权力对公共事务施加管理的社会活动。

作为管理，公共管理和其他管理（如工商管理）的基本原理、方法和运作等方面，有许多共同之处。但作为"公共"管理，它在研究对象及其特点上，又与其他管理有明显区别。以公共管理与工商管理为例，公共管理的研究对象是国家、政府与社会公共组织的公共事务及其管理过程，而工商管理的研究对象是工商企业及其经营过程。两者的具体差异在于：一是管理目的不同，公共管理的目的是谋求社会公共利益，工商管理的目的是谋求组织利润。二是管理性质不同，传统的公共管理具有垄断性，工商管理则具有竞争性。三是管理手段不同，传统公共管理以行政手段和法律手段为主，辅之以经济手段；工商管理以经济手段为主，辅之以法律手段和行政手段。我

---

[*] 本文原载于《政治学研究》2001年第3期。

们既要把握二者的联结点，更要着力找出二者的差异处，以求对公共管理有全面的认识。

（二）关于公共管理类型

为了加深对公共管理概念的认识，我们须进一步对其作外延分析。概念的外延是指该概念囊括的所有事物。公共管理的外延即指它所管理的一切公共事务。为了对"一切"有概括性的认识，我们又要对它们作"类型"求解。笔者认为，就宏观而论，世上所有的公共事务可分为三类：一是国家公共事务，二是政府公共事务，三是社会公共事务。

（1）国家公共事务。英国《大众百科全书》对国家做出如下定义："由政治单位在其管辖的范围内制定规则和进行资源分配的机构。政府的功能：①立法；②司法；③执行、行政管理。"① 这是广义的政府（国家）观。应当指出，这里所指的国家是特指狭义的国家，即广义国家中最重要的部分：①立法；②司法。这种国家公共事务主要包括维护国家主权统一和领土完整，制定法律、法规，维护社会秩序等，侧重于与国体、政体方面有关的，关乎整体职能把握的宏观控制和影响类型的公共事务。

（2）政府公共事务。《美国百科全书》指出："政府一词适应于管理团体和国家的机构及其活动。通常它指的是诸如英国或日本这些民族国家或其分支如省、市地方政府的组织机构及法定程序，就这一方面而言，政府对已经确认为某一民族国家中成员的事务进行管理。由此可见，政府就是一个国家或社会的治理机构。"② 应当指出，这是狭义的政府，它专指一个国家的中央和地方的行政机关。这种政府公共事务包括政治选举、行政区划与国家礼仪方面的政治性公共事务、国家安全公共事务、对外关系公共事务、人事行政公共事务、财务行政公共事务以及机关内部的公共事务。③

（3）社会公共事务。这里的"社会"并非"人类社会"的广义"社会"含义，而是专指"政府管理社会"中的中观的"社会"，这里的"社会"，即将社会管理与政治、经济管理职能并列的一个领域，它主要涉及与人们日常生活密切联系的社会公共事务。这种社会公共事务主要包括：教

---

① 转引自辛向阳：《新政府论》，中国工人出版社1994年版，第3页。
② 转引自徐争游等编：《中央政府的职能和组织结构》上册，华夏出版社1994年版，第203页。
③ 张勋：《行政管理学大纲》，中国法制出版社1991年版，第364页。

育、科技、文化艺术、医药卫生、体育等公共事业；社会服务、社会公用事业以及维持社会秩序的公共事务等。这种类型的公共事务与全体社会成员的切身利益和日常生活联系最紧密，同时这部分社会公共事务管理是直接以全体社会成员为实施对象的，因此，它所显示的社会公共性也最强。[①]

如前所述，公共管理是指公共组织对社会公共事务的管理。由于纷繁复杂的公共事务可以归纳为国家公共事务、政府公共事务和社会公共事务三大类，因此，我们也应该把种种公共管理归结为国家公共管理、政府公共管理和社会公共管理。正是这"三足鼎立"共同构成了一个有机统一的庞大的公共管理体系。我们既要从个性去分清它们的差异，又要从共性去归纳它们的统一，用共性与个性相联结的辩证法去把握公共管理的真谛。

二、社会性是公共管理的共同内涵

如上所述，公共管理是由国家公共管理、政府公共管理、社会公共管理构成的，因此，"国家""政府""社会"都分别是公共管理的内涵之一，然而，比较而言，只有"社会"才是公共管理的共同内涵。对此，可以从如下几方面阐述。

（一）公共管理主体的社会性内涵

公共管理的主体是国家、政府和社会公共组织。下面将分别阐释它们的社会职能特征。

（1）国家的社会职能。正如恩格斯所言，"国家不是从来就有的，国家是社会在一定发展阶段上的产物"[②]。只有到了"社会陷入了不可解决的自我矛盾，分裂为不可调和的对立面而又无力摆脱这些对立面。而为了使这些对立面，这些经济利益相互冲突的阶级，不致在无谓的斗争中把自己和社会消灭，就需要有一种表面上凌驾于社会之上的力量，这种力量应当缓和冲突，把冲突保持在'秩序'内，这种从社会中产生但又自居于社会之上并且日益同社会相脱离的力量就是国家"[③]。因此，国家来自社会，国家的产生是社会发展的需要，是社会内部矛盾发展的结果。

---

① 卓越：《比较政府》，福建人民出版社 1998 年版，第 35 页。
② 《马克思恩格斯选集》第 4 卷，人民出版社 1972 年版，第 166 页。
③ 《马克思恩格斯选集》第 4 卷，人民出版社 1972 年版，第 144 页。

西方资产阶级政治理论从天赋人权的自然法理论出发,认为国家的产生是社会契约的结果。该学说认为,在国家产生之前,人类处于一种自然状态之下。在这种状态下,每个人都有运用上天赋予他自己的价值和趋利避害的权利。然而,每个人在运用上天给予的权利去实现自己的价值的时候,产生了人与人之间的冲突。为了不至于使人与人之间的冲突将自己和整个社会毁灭,于是人们运用理性来解决冲突。即人们坐下来协商,将上天赋予他们实现自己价值的权利部分或全部地转让给"主权者",权利让渡的过程就是国家产生的过程,而这个"主权者"就是国家。

这种以天赋人权的自然法理论为核心的社会契约学说,把人们契约的原因归结为人与人之间的冲突,把国家说成是人们契约的结果,从而否认了国家是阶级矛盾不可调和的产物,这固然不对,但是,它肯定了消除冲突,维护社会秩序的社会契约内容。因此,社会契约理论虽然否认了国家是社会矛盾运动发展的必然结果,是阶级矛盾不可调和的产物,但表达了国家的产生是社会发展的需要,国家来自"社会契约"的观点。国家的产生和存在表明国家和社会是不可分的。国家不是从外部强加给社会的力量,而是社会矛盾运动的结果,社会是国家产生、存在的基础。这清楚地表明了国家的社会性特征。还有,国家不仅不是从来就有的,而且也不会永远存在下去。当社会发展到具备消灭阶级的条件时,国家就会随着阶级的消灭而自行消亡。这也是国家依赖社会的表现。此外,国家根据社会发展的不同,对社会也会发生不同的作用。也就是说,国家对社会的作用并不是一成不变的。就整体发展趋势和规律而言,社会越向前发展,社会自我管理、自我调节的能力越强,国家对社会发生作用的领域就越小,作用的强度也就越弱。由此,国家对社会的作用呈现出这样一种发展趋势:在政治统治职能不变的同时,国家的经济职能、社会事务管理职能和科技文化职能不断扩展;政治性、统治性职能越来越依赖于管理性、服务性职能作用的发挥。总之,国家存在于社会之中,以社会的存在为基础,我们不能离开社会来谈国家的存在和作用。

(2) 政府的社会服务作用。作为国家伴生物的政府,与国家一样,仅仅同社会发展的一定阶段相联系,既不是从来就有的,也不是要永远存在下去的。政府作为国家的一个重要组成部分,不仅其产生是社会发展的需要,而且其对社会作用所形成的政府职能,也是以社会的发展需要为基础的。当代政府与近代政府、古代政府的差异,都是因为社会的发展在政府的各个特性中,注入和融入了不同时代社会的具体发展要求和时代特征的结果。还有,历史上政府行使权力的方式和对社会发生作用的范围不同,并不取决于统治者个人的意志,而是在相当大的程度上体现了社会对统治者的要求。如果一个政府不能有效地吸纳、代表和反映社会对它的要求,如果一个政府对社会的要求没有任何回应能力,那么,这个政府就是一个没有能力的政府。因此,从某种意义上我们完全可以说,政府的生命力来自它的社会服务作用。西方新公共管理运动强调以社会公众的需求为其行为导向,而不以政府自身规定的规则为行为导向,其目的就是为了增强政府适应社会、服务社会的能力,而不是要削弱它,是把政府从低效率和高成本中解放出来的有效举措。

(3) 社会公共组织的社会性特征。至于社会事务的管理者——各种社会性组织,它们本身就是社会自我管理、自我服务的组织。只不过在阶级社会,各种社会组织都是依附于国家和政府组织的,是作为国家和政府组织的附属物而存在的,并且在不同程度上打上了阶级的烙印,有着不同程度的政治色彩。但是,随着社会的发展,特别是随着市场经济的发展和社会自我管理、自我调节、自我服务能力的增强,这些社会组织必然要逐渐摆脱这种依附的地位而成为独立主体。在国家、政府消亡了的情况下,整个社会就将依靠这些社会性组织来进行自我管理、规划并实现社会发展。到那时,它们已经完全丧失了阶级性、政治性。因为,在对人的统治与管理被对物的管理和对生产过程的领导代替的时候,这些组织就变成了纯粹的管理性的组织。然而,在当前和今后相当长的时间内,各种社会组织还不能真正成为独立的组织,社会仍然将处于国家组织、政府组织与这些社会组织同时管理、双轨运行的局面。但我们并不能因此而抹杀它们的社会性。随着我国政府公共管理体制改革的深化与完善,随着政府职能的进一步转变,政府承担的大量社会职能将更多地由社会组织去承担。我们应当顺应社会历史潮流,不断扩大社会组织的社会自主性,扩大这些组织的社会性成分,推动它们向成为真正的社会组织的远大目标迈进。

(二) 公共管理对象的社会性

公共管理的对象,即公共管理客体,就是社会(这是广义的"社会")公共事务。根据各自性质的不同,社会公共事务又可分为国家公共事务、政府公共事务和社会公共事务。在这里,可以说,公共事务的公共性和社会性是同义语。因而,我们研究公共管理对象的社会性,也就转换到研究以公共管理为对象的公共特性上来。

"公共"的对立面是"赢利的""私人的""企业的"。公共事务的公共性，可以大略从以下两个侧面去分析。

（1）公共事务的公共性体现于公共事务的管理者是公共部门或公共服务机构，而不是私人或私人组织。这正如文章的前一部分所论述的，公共事务的管理者，即公共管理的主体，就是国家、政府以及社会各种公共组织。

（2）公共事务的公共性体现了公共管理活动的性质和目的，即在于为社会公众提供公共利益和公共服务。

正如马克思主义所揭示的，国家的本质特征是"和人民大众分离的公共权力"①，是统治阶级用来进行政治统治的工具。但即使这样，在有阶级剥削和阶级压迫的社会之中，运用公共权力所进行的政治统治，也必须是以为社会公众提供服务为基础，以执行社会性职能为基础。因为这是国家、政府赖以存在和发展的前提。正如恩格斯在《反杜林论》中指出的："一切政治权力起先总是以某种经济的社会职能为基础的""政治统治只有在它执行了它的这种社会职能时才能持续下去。"② 他还指出，不管在波斯和印度兴起和衰落的专制政府有多少，它们首先都是"河谷灌溉的总经营者"③。这些论断表明，马克思主义理论作为有鲜明阶级性的革命的理论，也从来没有忽视政治统治的社会性基础，相反，把社会性提到了政治统治得以维持的基础的高度来认识和对待。

马克思、恩格斯在对资本主义政治、经济进行了深刻批判的基础上，揭示了资产阶级国家的本质，指出："现代的国家政权不过是管理整个资产阶级的共同事务的委员会罢了。"④ 这一著名论断不仅揭示了资产阶级国家的本质，而且说明了管理资产阶级的共同事务是资产阶级国家的主要特征。只不过，它的管理方式不同于个别资本家或工厂主管理工厂、企业的方式，它主要是通过立法的形式来进行管理并具有强制的性质。因此，国家、政府的公共性（社会性）特征，其主要的表现在于，它是整个社会的正式代表，是社会在一个有形的组织中的集中表现。它体现的正是表面上凌驾于社会之上的力量，因而它总是集中反映和代表一定的社会利益和意志。

此外，还要认识到，为社会公众提供服务的性质和目的，也在于为了维护和实现公共利益，有时甚至实现个人利益本身就是公共服务，如向贫穷者

---

① 《马克思恩格斯选集》第4卷，人民出版社1972年版，第166页。
② 《马克思恩格斯选集》第3卷，人民出版社1972年版，第219页。
③ 《马克思恩格斯选集》第3卷，人民出版社1972年版，第219页。
④ 《马克思恩格斯选集》第1卷，人民出版社1972年版，第253页。

提供社会救济等。当代西方国家的政府改革运动,主张以社会公众的偏向和需要作为政府行为导向,强调顾客意识,树立服务对象为上帝的观念,正是在这种公共事务的社会性要求压力下,政府采用新的统治手段与方法,从而也使西方国家政治统治进一步得到巩固,实现其自身的利益。

应当指出,这里讲的"公共""社会"是抽象的范畴,现实的"公共""社会"却是十分具体的,是依时间、地点、条件而转移的。因此,资产阶级要做到真正凌驾于社会、代表整个"社会"是不现实的,马克思、恩格斯用"表面上"三字来表述,是很确切的。但其社会性是显而易见的,我们不能因此而抹杀它的存在。

(三) 公共管理活动和过程的社会性

(1) 公共事务的公共性体现了公共管理活动的社会责任和绩效要求。在公共管理活动的绩效方面,公共性要求对绩效决不能简单地用利润或效率标准来衡量,而是必须用服务效果、服务质量和公众满意的程度等多种尺度为标准。传统行政学以经济和效率为基本目标,忽视了公共行政所应肩负的广泛的社会责任,其结果是,在前所未有的经济发展时代,长期存在着普遍失业、贫穷、疾病、无知和绝望,构成对现有政治制度的根本威胁。20 世纪 70 年代兴起的新公共行政学理论,基于对传统行政学的批判,提出了公共行政改革应将"效率至上"转为"公平至上",建立民主行政模型。为此,提出了公共行政组织设计方案应遵循的两个基本目标:一是顾客导向的行政组织形态,即以公众——公共行政服务的顾客的需求作为行政组织存在和发展的前提;二是应变灵活的组织形态,即加大组织结构的弹性,以便能够对外界的刺激作出迅速的反应。将社会公平和广泛的社会责任提高到作为公共行政追求的首要价值目标,倡导民主行政,是新公共行政学理论的主要贡献。为此,这一理论也成了西方国家政府改革运动所依据的一项重要理论。这种强调政府以社会公众的需求为行为导向,纳税人以政府实际的工作结果而不是以其工作及过程为纳税尺度的理论,有效地推动了政府提高为社会公众服务的质量和效果。

(2) 公共管理事务和活动的公共性。这种公共性体现了社会公众对公共管理活动和公共产品供给的广泛参与,以及公共管理活动的公开性。社会公众对公共管理活动的广泛参与,主要表现在社会公众对政府决策的影响,通过立法、司法机构对政府行为的约束,以及通过各种渠道对政府活动的舆论监督等,从自身利益的关心和实现角度,影响政府公共政策的制定和实施过程。在部分公共产品的供给方面，由政府的垄断供给转变为通过合同出租和非国有化手段，把原先由政府包揽提供公共产品的单一化转变为民营化，并将其投放市场，由各个竞争主体和社会公众自己来提供；对那些不便或不能推向社会的公共产品的提供，也改用合同的形式，以竞争招标手段，交给社会公众承担。在实现公共管理活动的公开性方面，也由原来的"黑箱"操作，变为"金鱼缸里生活"，让社会公众知晓，让立法机关、司法机关、新闻媒介和公众了解活动内容，随时可以进行检查、调查和监督。电子政务的推行，使得公共管理活动的公开性进一步增强。上述种种公开性、参与性及其非国有化等关于公共管理过程的环节和变化，实际上都是公共管理社会性的体现。

总之，无论是国家公共事务、政府公共事务，还是社会公共事务，都是公共事务的有机组成部分，社会性都是它们的共同性内涵、基础性内涵。我们应从最普遍、最基本的意义上去准确把握这种社会性特征的内涵，并以其为一个重要依据，搞好公共管理的理论与实践建设，包括构建严谨的公共管理学学科体系。

三、应当注意的两个问题

上文集中阐述了公共管理的社会性特征，但是不能因此忽视公共管理的政治性内涵。国家是阶级压迫的工具，一定阶级的国家机器（包括政府）是实现该阶级政治统治的政治组织。因此，历来国家、政府都具有鲜明的阶级性、政治性，这已是常识性的问题了。一般而言，就是前述意义上的社会公共管理组织，也或多或少地具有阶级性、政治性的特征，而且其中不少本身就是社会政治团体，不可能没有政治性。一言以蔽之，讲公共管理是不能不"讲政治"的。因此，这里就有一个如何正确把握社会性与政治性的关系的问题。

（一）公共管理的社会性与政治性是相辅相成的

（1）公共管理的社会性是政治性的基础，政治性寓于社会性之中，没有社会性就没有政治性。我们研究公共管理政治性时，一定要明确社会性的基础地位与作用，坚持以是否推动社会进步，是否符合社会发展方向作为判断先进的与落后的政治的最后标准。

（2）政治性是社会性的保证，社会性以政治性为指导。在阶级社会和存在着阶级与阶级斗争的社会里，没有政治性就很难或者无法体现社会性。实际上，如果没有全面地体现社会性，在阶级社会里，不靠国家、政府把社会控制在一定的秩序之内，社会便难以存在，更不用说进步与发展了。因此，需要把一定的政治灌注于公共管理之中，坚持用先进的、科学的政治去保护和发展社会。

（二）积极创造条件，不断向最高（终）目标迈进

公共管理的社会性与政治性是相互依存、对立统一的关系，从彻底的唯物辩证的宇宙观来看，从时间论，社会性比政治性更长久。因为在国家、政府产生之前就有人类社会了，国家、政府还将随着阶级的消灭而自行消亡，而社会将长期（不是永远）存在着。从空间论，广义的"社会"是指人类社会，包括国家、政府以及社会上的一切存在，而国家、政府则是人类社会系统中的一个或两个重要组成部分，简言之，社会性要比政治性宽泛得多。作为一个彻底的辩证唯物论者，"路就在脚下"，应该着眼长远，着手当前，正确地做好当前所承担的每一项公共管理工作，为实现无阶级、无国家、无政府的，我们的先贤所谓的"世界大同"的目标而奉献有限人生的一份又一份热和光。公共管理的社会化改革也称得上是朝着这个远大方向努力的一个工程！

四、根据公共管理的客观属性构建公共管理的学科体系

学科体系问题是学科建设的基础和重点。公共管理研究在这方面虽然已取得了可喜的成果，但不能说已经完全解决问题了。事实上，尚有不少问题需要深入地研讨。其中，一个带有根本意义的问题就是公共管理学科体系的构建问题。

公共管理学科体系的构建需要解决的一个难题是"界域"问题。即这里讲的学科体系是"门类"学科体系，还是一级学科体系，或者是一门公共管理课程的体系。就"公共管理"而言，还有一个综合"三界"（国家、政府、社会）的公共管理与分门别类的公共管理的关系问题。笔者这里拟按"公共管理概论"的范围定位提出一个研讨意见。

在具体思路上，笔者认为按内涵与外延去寻找构建学科体系的思路也许是出路之一。这里有一个"个别——一般——个别"的认识辩证法。具体来说，

可以先把方方面面的公共管理罗列出来,进行归类分析,然后再提炼出贯通所有类型的共同点。按笔者管见,先找出公共管理的"三界"(如上述),再综合贯穿"三界"的共同点。这些共同点大体有:①公共管理及其相关概念分析;②公共管理的逻辑起点:公共问题;③公共管理的历史发展:传统与现代;④公共管理的组织机构:国家、政府、社会组织;⑤公共管理的理论基础:公共选择、委托代理、交易成本;⑥公共管理的基本职能:职责、功能与任务;⑦公共管理的基本范围:公共物品、公共服务;⑧公共管理的运作过程:决策、执行与监督;⑨公共管理的保障:战略、策略与方法;⑩公共管理的抽象行为:公共政策与政策分析;⑪公共管理的物质基础:税收与公共财政;⑫公共管理的行为规范:道德与法;⑬公共管理的绩效评估:定量与定性,公共与效率。

此外,学科建设之中还有课程设置问题。总体而言,经过多次专家组研讨、论证并通过国务院学位委员会办公室审定颁布的公共管理硕士(MPA)专业学位的课程设置方案是合理的和可行的。只是,如果笔者提出的公共管理社会性内涵的意见能够成立的话,那么社会学似乎应成为一门独立的专业基础课程,加进核心课程之列,使专业基础课程变成政(治)、法(律)、经(济)、管(理)、社(会)五大基础理论支撑的学科体系。同时,应该从各个方面去加强学生的社会学基本理论和基本方法的学习,提高学生从社会学方面去分析问题和解决问题的能力,使学生的综合素质得到优化、趋向完整。

公共管理的公共性
及其与社会性之异同析[*]

在一般意义上,"公共管理是公共管理主体为了解决公共问题,维护与实现公共利益,运用公共权力对公共事务与公共部门施加管理的社会活动"[①]。因此,公共性贯穿公共管理全过程,公共性是公共管理区别于其他管理的本质特征之一。与此同时,在本源上,公共管理的一切要素皆来源于社会,公共管理是一种社会活动,社会性又是公共管理的内涵之一。本文拟初探"公共性"内涵,并讨论公共性与社会性的关系,以求全面地理解和把握公共管理的内涵。

一、公共及公共性探源

在公共管理学研究范畴内,"公共"是最常见的词汇。可以列举的关于公共二字的概念恐怕有几十个之多,例如公共组织、公共事务、公共权力、公共利益、公共选择、公共行政、公共物品、公共关系等等。尽管人们对这些概念研究颇多,但大多数都忽视了"公共"的基本含义。由于种种原因,长期以来,我们把重点放在对公共管理如何实现管理目标的研究上,即公共管理主体如何以经济、效率、效能的原则,实现公共管理目标的各种可能方式,而体现公共管理根本特征的"公共性"却不为人们所重视。公共性的丧失使得公共管理活动难免走样,以致要么成为少数人的统治工具,要么变成纯粹的管理活动。因此,为了进一步研究公共管理的本质特征,找回公共性,必须先对"公共"的原初含义做一番挖掘。

根据《辞海》的解释,"公"的中文含义为"公共,共同",与"私"相对。《礼记·礼运》曰:"大道之行也,天下为公。"即为此意。《汉语大

---

[*] 本文原载于《中国行政管理》2002年第6期,原作者为王乐夫、陈干全。
[①] 王乐夫:《论公共管理的社会性内涵及其他》,载《政治学研究》2001年第3期。

辞典》中"公共"意为"公有的；公用的；公众的；共同的"。因此，"公共"的中文语义强调多数人共同或公用。"公共"在古希腊语汇中有两个起源。一是起源于古希腊词汇（该词后发展英文的 pubes 或 maturity），强调个人能超出自身利益去理解并考虑他人的利益，同时意味着具备公共精神和意识是一个人成熟并且可以参加公共事务的标志。二是源于古希腊词汇（Koinon），英语词汇"共同"（common）就起源于该词，意为人与人之间在工作、交往中相互照顾和关心的一种状态。① 由以上解释可以看出，"公共"的原本含义都强调群体共同的关系。自有人类社会以来，就存在群体的共同生活，就有人与人的关系，因此"公共"在这里可以被看作与"社会"是一致的。

"公共性"是被广泛运用于政治学、哲学、经济学、法学、文学等领域的复杂的概念。就政治学角度而言，一般认为"公共性"是衡量政府活动性质和基本价值的分析工具，具体表现在政府活动的长远目标，政府公务人员的职业道德以及政府决策对于保障公共利益完整性和完全性的意义等方面。公共管理活动作为不局限于政府行为的社会活动，其"公共性"应有更广泛的内涵。我们认为，仅就起源看，"公共性"不完全等同于"公共"的原初涵义，"公共性"是随着国家的产生而形成的，并且随着历史发展的不同阶段又有不同的意义。自从有人类社会以来，人就不是生活在孤岛之中，就出现了"公共"问题，但在阶级社会之前，公共问题还只是氏族全体成员的共同问题。随着国家的产生，以公共权力为后盾的国家成为"公共性"即公众意志的虚拟代表，其本质却是少数人统治多数人的工具，"公共性"远离了"公共"的最初涵义。

恩格斯在论述国家起源时指出，国家是社会发展到一定阶段的产物，是社会陷入不可调和的矛盾，需要一种表面上凌驾于社会之上的力量来缓和冲突，把冲突限制在一定"秩序"内，从而使利益不同的阶级或群体不至于在无谓的争斗中把自己和社会一同消灭。② 因此，国家在这里充当不同阶级或群体的公共利益和意志的代言人角色，它等同于协调双方的"公共性"。而西方资产阶级政治理论社会契约论从另外的角度更加明确地阐述了同样的问题。社会契约论认为，在国家产生之前，人类处于一种自然状态中，在这种状态下，每个人都有运用上天赋予他自己的价值和趋利避害的权利。然

---

① 参见张成福：《行政法治主义研究》（学位论文），中国人民大学，1999 年。
② 《马克思恩格斯选集》第 4 卷，人民出版社 1972 年版，第 166 页。

而，由于每个人在运用上天给予的权利去实现自己价值的时候，产生了人与人之间的冲突。这种冲突损害了每个人的利益，解决的办法是运用理性，通过协商把天赋权利让渡出来，使之成为一种"公意"，由"主权者"即国家来维护和实现"公意"。在这里，共同利益演变成为"公意"，也就是说具有了"公共性"。

在阶级社会里，国家或政府成为"公共性"的代言人，使"公共性"与最初"公共"的含义相差甚远。然而国家的存在对实现"公共性"却是十分必要的。马克思主义认为，国家在本质上"是和人民大众分离的公共权力"。① 在国家运用公共权力进行阶级统治时，必须以为社会公众提供服务为基础，以执行社会性职能为基础，因为"一切政治权力起先总是以某种经济的社会职能为基础的""政治统治只有在它执行了它的这种社会职能时才能继续下去"②。可见，在阶级社会里，"公共性"并非仅仅被缩小到统治阶级范围内，它至少在表面上或者一定程度上是"代表"了各阶级的共同利益。因此，它仍不完全丧失"公共"内涵。

在国家干预主义盛行的当代，"公共性"一直是政府和政治的同义词。与此相对应，在以古典政治经济学和功利主义哲学为基础的个人本位时期，"公共性"不得不隐藏在市场的个人行为背后。近代以来，随着找回"公共性"的呼声日高，人们再次把目光投向社会，寻求实现真正意义"公共"的途径。其中包括，马克思主义建构了通过社会主义和共产主义来实现全人类福祉的制度框架，公共选择理论则希望通过投票机制把个人理性转化为社会共同决策，借以实现公共利益。罗伯特·达尔（Robert Dahl）和米歇尔·哈蒙（Michael Harmon）强调政策过程的互动性是维持和获取公共利益的必要条件。政治多元主义认为，公共性或公共利益往往是通过公民或公民团体（社群）的共享利益得以具体实现的。此外，民主行政理论、代议制政府等也分别对"公共性"的实现提出方案。总的来说，在当代社会中，"公共性"始终是政治科学研究的中心之一，只不过在不同阶段或不同派别中具有不同的表达方式罢了。

二、公共性是公共管理的本质属性之一

对于公共性，如果不是给定一个明确的定义而是加以概括和描述的话，

---

① 《马克思恩格斯选集》第4卷，人民出版社1972年版，第144页。
② 《马克思恩格斯选集》第3卷，人民出版社1972年版，第219页。

那就是：在公共管理研究范式中，公共性指的是"一种公有性而非私有性，一种共享性而非排他性，一种共同性而非差异性，具体如：在社会公共性领域内活动的主体不是纯粹的私人主体，还有公共主体；运作的权力（利）不是纯粹的私人权力（利），还有公共权力（利）；所作的决策不是纯粹的私人自治，还有公共决策；生产的物品不是纯粹的私人物品，还有公共物品"①。也有学者认为公共性是指"政府作为人民权力的授予者和委托权力的执行者，应按照社会的共同利益和人民的意志，从保证公民利益的基本点出发，制定与执行公共政策"②。基于以上描述，我们认为，公共管理的公共性主要体现在以下几个要素之中。

（一）公共管理主体的公共性

国家、政府和社会公共组织共同构成公共管理的主体（这里的国家与政府都从狭义的意义上说的）。作为公共管理主体，这些组织具有不同于其他私域组织的公共性特征，主要表现在以下方面。

（1）代表性。从起源上，国家、政府都是一定阶级的代表，维护一定阶级的根本利益。在现代社会，国家、政府都力求成为最大多数人利益的代言人，在构成上尽可能吸纳一切可以吸纳的人或组织参加其中。而社会组织本身就是团体因各种需要尤其是利益需要而结合成的共同体，它总能代表这一团体的意志，并且维护其共同利益。

（2）公务性。公共管理主体之所以是公共机构，主要在于其机构（组织）事务的公共性。不管是国家机关及其工作人员，还是社会公共组织及其成员，都是在行使公共权力，从事公务活动，而不是私人事务。

（3）公益性。公共管理组织及其代表的行为目标或宗旨必须具有公益性本质，公共性组织依靠特殊的公共权力和组织制度规定，把实现公众依靠个人无法实现的利益作为自身存在的价值体现。西方社会契约论认为，国家是个人出让主权并订立契约的产物，是保障个人无法实现利益的主权者代表。而现代政府也被当作维护社会公正、效率，弥补市场不足的制度性工具。

---

① 王保树、邱本：《经济法与社会公共性论纲》，载《西北政法学院学报》2000年第3期。
② 孙柏瑛：《公共性：政府财政活动的价值基础》，载《中国行政管理》2001年第1期。

(4) 权力的法定性。不仅国家、政府机构和其他社会公共组织的产生、设立与废止是法定的，具有合法性，而且它们的行为和结果都必须合法，并且承担相应责任。法律，就其实质而言，是公众意志的表达。而法律所保障的权力，在本质上同样是公共权力。公共管理主体只有依法行使权力，才真正具备合理性。

（二）公共管理价值观的公共性

与一般意义上的管理把经济地、富有效率地实现管理目标的价值观不同，公共管理的价值观更主要体现在平等、正义、公平、民主、伦理以及责任心等方面。私人管理建立在个人本位主义和自利性的本质之上，把追求个人效率或利益最大化作为目标取向。与其迥然不同的是，公共管理注重在民主政治理念上去实现公众的高度参与、社会公平以及承担为公众谋求福利的责任。

首先，效率一直是公共管理绩效的评价指标，而伦理原则的加入则增加了管理绩效的公共性。在公共行政发展历史中，曾经受到政治与行政二分法及对效率原则的过分关注的影响，公共行政一度陷入手段与目的分离、实证研究与规范研究相脱节的境地，公共行政成为一种纯粹的管理手段。然而，这在实际情况中是做不到的。正如达尔所说，"作为一个学科或潜在的科学的公共行政学的基本问题比纯粹的管理问题要宽广得多；与私人管理学相对照，公共行政学的研究预设不可避免地要将公共行政问题置于伦理考虑的脉络背景之中。"[①] 这里的伦理考虑，就是要求公共行政进行价值判断。

其次，公共组织是公平的依靠，追求社会公平是公共组织的天职。现代公共组织尤其是政府调控行为被看作是解决自由市场经济产生的各种不公正问题的合法途径，在平衡效率与公平、效率与民主、效率与质量等方面发挥着重要作用。我国古代对政治领域的公平问题十分关注，如孔子的"政者，正也"提倡的是为政不可偏颇，需公正合理。新公共行政学理论也对公平问题格外关注，按照弗里德里克森的解释，新公共行政学试图在传统公共行政学对效率和经济问题关注的基础上，增加社会公平的衡量指标。新公共行政学所极力坚持的是，行政管理者不是价值中立的，他们应该对有效的管理和社会公平做出承诺，并以此作为价值、奋斗目标或理论基础。而在现代，我们或许更关注的是，公共管理在保证效率的情况下，究竟给公众带来了怎

---

① 转引自陈振明：《公共管理学》，中国人民大学出版社1999年版，第9页。

样的好处，这恐怕也是新公共管理主义一再追求的目标之一。

最后，公共管理以承担社会责任为己任。从法源上看，公共组织的管理活动所依赖的公共权力具有社会公共性，即来源于社会公众的意志。因此，公共组织只在承担起维护公众利益，消除社会不公正现象时才具有合法性。从本质上讲，公共管理必然是责任取向的过程。这种责任既可以表现为对整个社会发展所肩负的引导义务，也可以是对自身行为的一种约束；既是对社会正面发展的积极响应，也是对其负面偏差的一种纠正。如果说传统行政学强调的是政府对其行为负责，那么现代公共行政学或公共管理学更应该做到真正对社会负起责任。正如新公共行政学认为的那样，公共管理者应当有道德意识，通过公共服务的道德和承担相应的民事责任，体现出社会责任感。

（三）公共管理手段的公共性

权力是政治社会的基石，是理解一切政治现象的基础。恩格斯认为，国家本质上是同人民大众相分离的公共权力。① 公共管理是管理主体运用公共权力实现管理目标的社会活动，因此，公共权力是公共管理活动的后盾和基础，公共权力的公共性充分体现了公共管理的公共性。

作为公共管理手段的公共权力充分实现公共性的过程是历史的和具体的过程。从起源上说，公共权力最早表现为大众的共同权力。它起源于维护社会公共利益和社会公共生活秩序的需要，因而它在本质上是一种凝聚和体现公共意志的力量，是人类社会和群体组织有序运转的根本保证。在阶级社会之前，权力作为一种组织起来的力量，在其组织范围内是归属于整个组织的，每一个组织成员都分有着这种权力，而这种权力也按原始的规则服务于整个组织的整体利益。随着阶级社会的到来，公共权力逐渐脱离了其大众基础而变成少数人的专用工具。这一历史进程使权力丧失了它的公共性，被少数人所攫有。掌握权力的人总是借助权力的力量而把自我凌驾于公共组织及其成员之上，对于一个国家来说，则表现为凌驾于社会之上。公共意志变成占统治地位的剥削阶级的意志，从而使权力成为维护剥削阶级利益的一种工具，成为统治阶级意志的一种体现。当然，为了谋求阶级统治的合法性，为了保证阶级统治能够为社会组织所接受，统治阶级也不得不在一定程度上照顾到公共利益，在一定条件下让代表着阶级意志的权力"服从"公共意志。

权力公共性的再次发现归功于近代资产阶级启蒙思想家对于权力问题的

---

① 《马克思·恩格斯选集》第 4 卷，人民出版社 1972 年版，第 135 页。

探索。启蒙思想家对政治领域的许多现象做了本源性考察,例如国家、主权、民主、权力(利)等,在他们眼里,公共权力从大众享有的权力变化为少数人专有的统治力量,在现实政治生活中已经被制度化了,于是需要找出相应加以制衡的机制。近代以来关于权力制衡的制度设计、对民主的呼唤、对公民参与的重视,以及通过法律来规范行政行为等等,皆出于维护权力公共性的要求。

当前公共管理进行的一系列改革,许多方面也是力图使公共权力公共化。例如,强调对权力的监督,避免对公众利益的侵害;强调更多的分权而非集权;加强各个利益团体充分保障自身利益的能力;强调以顾客为中心的服务而非以政府为中心的管理,使公共权力的运用最大可能地给公众带来好处;强调公共管理者的道德约束,从而使其成为权力约束的辅助力量,避免公共权力私人化;追求公共管理的社会责任,实现公共权力和责任在社会范围内的一致性;等等。

(四) 公共管理对象及目标的公共性

公共管理的客体或对象是公共事务,即国家公共事务、政府公共事务和社会公共事务,它们无疑均具有鲜明的公共性。公共管理主体对公共事务和管理首先从公共问题入手,公共问题是公共管理的逻辑起点。同时,对公共事务的管理,最终要达到的目标或宗旨是实现社会公众的公共利益。因此,公共事务、公共问题和公共利益的公共性正是公共管理的公共性。

首先,公共事务的公共性体现于公共事务的管理者是公共部门及其代表,而不是私人组织或私人。如果把全部事务划分为公共事务和私人事务的话,那么公共组织机构,如国家、政府和社会公共组织就天然地成为公共事务的管理者。

其次,公共事务的公共性还在于它以实现公共利益为宗旨。"一切社会团体均以善业为目的。"① 这里的善业就是一种公共利益。公共利益是一定范围内特定多数人的共同利益,它产生于社会又独立于社会。在非政治社会中,公共利益与全体成员的利益是一致的,而在阶级社会中,公共利益因阶级分化而分化,公共权力维护的是统治集团的公共利益。尽管如此,运用公共权力所进行的政治统治,也必须是以为社会公众提供服务为基础,以执行社会职能为基础的。尽管公共利益在起源上可以是大众与私人利益的结合,

---

① 亚里士多德:《政治学》,吴寿彭译,商务印书馆1965年版,第3页。

但本质上公共利益却不是私人利益的简单相加。作为公共管理主体所追求的目标——公共利益,是公共管理主体从社会性本位出发所进行的公共选择的结果,并且通过一定的法律规范制度安排而体现出来。不这样做,公共利益就难以得到保障,毕竟"凡是公共的东西都是最得不到照顾的东西"。相对于私人利益来说,公共利益更容易受到侵害,实现起来也更加困难。所以,在对公共事务的管理中,公共管理主体往往把实现公共利益作为自身的责任。特别是现代社会,公众对公共管理的质量更为关心,要求管理者从公众需求入手,以社会公众的喜好为导向,为社会提供高质量的服务。

最后,公共问题是公共管理的逻辑起点。所谓公共问题,是与那些"影响有限,只涉及到一个或少数几个人的"私人问题相对的"影响广(包括对不直接相关的人有影响)的问题。"① 公共问题也是公众的普遍性问题,它不直接指向或局限于某一当事人,否则,就是该私人、团体的分内之事,也就不构成公共问题了。② 与私人问题可以通过市场规则经济地得到解决不同,公共问题关系到不同群体的利益,用市场方式无法真正有效地解决,达到社会公正公平的效果;或者是解决成本太高,即存在外部不经济和搭便车现象,如公共物品。因此,只能由公共管理组织运用公共权力,通过立法或制订规则的方式来完成。

总之,近代以来公共行政(管理)领域内管理倾向和效率取向日渐泛滥,导致对这一学科的研究逐渐远离公共精神,反过来又使得这一学科的独立地位受到挑战。但是,正如埃里森(Allison)所说,"公共管理与私人管理,在所有不重要的方面都是相同的"③。公共性体现公共管理与其他管理的根本差别,公共性是公共管理的本质特征。

三、公共管理的公共性与社会性之异同分析

总体而言,一方面,公共性来源于社会性,在一些时候它们是一致的,比如非政治社会里公共性实际上和群体性是等同的。另一方面,公共管理的公共性抽象并升华了社会性(群体性),比如建立在契约之上的"公意",

---

① 詹姆斯·安德森:《公共决策》,唐亮译,华夏出版社1990年版,第66-67页。
② 林水波、张世贤:《公共政策》,台北五南图书出版公司1991年版,第435页。
③ 竺乾威、马国泉:《公共行政学经典文选》,复旦大学出版社2000年版,第328页。

体现出公共管理区别于其他管理的本质特征。在一定条件下，公共性又不完全等同于社会性，二者的异与同都存在。

首先，从起源看，早期的思想家对公共性与社会性是分不清的或认为是等同的，表现在政治上就是国家与社会的混淆。如柏拉图认为，国家起源于人类生活的自然需要。国家就是达到正义或公道的手段。在这里，他把国家与社会等同起来，混淆了两者的界限。因此，他认为的国家充其量是群体的结合，因为还没有出现与人民相对立的公共权力。[1] 直到亚里士多德那里，才区分了国家与社会，认为国家起源于社会，是社会自然发展的结果。恩格斯肯定国家源于社会说，同时指出，"在这里，国家是直接地和主要地从氏族社会本身内部发展起来的阶级斗争中产生的"[2]。赫伯特·斯潘塞也认为，必须把政治组织理解为是社会组织的这样一个组成部分，即它承担着为了公共之目的而不断地实施限制的功能。因此，我们认为，国家所代表的公共性与整个社会所代表的社会性是具有产生的异时性的。[3]

其次，从哲学意义上讲，社会性与公共性是一般与特殊的关系。公与私是相比较而存在的，公共性与私人性也是如此。只是公共性与私人性并无截然分开，二者有交叉之处。所谓"公中有私（局部和个人），私中也有公（共同事务和利益）。"[4] 正是公共性与私人性及二者交叉的部分构成了广义的社会性。与此同时，公共性作为共性，是对社会群体中的个性的一种提炼和升华，是建立在一定条件（契约等）基础上的群体一致的意志或者意识表达，因此，公共性脱离了社会个体的杂乱无章和无序，成为一定团体的集中意志。还应看到，在发展趋势上，随着社会自治的完善和国家作为统治工具的最后消亡，公共性与社会性将再次趋同，达到终极目标的社会性，实现古人所称颂的社会大同。如《礼记·礼运》所说，"大道之行也，天下为公。选贤与能，讲信修睦，……故外户而不闭，是谓大同"。公共性与社会性由混沌统一到分离对立，再到新的社会领域内的统一，体现了公共性与社会性及其相互关系具体的和历史的辩证演进过程。

最后，在具体实践中，公共管理以社会为参考坐标，表现为公共部门的活动越是接近社会，其公共性越明显；越远离社会，其公共性越弱。如公共

---

[1] 邹永贤：《国家学说史》上，福建人民出版社1987年版，第9页。
[2] 《马克思恩格斯选集》第4卷，人民出版社1972年版，第165页。
[3] 《马克思恩格斯选集》第4卷，人民出版社1972年版，第165页。
[4] 夏书章：《现代公共管理概论》，长春出版社2000年版，第3页。

管理从权力中心向社会中心转变,从管理中心向服务中心转变,管理原则从对上负责到对下负责转变,如此等等,其结果都使得公共管理活动更趋向民主,更能保障公平,也最大可能地给公众带来效益。

从"公"与"共"的异同
看公共管理的基本特征及其实现形式*

在我们看来,公共性是公共管理的本质特征之一。这种公共性体现在公共管理主体的公共性、价值观的公共性、管理手段的公共性、管理对象和目标的公共性四个方面。历来,人们把公共性当作一个整体,而很少对组成"公共"的"公"与"共"加以区别。实际上,无论是在词语意义方面还是概念内涵方面,"公"与"共"都存在差别与相同之处,分析这些差别与相同之处,有助于我们找到从另一角度阐述公共管理基本特征的路径。

一、"公"与"共"异同析

在《汉语大词典》中,"公共"意为"公有的;公用的;公众的;共同的"。因此"公共"的中文语义强调多数人共同或公用。这里的"公"和"共"具有大致相同的含义因而在使用中往往不加区分,但是,不加区分不等于没有区别,无论在历史上还是现实中,"公"与"共"都存在被作为相同或相近意义而使用的情况,但也有在不同意义上使用的情况。仔细辨别起来,"公"与"共"在许多方面是有差异的,表现在以下几方面。

(一)词意构成上的异与同

据《辞海》解释:"公"的一种意思为公平、公正,与"私"相对。《新书·道术》曰:"兼覆无私谓之公,反公为私。""公"的第二种意思是"属于国家的或集体的。如公物、公款等。""公"的第三种意思为"公共、共同"。《礼记·礼运》曰:"'大道之行也,天下为公。'"与此相关,"共"有两种解释。一为"共同",二为"共有:共同使用或承受。如祸福与共。"可见,"公"与"共"都有"共同"的含义,汉语中的"公"与"共"可

---

* 本文原载于《内蒙古财经学院党报(综合版)》2006年第2期。

以相通，可以互训，常常连用，如《汉书·张释之传》曰："法者，天之所与天下公共也"，现今常说"公共事业""公共设施"等。在不同的方面，"公"用来表示事物的属性，与"私"相对而存在，而"共"则表示对一定资源的共同使用及结果的共同承担。

（二）概念外延及内涵的大与小

从概念的逻辑外延上说，"公"是由无数个"私"组成的统一体，表示一种抽象意义的最大范围，如"天下为公""公有制"等。由于这种"公"的外延的无限性，从而使它的内涵变得模糊与不确定。在非阶级社会里，"公"意味着全体成员所有，而在阶级社会中，"公"被赋予"国家"的意思，为公即为国家或统治集团的利益。于是，凡属于国家、各阶级政权的东西也被说成"公"的、"公家的"。相对而言，"共"表示的范围较小，内涵也相对具体。二人以上即为共，它描绘的是介于不明确个体的"公"与明确个体的"私"之间的状态。因此，"共"的本意在这里抛弃了"公"的虚幻性，无论在形式上还是内容上都更具有现实性。

关于"公"与"共"的这些差别，在实践中也可以得到印证。20 世纪 80 年代，以潘强恩为代表的"万丰人"曾提出过"共有制"的概念。所谓"共有制"，是指"以财产社会化为特征，具有多元产权主体的一种新型公有制模式"。他们认为马克思和恩格斯对未来社会的所有制的探索是建立在具体情况具体分析的基础上的，根据社会发展的不同历史条件，公有制的实现形式应该是不同的，现阶段最好的实现形式是"共有制"。而"公有"与"共有"的区别在于，前者"虽然表面上说明人人都是主人。实际上人人都无法成为主人"。在本来意义上，公有制是劳动者对生产资料的共同占有、支配和使用。当然，也可以授权某些组织和个人管理公有的财产。但是，在公有制下劳动者作为所有者的权限是名义上的，实际上体现不出来。相反地，名义上的国有资产，一方面带有明显的领导者个人所有的痕迹，可以根据长官的意志和命令直接调拨、支配；另一方面，又往往出现无人对国有资产的风险和损失负责的情况。而后者则可以通过具体的产权确定来实现人人是所有者的愿望，即通过实行股份制，使劳动者真实地占有生产资料和劳动成果，从而走向共同富裕之路。

（三）法权意义上的差异

从法律所有权意义上说，"公"表示"公有"。意在表明所有权的归属；

在阶级社会里,这种所有权常常被国家所有代替。"共"表示"共有","非私谓之公。资源合享谓之共",意为许多人共同所有。根据情况又可以分为共同共有和按份共有两种。二者相同之处是都含有共同占有、共同所有,而非个人所有或私有。"公有"与"共有"的不同之处是,"共有"更加强调共同占有者之间对于共同事务或资源的责任和相互间的合作关系,同时,它还蕴涵着权利(力)和利益主体的多层次性、多元性及各自的相对独立性和自主性等。西方"共有主义"把这种意义上的差别引申到政治思想中,他们主张减少国家的权力,增加个人、特别是社区和社团的力量,赋予社会金字塔底更多的权力和责任。"共有主义"在西方国家获得了一定程度的支持,包括执政的政治力量的支持。

(四) 存在提前的联系和区别

正如上文所说,"公"与"私"相依而存在。没有"私"便没有"公",反之亦然。在原始社会阶段,就不存在"公"与"私"的划分,所有的东西都是大家共同拥有的。在私有制社会中,"公"代表国家,"私"代表社会。而在社会主义阶段,由于还没有达到马克思所设想的未来"社会所有制"的高度,"公"仍然是国家的代表。而随着阶级的消失,国家也不可避免地要消失。这时期,"公"与"私"一起成为"共同体"或"联合体",达到社会与个人的高度统一与和谐,从而实现马克思设想的"以生产者自由平等的联合体为基础的、按新方式来组织生产的社会"①。与"公"不同的是,"共"的存在无须限制条件,它可以随环境条件的改变而有不同的含义,但却是始终存在的并将最终取代"公"而成为世界大同的代名词。

尽管"公"与"共"在许多方面是不可分的,但我们仍然可以找到两者的差异之处,并且这种区分在公共管理领域内可以更有意义。在当前,"公"表示以国家为代表的所有关系,它排斥其他主体的作用,追求纯粹的所有权。而"共"则有所不同,它表示对一定资源的共同使用及结果的共同承担。它更加强调共同占有者之间对于共同事务或资源的责任和相互间的合作关系,同时,它还蕴含着权利(力)和利益主体的多层次性、多元性及各自的相对独立性和自主性等。由此,我们可以想到,由于传统公共行政主张政府是公共事务管理的唯一合法主体,排斥其他权利主体的参与,从而使自己难以适应不断变化的外界环境。相反,公共管理则重视公共事务管理

---

① 《马克思恩格斯全集》第21卷,人民出版社1972年版,第198页。

者的多元性，以及管理的过程和管理责任的承担等，从而使公共管理成为全世界各国公共事务治理的新范式。通过比较公共管理与传统公共行政及私人部门管理，可以清晰地概括出公共管理的一些基本特征。

二、公共管理的基本特征

关于公共管理相对于公共行政的特质，学界有不同的说法。例如，波兹曼认为，"公共管理重视实践经验，从成功的管理经验与个案中提取管理处方；重视公共组织与公共管理的公共特性，特别关注外部政治因素对公共管理的冲击与影响，以及二者之间的互动与关联；不仅关注管理过程的研究与设计，更重视战略的制定与执行"。休斯（Hughes）则认为，"从公共行政到公共管理的变化意味着理论和功能的变化"，"公共行政的焦点在于过程、程序及顺序性，而公共管理包括得更多。公共管理者不仅遵循指示，而且关注达成结果及为达成结果而承担的责任。"国内学者张成福把公共管理的特征归纳为八个方面：①公共管理承认政府部门治理的正当性；②强调政府对社会治理的主要责任；③强调政府、企业、公民社会的互动以及在处理社会及经济问题时的责任共负；④强调多元价值；⑤强调政府绩效的重要性；⑥既重视法律、制度，更关注战略、管理方法；⑦以公共的福祉和公共利益为目标；⑧将公共行政视为一种职业，而将公共管理者视为职业的实践者。总结以上观点，我们认为，与传统公共行政和私人管理相比较而言，公共管理除了具有公共性和社会性两大本质特征外，还具备下列四个方面的基本特征。

（一）管理主体的多元化

公共行政理论产生一百多年来，一直视政府为唯一合法的公共事务管理者，在传统公共行政效率取向下，政府变得越来越固守成规。传统的官僚制也不再是十分有效的组织模式，其受到来自公共部门和私人部门两方面的批判。20世纪七八十年代以来，随着新公共管理运动的兴起，公共管理逐渐成为主流的公共部门管理范式。公共管理理论认为，政府是公共事务的主要管理者和责任者，但不是唯一的。现代社会众多的非政府组织与私营部门，甚至跨国组织或国际性组织，都可以成为良好的公共服务的组织者和提供者。公共管理与政府管理之间的关系，是一般和特殊、共性与个性的关系。因此，公共管理变公共行政单一管理主体为多元管理主体，从而调动了各类公共事务管理者的积极性与责任感,使管理的效果更加明显。休斯指出,通过分权或采取合同方式,政府获得了提高自身力量的机会,缩小了"国家"的角色与范围,阻止了其规模进一步扩大,公共部门由此取得绩效。

公共管理主体的多元化,在国内已经达成共识。例如,夏书章认为,公共管理有广义和狭义两种理解。广义的公共管理不限于政府工作,还包括其他管理领域①。《公共管理导论》一书中提出,公共管理的主体是多元的,它包括社会公共组织和社会其他组织两大类②。此外,陈振明、张成福等也都认为,公共管理是以政府为核心的公共部门的管理活动。笔者也把公共管理体系划分为国际公共管理、国家公共管理、政府公共管理和社会公共管理四个类别,亦充分显示了公共管理主体及客体的广泛性和多元性。

(二) 管理基础的社会化

休斯认为,公共管理的理论基础有两个,分别是经济学理论和私营部门的管理。在笔者看来,还应该加上第三个基础,即公民社会的成熟。从西方国家新公共管理运动的内容来看,它主张推进社区主义,发展非政府、非营利的中介组织,加强政府与公民社会各种力量的合作关系,建立理想的政府、市场、社区三足鼎立的公民社会。公共管理是一种管理主体多元化的治理模式,它不把政府以外的所有事务作为自己的工作对象,而是主张与社会力量形成互动的和谐关系,因而公共管理作为一种良好治理的范式,必然建立在公民社会日渐成熟的基础之上,并且有助于公民社会的迅速成长。

我国传统意义上的公共行政即政府管理的基础是"大政府、小社会",政府在不恰当的角色与功能定位下操纵着公共事务管理的大权,也承担了为此付出的沉重负担。强政府、硬行政手段、全方位管理、缺乏责任及效率是传统公共行政管理模式的基本特征。随着经济社会的发展转型,这一模式的许多弊端日渐明显,因而成为国内改革的重要对象之一,而改革的方向就是建立公共管理模式。公共管理改变了传统公共行政模式下政府与社会的关系,对政府与社会的关系重新进行定位。政府专注于公共政策的制定与监督,公共服务提供的任务则尽可能发挥社会组织的作用,逐步增强非政府部门在社会发展中的独特作用,实现公共管理社会化。

我国公民社会在改革开放后特别是20世纪90年代以来发展较快,大量

---

① 夏书章:《现代公共管理导论》,长春出版社2000年版。
② 张良、何云峰、郑卒:《公共管理导论》,上海三联书店1997年版。

非政府、非营利组织涌现并在社会发展中发挥越来越重要的作用。"民间组织发展壮大后,它们在管理中的作用也日渐重要。它们或是独自承担社会的某些职能,或是与政府一道合作,共同行使某些职能。有民间组织独立行使或与政府一道行使的社会管理过程,便不再是统治,而是治理。"① 公民社会发展的这一趋势与公共管理的兴起产生互动关系,一方面,公共管理强调公共事务管理上的分权,主张社会事务更多地由非政府组织或第三部门来管理或提供,这将促进公民社会的进一步发展;另一方面,社会力量的兴起,使公共管理不断强化其社会化基础,从而实现其良好治理的根本目的。

(三) 管理结果的责任性

按照我们对"公"与"共"的差异分析,公共管理更倾向于"共"的内涵,因为它明确了责任主体承担责任的权限范围,比在"公"的条件下"人人所有但人人都不负责"更有实践操作意义。传统公共行政的单一主体使政府的责任感下降,甚至不负责任;公共管理则不同,通过对不同管理主体进行事务上的划分,明确各自的职责,并且制定明确的绩效标准和测量方法。胡德(Hood)认为,"公共管理者不仅仅遵循指示,而且关注达成结果及为达成结果而承担的责任""公共管理者的要点之一是在委以责任之前,先对行为责任进行明确的划分"。②

公共管理能够对其结果负责,不仅源于对职责的明确划分,也来源于对公共价值观的认同。公共管理不仅要对管理结果的效率与经济负责,更要对管理结果的公正、公平与民主等公共性的价值标准承担责任。尽管公共管理脱胎于传统公共行政,也从私人部门管理中汲取养分,但并未由此改变公共部门的主体性特征。相反,公共管理的主体在维持公共性的基础上,通过学习私营管理的经验来解决公共问题,实现公共利益。公共管理对于公共性价值的重视及为此而承担的责任,首先需要公共管理者意识到这种价值与责任的重要性,其次是能够把这种任务有效地赋予各个管理主体,发挥社会性基础力量,从而使其对管理结果的责任承担更有现实性。

从本质上讲,公共管理是运用公共权力实现公共利益的社会活动,这决

---

① 俞可平等:《中国公民社会的兴起与治理的变迁》,社会科学文献出版社 2002 年版。
② Christopher Hood, "A Public Management for All Seasons?", in *Public Administration*, 1991, Vol. 69 (spring).

定了它同时必然是责任取向的过程。这种责任既可以表现为整个社会发展所肩负的义务，也可以是对自身行为的一种约束；既是对社会正面发展的积极响应，也是对其负面偏差的一种纠正。如果说传统公共行政强调对其行为负责，那么公共管理更应该做到真正对社会负起责任。正如新公共行政学认为的那样，公共管理者应当有道德意识，通过公共服务的道德和承担相应的民事责任，体现出社会责任感。

（四）管理行为的互动性

公共管理主体的多元化及基础的社会性，决定了它的管理活动不再是自上而下的权威命令式管理，而是多元互动式的民主管理。传统公共行政管理建立在官僚理论的基础上，十分强调管理过程中权力运行的单向性，即政府按照层级制原则自上而下地发布命令，由执行机构不折不扣地完成任务。这种单向的权力运行机制在实践中存在许多不足，例如，缺乏管理对象的积极参与和支持，对外界环境的变化不敏感，对政府管理行为缺少监督，管理者不能很好地承担管理结果的责任，等等。

公共管理则主要通过合作、协商、伙伴关系、确立认同和共同的目标等方式实施对公共事务的管理，这一管理过程的互动表现在三个方面：一是管理权限的多向度，通过对几类管理主体的责任及任务的明确规定，使之分别拥有管理权利（力），实现调动最大多数社会力量共同治理的目标；二是管理方式的民主性，对管理者不仅有权威命令，还有协商与合作，进一步加强对环境的应变能力；三是管理取向的多样化，不管是政府或政策取向（P途径）还是市场或私营部门管理取向（B途径），在实践中都被证明是有缺陷的，这就需要综合运用两者的优势，克服其不足，真正实现"政治国家与公民社会的合作、政府与非政府的合作、公共机构与私人机构的合作、强制与自愿的合作"①。

三、治理：公共管理实现的基本形式

（一）治理的由来及内涵

治理（governance）一词源于拉丁文和古希腊语，意为控制、引导和操

---

① 俞可平等：《中国公民社会的兴起与治理的变迁》，社会科学文献出版社2002年版。

纵。把治理引入政治领域，当归功于世界银行。治理被用来指受援助国家或地区的政府需要做出相应改革以增加援助物的使用值，但同时又竭力避免被受援方看成对自己主权的干涉的一种互动合作机制。全球治理委员会把治理定义为：治理是各种公共的或私人的个人和机构管理公共事物的诸多方式的总和。它是使相互冲突的或不同的利益得以调和并且采取联合行动的持续的过程。这既包括有权迫使人们服从的正式制度和规则，也包括各种人们同意或认为符合其利益的非正式制度安排。可见，治理本身就是一个多元主体的互动机制。

关于治理的特征，格里·斯托克（Gerry Stoker）总结为五个方面：①治理意味着一系列来自政府又不限于政府的社会公共机构和行为者；②治理意味着在为社会和经济问题寻求解决方案的过程中存在界限和责任方面的模糊性；③治理明确肯定了在涉及集体行动的各个社会公共机构之间存在着权利依赖；④治理意味着参与者最终形成一个自主的网络；⑤治理意味着办好事情的能力并不限于政府的权力，不限于政府发号施令或运用权威。① 正是治理概念的这些特征，一方面，使得它一出现便频繁地被使用于公共行政或公共管理领域，许多专家学者主张用治理代替统治或管理，以弥补政府管理和市场管理两种取向的不足。而另一方面，无论是从治理理论产生的背景（公民社会的成长、壮大）还是从治理理论本身的内涵看，治理与公共管理都不谋而合，可以说，治理是对公共管理的成功诠释，是当前公共事务管理的最佳形式。

（二）公共管理的治理理念及其制度化

首先，随着治理主体多元化的形成，各管理者应当共同对管理结果负责。这就需要重新审视政府与非政府、国家与公民社会的关系，明确各自的职责。这一变革的实质是，公民社会将获得较大的发展空间，成为一种新的管理力量，并且对自己的行为承担相应的责任，最终导致一种多元竞争机制和多重责任体系。现代社会的多中心治理、地方自治等都将成为新的公共管理的表现形式，这种治理理念在政府管理制度上必然表现为分权与责任政府。

其次，既然治理是一种互动的管理过程，作为治理主要主体的政府应具备良好的回应能力。回应（responsiveness）既指政府的能力，又反映出政府

---

① 俞可平：《全球治理引论》，载《马克思主义与现实》2002年第1期。

的责任。我们认为,政府治理功能发挥的重要指标就是对市场与社会呼唤的回应力,正如行政管理学者斯塔林(Starling)所说的,"政府对民众对政策变革的接纳和对民众要求做出反应,并采取措施积极解决问题"① 的回应力。新公共管理理论也认为,传统公共行政下的政府在长期运作模式的影响下,沉积了太多的不适,变得像超音速时代的豪华客轮,臃肿庞大,造价昂贵,转向不灵,已经变得越来越难以适应公众新的需求。因而,新的治理形式必须在充分注重市场机制与公民社会力量的同时,对他们的要求更有回应力,这种理念在制度上的表现必然为责任政府。

再次,政府公共管理的治理理念把非政府组织等公民社会的主要力量看成是实现自身利益的必要补充而不是对立面。公民社会是介于国家与家庭之间的中介性社团领域,它的基本价值观是个人主义、多元主义、公开性和开放性及参与性等。俞可平指出:"从全社会的范围看,良好治理离不开政府,但更离不开公民。从某个小范围的社群看,可以没有政府统治,但却不能没有公共管理,公民社会是良好治理的基础,没有一个健全和发达的公民社会,不会出现良好治理。"②

与此同时,治理也要求重新认识市场在资源配置上的重要作用,重理政府与市场的关系。治理理论主张政府要找到管理市场与社会的合理界限,通过多中心治理途径,在市场能够发挥作用并负起责任的地方,放开由市场力量或通过市场力量来组织治理活动、提供公共服务,最终完成治理任务。这一理念在制度上的表现必然为有限理性政府和民主政府。

最后,治理作为公共管理的实现形式,在当前表现出多样性和复杂性。从治理层次看,有全球治理、国家治理、区域治理及基层治理等;从涉及领域看,有政治层面的治理、经济层面的治理及社会层面的治理等。这不仅表示治理是一个相对活跃的概念,同时还预示着治理形式在实践中日益受到的重视和作用。特别是随着经济全球化时代的到来,跨领域、多角度、具备参与互动品质的治理必将从一国到多国,从区域到全球,从而把整个世界的管理纳入其中。在这个世界趋向一体化的时代,尽管有主权国家的存在,但论及国际性公共事务的管理和国际性公共服务的提供,全球治理不失为一种引人注目的尝试。

---

① 张成福:《责任政府论》,载《中国人民大学学报》2000年2期。
② 俞可平:《全球治理引论》,载《马克思主义与现实》2002年第1期。

公共事务的责任分担与利益共享*

——公共事务管理体制改革与开放的思考

一、公共事务的内涵与特性

公共事务就是伴随社会发展过程发生的关系国家、集体、个人共同利益的社会性事务。公共事务包括公共物品的生产与供给和公共服务的设立与开展。从广义上理解，国家事务和阶级事务也可列入公共事务的范畴，或者说它们之间有相互包含的关系。但是，我们认为，国家事务、阶级事务的目标指向与社会公共事务是不相同的，这两类事务的运作也有专门的规制，其承担者也特定不二。因此，还是应与公共事务严加区别，另当别论。

公共事务的最大特性，就是它的公共性。公共事务的发生源自公共需求的变动；承担公共事务是政府的责任，但它不排斥任何社会组织和社会成员的参与；公共事务的成果又可以让参与者（投资人）和非参与者（非投资人）共同享受，普遍获益。这种现象，经济学称之为公共事务的非排他性和不可分割性。公共事务的"公共"特性，决定了公共事务是无利可图的，公共物品和公共服务是无法通过市场交易提供的。所以，以追求利润为目标的企业"不愿管"公共事务，而势单力薄的私人又"管不了"公共事务。那么，公共事务的责任就理所当然地落在专门的公共管理机构——政府身上。

但是，公共需求的不断变动，又决定了公共事务还具有另外两个特性——多样性和阶段性。

公共事务的多样性，表现出社会生活的变化发展，公众自主选择公共物品和服务的权力的真正实现。公众对公共物品和服务在质与量方面的需求偏好倾向不可能一模一样。普遍的需求与特殊的需求、较低层次的需求与较高

---

* 本文原载于《学术研究》2001年第11期，原作者为王敏、王乐夫。

层次的需求,分布不均地存在于不同的社会群体中。恰恰是公共事务的多样性,检验了政府垄断公共事务权力的优点和缺点,同时,为以益公惠民、服务大众为宗旨,以非营利为基本原则的民间社团组织与政府分担公共事务责任提供了实践依据,并创造了极大的机会和生长的空间。

公共事务的阶段性,表现出公共事务在社会发展的不同阶段,会有不同的内容、不同的形式和不同的标准;某些事物在某一阶段会集聚增多,某些事务的范围、对象会发生转移和变化。在经济不发达的社会阶段,低层次的基本生存需要是公众普遍的需求,那么,公共事务的大部分甚至全部都是围绕着提供和保障公众基本的穿衣吃饭展开。随着社会经济的发达,公众的生活品位发生分化,对生存质量和福利水平的要求更高、更多元化,文化方面、个性发展与享受方面的公共事务也随之增多。例如,在现阶段,居住环境方面的公共事务增多了,人口流动、卫生保健、尊老爱幼方面的公共事务增多了,消除贫富差距、创造平等机会方面的公共事务也增多了。而且,一些原来纯属经济事务范畴的事务,也逐渐转化扩大为公共事务,例如交通、电话通信、信息网络建设等。显然,此阶段的公共事务与经济缺乏时代的公共事务不可同日而语。

现代社会,是以和平与发展为主题的社会,各国政府已注意到治理好公共事务,对国内稳定、提高国际竞争力、促进和平与发展的重要意义。许多发达国家,把改革公共事务管理作为政府的优先目标之一。国际权威评估机构已把公共事务管理作为衡量一国政府施政目标和治理水平的重要指标,把公众在公共事务中的地位和参与程度,作为衡量一个社会民主文明进步的尺度。

二、公共事务管理的旧格局和现时状态

随着我国社会发展,社会公共生活日新月异,公共事务日趋丰富庞杂,旧的公共管理模式受到冲击和挑战,政府担负公共管理职能的各种弊端也逐渐暴露出来,诸如公平与效率的矛盾;相对固定的行政程序不适应日趋变动的公共事务的矛盾;政府机构膨胀、管理成本无限增长、财政负担加剧;官僚主义和形式主义;腐败难以遏制等问题。公共事务管理制度的改革与创新势在必行。

中华人民共和国50年来公共事务管理的基本状况和格局,有四个突出的特点。

第一，管理公共事务的中心地位、主体地位几十年稳固不变。政府包揽一切公共事务，自上而下，一统到底，方方面面，无所不在。社会的一切公共福利来自政府。

第二，各级政府行政部门重叠庞大，低效率高成本运行。

第三，习惯运用行政命令、宣传教育、群众运动、义务劳动综合治理的模式。

第四，政府之外，没有任何自治的承担公共事务职能的机构。

从客观上评价，必须肯定的是，人民政府几十年来在为最广大的人民群众提供最基本的公共物品和公共服务方面，是全心全意且不遗余力的。为全体公民提供基本的公共物品和公共服务是政府的职责。不过，面对飞速发展的社会，面对公共事务的新生长、新形态，政府独家承担的职责也必须向政府以外延伸、分解。

我国从 1998 年开始实施新一轮机构改革，对政府机构的整体功能和管理职能进行重新梳理和定位，这种职能定位，用朱镕基一句最简洁的话来说就是：政府要管市场，但不能办市场。具体地说，政府职能主要包括宏观调控、社会管理和公共服务三大块。这反映出政府力图实现其行政管理与加速构建社会主义市场经济体制的目标取向相适应，与社会公共事务呈现的崭新变化相适应。这是一次不同于以往的带有制度性根本转变的改革。已经进行的改革，给企业乃至整个经济生活带来的效益是巨大的。企业脱离了政府的行政管制，作为真正独立的经济主体投入市场竞争，追逐和获取最大的商业利润，整个社会经济总量迅速增长，人民群众物质文化生活日益充实丰富，社会公共事务也日趋膨胀，并随之出现许多新领域、新形态、新问题。但是公共事务的变化并没有像经济事务、政治事务的变化那样引起从政府到民间的强烈关注。在公共事务领域出现的许多问题，更显示出政府目前的体制改革和职能转变在公共事务管理方面还不到位、不配套、不衔接、不适应。这就造成了目前我国公共事务管理总体上呈现"三态"。

（1）矛盾态。一方面，政府体制改革把公共服务作为一项重要职能来加强和改进；另一方面，社会公共事务伴随市场经济的发展而丰富扩大，大量的公共事务是前所未有的（没见过），政府受职能和人员编制、素质制约，既不可能投入更多的行政资源来管理（管不了），又缺乏管理的经验和技术（管不好），若按旧的行政主体模式来管，往往出力不讨好。

（2）真空态。长期以来，我国国民经济结构一直局限在第一部门（企业）与第二部门（政府）的二元化格局当中，而对以非营利为目的，以参与公共事务、推进社会公益为宗旨的第三部门（非营利组织）的构建与发展严重忽视。社会公共事务责任分担的法规、政策几乎空白；民间合作承担公共事务的意识淡漠，能力不足；有关第三部门（非营利组织）的理论研究和舆论宣传更为少见。

（3）流失态。由于制度的空缺和体制转换得不到位、不配套、不衔接，导致社会公共事务的"利益蛋糕"无法做大，甚至导致利益流失。例如，市民利益社区化后，社区服务与管理制度出现空缺；企业污染公共环境并对民众健康造成损害，这种外部不经济问题屡屡发生，政府却无力纠正；城镇现有公共文体设施和福利设施长时间闲置甚至荒废，有些转为商业性使用；企业、私人捐赠的公益金，本来有保值增值的能量和效应，但由于机构和制度不完善、无监管、账目混乱，致使大量基金不仅难以保值增值，甚至在投资中被骗，被拆借、挪用、流失；许多适合政府与非营利组织携手开发、共同承担的公益事业，均未能得到有效的发展；等等。

公共事务管理的改革正随政府体制的改革在推进中，方向已明确，大势亦趋好。现在要做的，就是加速其新陈代谢，全方位实现公共事务管理的制度创新。

三、公共事务管理的新模式

考察当今西方发达国家，在繁多的社会公共事务中，包括为国民提供各种福利，政府的作用十分有限，而无数的非营利组织却活跃于社会公共事务的各个角落、各个层面。从育婴到养老，从营养早餐到房屋修缮，从建立博物馆、图书馆、学府、交响乐团，到保护公民权益，提供法律援助，甚至组织海外救援，民间的非营利组织都充当着十分重要的角色。这固然有传统原因，但更重要的原因是自20世纪80年代以来，西方发达国家普遍推行了公共管理制度的改革，正构建一种崭新的公共事务管理模式。如何依据我国的国情，借鉴西方发达国家公共管理制度改革的经验，构造中国特色的社会主义公共事务管理新模式，我们认为可以从以下几方面考虑。

（一）公共事务管理责任分担

公共事务管理责任分担的前提是政府职能转换要到位。把一贯由政府直接承担的公共事务转移给政府外的民间非营利组织，其动机和目标就是打破公共事务管理中政府是唯一主体、包揽一切的格局，逐步实现公共事务管理社会化。

根据新的公共管理模式，政府虽然还是专门的公共管理机构，但不是唯一机构。在民间非营利组织能够提供有效的、经济的、高质量的公共物品和公共服务的领域，政府必须退出，这样可以激发民间的创造性潜力和建设能量。政府虽然随着公共管理职能的部分转移，也转移了公共事务的责任，但绝不是放弃了责任。政府依然承担着公共事务的政治责任和经济责任，即政府通过公共政策、公共管理和服务标准、目标、原则的制定和监督执行，保证"全心全意为人服务"的宗旨真正落实，保证公共事务管理的质量不能降低。同时，政府有责任培养和教育非营利组织的管理人员，提高他们的思想道德素质和业务素质，推动非营利组织的健康、规范、持续发展；政府有责任根据公共事务的不同领域、性质和类别，对承担责任的非营利组织进行财力支持和实行税收优惠。即便在一些需要政府直接参与管理的公共事务领域，政府也应采取"有进有退""有所为，有所不为"的策略，进而有为，退而有序，多做"雪中送炭"，少搞"锦上添花"。

政府从具体的公共事务中解脱出来，就能够以监察者和指导者的身份审视公共管理质量和效益，促进公众权益和福利的扩大。同样，由于政府管理公共事务权力下放，公共权力独家垄断的格局被打破，使社会监督制约机制得以加强，这不仅有利于政府克服官僚主义倾向，减少政府官员权力腐败的机会，而且可以监督和纠正非营利部门可能出现的"第二政府化"及成员的"官僚化"倾向，当然，也相应降低了公共事务管理的成本。

各类非营利组织进入公共事务领域，与政府分担责任，还可以有效地医治与市场经济相伴生的"'市场失灵、政府失灵'综合征"。"市场失灵"是指市场机制不能使资源配置达到最优化状态，特别是不能按最优化原则提供公共物品和公共服务；而"政府失灵"是指政府作为公共事务的主要承担者，只能按平等的原则提供一般的公共物品和公共服务，满足普遍的需求，而不可能满足公众"冷性化""多元化"的需求。在"失灵"症状下，非营利组织（第三部门）就可以展现其自身多样性服务和供给的优势，与政府形成互补关系。例如，我国"希望工程"、志愿者组织、社区服务机构及慈善团体等非营利组织，通过实施扶贫、助残、康复、再就业等活动，调节社会成员的收入差距，减少贫富不均，救助社会弱势群体，创造平等机会，缓和社会矛盾，营造稳定和谐的社会发展环境。又如，一些企业为追求最大的利润，不惜以损害公共环境为代价，随意排放废气、废水、废渣，造成外部不经济，而自然（绿色）环保组织、社区自助团体、动物保护组织等非营利组织就能够协同政府职能部门及新闻媒体等机构，对这类企业实施监测、舆论谴责、受害索赔等行动，促进社会经济与生态环境的可持续发展。再如，非营利组织的资本构成相对于营利组织（企业）较低，即非营利组织本身的运作成本低。这样，它的自身容量和发展空间就很大，大量从第一产业（农业）转移出来的剩余劳动力和因第二产业（工业）结构调整、技术进步而转移出来的劳动力，都可以被吸收进入重点从事第三产业（服务业）的非营利组织。这正符合现代社会产业结构调整、人力资源重新配置的大趋势。

其实，非营利组织释放能量的空间还很大，远不止这些。在市场经济条件下，许多事务政府不宜直接插手干预，或者干预成本过高，交给民间非营利组织去做，会收到事半功倍的效果。近几年，频频举行的国际性、区域性的"非政府组织"论坛，对中国及世界范围的现实问题和未来发展进行研讨、预测和技术咨询，它所形成的"软科学"成果，无疑对政府决策和企业拓展起到非同一般的效果。非营利组织承接了政府的某些公共事务管理职能，又非政府权力的延伸和扩张，这种政府与社会之间的中介地位和角色，使得它可以保持中立，灵活自主地参与社会公共生活。

当然，列举非营利组织的种种优势，并非想证明它完美无缺，是包医社会"百病"的"灵丹妙药"，也无意将它理想化。相反，对于中国的非营利组织来说，要与政府分担责任，要将潜在的能量、优势和长处变为现实，还有很多艰苦的基础性工作要做。至少，以下三项建设应予优先考虑：第一，培养一批境界高、素质优的专业人才队伍。这又分两个方面：一方面，非营利组织除吸引大量志愿人员参与工作外，专职管理人员的人格魅力和综合素质对推动组织的运作至关重要；另一方面，任何非营利组织都要有自己的"专业"定位。优秀的专业素质和丰富的经验无疑有利于提高服务的效率和质量，而专业素质差或定位不清，不仅不利于吸引支持者捐助，而且会降低组织的公信度。第二，非营利组织必须学会以最好的方式管理。仅仅有一批有无私爱心和良好意愿的仁人还不够，还必须高效地运作，并追求最低成本和最优结果。非营利组织必须是"效率组织"。第三，非营利组织必须学会筹资募捐。非营利组织必须拿出物品和服务成果吸引公众捐献，要善用媒体宣传自己，还要建立严格的财务审核和准确的信息披露制度。非营利组织必须是"廉洁组织"。

公共事务的责任分担，不仅扩大了社会责任的覆盖面，实质上还开发利用了高品质的社会资源，大大增加了公共物品和公共服务的有效供给量，给飞速发展变化的社会添加了新的生机和活力。

（二）公共事务管理引入竞争

市场竞争，可以带来资源的优化配置，带来公共物品和公共服务的多样化。但是，公共事务不像经济事务那样可以直接通过市场竞争实现最优化目标。因为，公共物品和公共服务所具有的特性，使得花钱购买的人和不花钱购买的人，都能得到同样的享受。如果大多数社会成员都希望别人出钱出力，自己"免费沾光"，公共物品和公共服务便无人提供。由此可见，公共事务不可能通过市场体系，即由个别消费者与生产者之间的交易来解决。在计划经济时代，政府将公共物品和公共服务领域当成纯消费领域，由行政职能部门或称为"事业单位"的政府附属机构，靠有限且固定的拨款来经营运作，这便在很大程度上限制了公共物品和公共服务的开发、生产及供给。实践证明，政府独家垄断公共事务，无论从质或量的方面进行衡量，都无法满足公众的普遍需求和特殊需求。

但是，政府是市场原则的永恒禁区，公共权力不可交换。也就是说，由政府垄断公共事务，公共事务领域就不可能按市场原则引入竞争机制。现在，推进公共事务管理社会化，由非政府的非营利组织承担公共事务就可以打破禁区，合情合理合法地实现公共管理与市场竞争的"稼接"。

第一，营利组织的"效益第一、优胜劣汰、用户是上帝"的管理理念和管理方式可以引入公共管理过程。在公共权力社会化环境中，公众掌握选择公共管理组织的绝对权力。公众的满意程度是评价服务组织的基本标准。因此，哪个组织想要在市场竞争中谋求和争取自己的机会、份额和地位，就必须拿出自己的物品和服务接受公众的选择。原来政府垄断公共事务时的一切弊端和局限，在公平竞争中，在公众的选择中将会减少、弱化甚至被消解。

第二，承担公共事务的非营利组织以政府的经费和社会捐款作为业务运作的资本，那么，就必须自觉接受政府和社会捐助人的监督，做好行业自律，建立规范的财会制度，对产品开发服务项目进行成本核算，以求获得最优的社会效益和经济效益。这样，就可以从制度上克服政府垄断时只投入，不管效益，追求"公平"，牺牲"效率"的弊端，从而实现公共事务管理的"公平、效率、成本"三者兼得，均衡发展。

第三，承担公共事务的非营利组织为争取产品和服务的优质化、多样化、个性化，可以凭借自身优势与营利企业合作，进行项目的技术研究和开发,在不影响服务质量和公众接受的原则下,甚至可以给予营利组织相应的商业机会和商业利益。需要指出的是,非营利组织的宗旨和根本性质是非营利性的,并不意味着这些组织不会盈利。它不以营利为目的,将依法、合理的服务性收费及从运作中获得的利润再投入继续运作,可以增强服务能力,提高产品质量。总之,公共管理引入竞争,可以使公共产品及公共服务更加多样、优质并降低成本,直接受益的必然是公共事务的主体——公众。

(三) 公共事务的利益共享

"共享",是一个含义丰富的概念。1995年,在丹麦首都哥本哈根举行的社会发展问题世界首脑会议,把"人人共享的社会"作为主题。会议通过的《行动纲领》对其含义做了阐述:一个人人共享的社会,是一个包容的社会,其基础是尊重所有人的人权和基本自由,文化和宗教多样化,社会正义、民主参与和法制。人人共享的社会,是一个根据所有人的需要和能力,调整自身结构和动作,并调整自己政策和计划的社会,从而发挥全体社会成员的潜能,并为所有人谋取福利。因此,可以理解,"共享",是人类生存资源的共享,是发展机会的共享,是社会成果的共享。共享的社会,将进一步使人能够在互惠和公平的原则指导下彼此投资,并分享此种投资的成果。

我们认为,把"利益共享"作为中国特色社会主义公共管理改革的终极目标最恰当不过了。公共事务,实质上体现的是公共利益。过去,我们在公共事务管理中,强调国家利益、集体利益、个人利益三者的统一。无疑,这是正确的。只有三者统一,才能实现共同利益,才能"共享"。遗憾的是,实践中却总是将个人利益从"统一"中剥离出来,又总是以公共利益"理由"限制、削弱甚至"牺牲"个人利益,而且,这种"牺牲"长期得不到"补偿"。久而久之,人们参与公共事务的真诚与热情受到伤害,人们对待公共事务的态度就变得冷淡,继而虚假应付、消极抵触,导致作为社会公共利益的"蛋糕"迟迟无法做大,甚至萎缩。实际上,这已经造成了公共事务领域的恶性循环。

公共事务管理的改革与创新,势必要在制度上和宏观环境上创造"利益共享"的局面,使更多的人走出私人生活的领域,乐于与他人合作交往;更多的人乐于投资社会公共事务,承担社会公共事务。在公共事务中,个人的权利、非政府的社会组织的权利与政府的权利是平等的,待遇是互惠的,利益是共享的。这样,社会主义公共利益的"蛋糕"才能越做越大,人人共享的资源才能越来越丰富，社会发展和个性发展的空间才能越来越广阔。这方面，大连、上海、南京等地社区建设的成果，深圳市志愿者组织"义工联"的活动，都是成功的范例。

中国改革开放的总设计师邓小平曾提出：发展才是硬道理。他还提出，要把人民满意不满意，人民拥护不拥护，作为党和政府制定政策和推进工作的出发点。可以说，只有实现公共事务管理制度的改革开放，才能促进公共事物的丰富和发展以及公共利益的充实和扩大。而能不能够实现"利益共享"，是检验以勤政、廉洁、务实、高效为目标的政府体制改革成功与否的标志，是检验政府新的公共事务的管理制度成功与否的标志，是检验政府是否真正贯彻落实"全心全意为人民服务"宗旨的标志。

中国人口众多，地域广阔，社会又处在大变革、大转折、大发展的过程中。因此，任何一项改革与创新的举措都将是一个渐进的过程，都将有一个实验推广的阶段，都应当是实事求是、因地制宜、因"事"制宜的。我们坚信，公共事务管理制度的改革与创新，必将推动我国社会生产力的发展，推动社会文化的全面进步，极大地增进广大人民群众的根本利益。

公共行政的价值范畴研究[*]

当今,价值这一术语被广泛应用于人文和社会科学的研究之中,但是,对于价值的涵义,却众说纷纭、言人人殊。著名学者富兰克纳在概述了西方关于"价值"的诸多用法之后,曾提醒说:在使用这些术语时,人们应当选择一个清晰而又系统的方案,并力图前后一致。① 我国学者一般认为价值一词有两种含义:一是指体现在商品中的社会必要劳动;二是指客观事物的有用性或具体的积极作用。显然,我们是在后一种意义上论及公共行政的价值。其实,公共行政的价值研究从公共行政学这门学科诞生时就产生了。公共行政学的创始人威尔逊说过:"行政学研究的目标在于了解:首先,政府能够适当地和成功地进行什么工作。其次,政府怎样才能以尽可能少的成本完成这些适当的工作。"② 在西方行政学百余年的发展历程中,伴随着社会政治、经济和文化条件的变化,公共行政的价值取向也在演变。"正是基于对若干基本行政价值的不同理解,形成了公共行政学发展的三大历史阶段(范式):传统公共行政学、新公共行政学和新公共管理学。"③ 虽然学界对此划分有着不同的评价,但由此足以看出公共行政价值的重要性和地位。长期以来,公共行政学的研究受到以泰罗等人为代表的科学管理学派的巨大影响,将效率视为公共行政的终极目标和唯一的价值准则,这样就难免把公共行政看作纯事务性的技术领域,从而无法在理论的高度上进一步提升公共行政学。直到今天,公共行政学的学科地位仍未能获得普遍的认同。无可否认,我们面临着从理论上进一步提升公共行政学的急迫而艰巨的任务。

---

* 原文原载于《安徽大学学报(哲学社会科学版)》2004 年第 2 期,原作者为王乐夫、张富。
① 培里等:《价值和评价》,中国人民大学出版社 1989 年版。
② 彭和平等:《国外公共行政理论精选》,中央党校出版社 1997 年版。
③ 金太军:《西方公共行政价值取向的历史演变》,载《江海学刊》2000 年第 6 期。

一、现有公共行政价值研究的缺失

从现有的对公共行政的价值研究的有关论述上来看,学者们研究的视野主要集中在公共行政的价值内容和公共行政的价值结构两个方面,并且对前者的研究要早于和多于对后者的研究,这绝不是一种偶然的研究现象,它反映了研究者视野的深入和拓展,是符合认识论这一规律的。就公共行政的价值内容来说,学者们一般都是基于把百余年的公共行政学史分为传统公共行政学、新公共行政学和新公共管理学三个阶段,然后着力论述每一个分期的价值内容,但是,又都是在"效率"和"公平"之间纠缠不清。在论述公共行政的价值时,学者们借用了来自其他学科的"效率"和"公平"术语的外壳,但却没有赋予它们以公共行政学上的独特涵义,其结果不但招致其他学科的学者对公共行政学这门学科的独立性的质疑,也使得公共行政学的基本理论一直流于感性认识的浅薄状态。虽然也有学者试图丰富关于公共行政的价值内容的研究,将法治、廉洁、民主等视为公共行政的价值追求,但其论述也只是这些价值的简单罗列,并没有从分层次、系统化和整体性上去把握公共行政的价值。从这个意义上来说,关于公共行政价值的研究仍然是很薄弱的,亟须加强。

就关于公共行政的价值结构的研究上来看,一些具有深厚的哲学知识背景的公共行政学者提出了公共行政主体、客体、行政价值关系、行政价值评价等概念,初步建构了关于公共行政价值结构的框架,但是在目前对公共行政的价值内容的研究相对浅薄和单调的情况下,这一框架缺乏充足的材料支撑。

二、公共行政的价值体系

马克思指出,"'价值'这个普遍的概念是从人们对待满足他们需要的外界物的关系中产生的"①,是"人们所利用的并表现了对人的需要的关系的物的属性"②。马克思的这一论述,对于公共行政价值的研究有着十分重要的指导意义。但是,随着研究的深入,我们也必须进一步发展和推进这一

---

① 《马克思恩格斯全集》第19卷,人民出版社1956年版。
② 《马克思恩格斯全集》第26卷,人民出版社1956年版。

理论。近年来,许多学者从不同的视角对价值的概念进行过不同的诠释,为我们正确地理解价值的涵义提供了不少有益的启示。有学者认为:价值是客体对于主体的意义,包括客体对于主体需要的满足和主体关于客体的绝对超越指向两个方面。① 笔者倾向于认同这一观点。公共行政的价值目标是社会价值系统中的子系统,由于公共行政学有其固有的研究对象和旨趣,这就使得公共行政的价值必然表现出独特的自身所具有的科学体系。公共行政的价值是公共行政所追求的一种应然状态,它反映了人们关于公共行政的希望和理想、信仰和依托。可以说,公共行政的价值是公共行政的灵魂和核心(基石),只有对它的正确把握才能有效地统摄和提升公共行政学的理论研究,从而跳出纯粹的形式化的技术理性,实现公共行政学理论体系的内在和谐和统一。

　　基于以上对价值涵义的理解,笔者认为:公共行政的价值可分为两类:目的性(终极性)价值和工具性(手段)价值。其中,目的性价值居于主导地位,它反映公共行政所追求的希望和理想,是人们关于公共行政的绝对超越指向;工具性价值,是公共行政为实现其目的性价值应具备的基本属性。公共行政的价值应该是这样一个由不同层次的价值所构成的有机系统,在这个系统里面,公共行政的目的性价值和工具性价值达到和谐和统一,从而进一步显示出公共行政学存在的合理性,有效摆脱公共行政学是一门其他多种学科的"拼盘"的嫌疑。

　　传统公共行政学基于政治—行政二分的内在逻辑,把行政视为远离政治的纯事务性的技术领域,表现出"效率至上"主义的价值取向,而缺乏对公共行政的目的性(终极性)价值的反省、认同和内化,既给公共行政实践带来了困扰,也降低了公共行政理论的品位。传统公共行政学的这一价值缺陷,从 20 世纪 30 年代末开始受到来自多方面的批评和责难。20 世纪 60 年代末 70 年代初以弗雷德里克森为代表的新公共行政学派对传统公共行政的"效率至上"的价值取向进行了系统性的批判。新公共行政强调社会公平的同时,也不排斥经济和效率的价值,这一使公平与效率二者相结合的企图却总是在实践上陷于困惑。20 世纪 70 年代开始,西方各国的公共行政遇到了前所未有的严峻挑战,以全面干预为特征的凯恩斯主义受到了质疑和责难,政府面临着财政危机、管理危机和信任危机,"政府失败论"的阴影困扰着人们脆弱的心理。在这种背景下,涌起了 20 世纪七八十年代西方政府

---

① 卓泽渊:《法的价值论》,法律出版社 1999 年版。

改革的浪潮，即"新公共管理"运动。新公共管理运动以追求"三E"为目标（Economy、Efficiency and Effectiveness，即经济、效率和效益），体现出明显的管理主义或"新泰罗主义"倾向，被人们视为是传统公共行政学"效率优先"价值的回归。

从以上分析可以看出，公共行政学在百余年的发展历程里，对公共行政价值的追求一直徘徊于效率和公平的工具性的感性认识当中，很少有人把对公共行政的价值追求上升到一种目的性（终极性）的理性认识高度，这不仅使公共行政价值的研究陷入一种浅表的效率和公平的交替循环，极大地限制了人们的研究视野，也使公共行政的理论研究因缺乏应有的高度而让人对其学科的独立地位提出质疑。笔者认为，无论是传统公共行政的效率价值观还是新公共行政学的社会公平价值观，都属于公共行政价值体系中的工具性层次。在公共行政中，公平并不是其追求的终极目的，它仍然属于一种工具性的手段。如果公共行政把公平作为一种终极的价值追求的话，它就永远难以走出"平均主义"的泥潭。在此，笔者试提出如下公共行政的价值体系以就教于方家。公共行政的价值目标可分为两个层次：工具性价值（效率、公平和秩序）与目的性价值（可持续发展和人性完善）。下面分别对其进行详细论述。

三、公共行政的工具性价值

效率、公平和秩序作为公共行政的工具性价值，虽然有着相同于其他学科术语的外壳，但却被赋予了关于公共行政的独特内涵，它们相互配合、协调运行，共同作用于丰富多彩的公共行政的实践之中。

（一）效率

效率最初是电学和机械学中所使用的概念，指的是产出的能量或功与投入和消耗的能量的比值或比率。在日常生活中，人们更多谈论的是赋予效率一词以经济学上的涵义，其实质在于表明如何实现社会资源的有效配置和利用。效率概念引入到公共行政学的界域内，便被赋予了价值评判的涵义。1887年美国学者威尔逊发表《行政学之研究》一文，标志着行政学的发端，百余年间，人们对于效率价值的追求一直没有停止过。传统公共行政学建构在威尔逊政治—行政二分和韦伯的官僚科层制基础之上，又受到以泰罗为代表的科学管理理论的巨大影响，效率原则在当时被奉为圭臬，以至于对它的过分推崇走向了极端,从而忽视了社会公平的价值意义,招致了众多学者的激烈批评。新公共行政学鉴于片面的"效率至上"价值观的缺陷和危害,提出了"社会公平"的口号,积极倡导在注重效率的同时,要更多地关注社会公平,但它却面临着"效率"与"公平"悖论的难题。新公共管理学倡导的"企业化政府"理念,明显地体现出一种质量和效率价值取向,被学者视为是传统公共行政学"效率优先"价值的回归。可以这样说,作为公共行政的工具性价值之一,效率会是公共行政的永恒追求。公共行政学的诞生,也正是基于当时公共行政领域效率低下的严重现实,从其诞生之日,公共行政学便担负着提升效率的大任。威尔逊曾说过:"与君主制一样,在共和制的条件下,信任政府官员的唯一根据是效率。"① 古利克也曾宣称:"行政科学中(无论是公共行政,还是私人行政),基本的'善'就是效率。行政科学的基本目的就是以最少的人力和材料的消耗来完成手头的工作。因此,效率是行政管理价值尺度中的头号公理。"②

效率价值之所以如此重要,是因为存在着资源的稀缺与人的需求无限之间的矛盾。公共行政的任务就在于发挥自身的优势,整合全社会的力量,运用和挖掘可支配的资源,满足人们日益增长的多重需要。效率的高低直接影响着社会的发展进步水平,影响着人们多重需要的满足状况,进而影响着政府自身的形象和合法性地位。

(二)公平

公平是人类发展史上一个由来已久的话题,不少圣人先贤曾从不同的角度对公平问题做过精辟的阐释。自人类进入阶级社会以来,阶级剥削和阶级斗争就一直存在。统治阶级总是在资源的占有和使用、财富的分配和创造上占据绝对优势,广大劳动人民一直处于被剥削的地位。从历史上看,历朝历代被统治阶级的暴动和起义,无不体现着他们推翻统治阶级,实现社会公平的善良愿望,昭示了人类为达到这一善良愿望的不懈努力。但笔者认为:在公共行政视野里,公平应有它独特的内涵。作为公共行政的价值追求,它只能是属于工具性价值而非终极追求意义上的目的性价值。公共行政学把公

---

① 理查德·D. 宾厄姆等:《美国地方政府的管理——实践中的公共行政》,九州译,北京大学出版社1997年版。
② 陈振明:《从公共行政学、新公共行政学到公共管理学》,载《政治学研究》1999年第1期,第79-88页。

作为一个工具性的价值追求，其目的在于把公平作为一种手段，更大程度上调动整个社会的积极性、主动性和创造性，从而达到人性完善和社会可持续发展的终极目的。我们不妨追溯到久远的原始社会，那时人类过着群居生活，共同劳动，平均分配，用今天的视野来度量，可谓是一种最大程度的公平。但后来随着生产力的发展，人类进入了阶级社会，出现了阶级剥削和阶级压迫，社会不公平问题变得日益凸显，但从人类文明史的角度来看，这却体现了社会的发展和进步。没有人因为人类进入了阶级社会丧失了原始社会中存在的公平，从而否认社会的发展和进步这一事实。由此可见，公平作为一种价值追求，它只能处于工具性价值的层次上，而不能把它作为一种终极意义上的目的性的价值追求。

与效率一词有着多种多样的解释相类似，公平也是一个涵义颇丰、使用含混的范畴，不同学者从不同角度对其有不同的领悟和阐释。在经济学上有一种最基本的划分，就是把公平分为机会公平（水平公平）与结果公平（垂直公平）。公共行政对公平的价值追求是二者的有机结合和统一。机会公平实质上是一种竞争的公平。竞争是人类文明社会赖以发展的动力源泉，公共行政理应按照统一的无差别原则来对待一切竞争主体，使他们能够机会均等地占有和使用社会的生产经营条件和资源，而不应该区别对待；结果公平实质上是指分配公平。现代社会的发展导致人们相互之间在能力、禀赋、财富等方面的差别愈加显著，如果公共行政对这些先天性不平等的现象视而不见，依然对所有人一视同仁，只能使"不平等变得天经地义，甚至加剧这种不平等"[①]。事实上，当今我国政府所实行的取消经济特区的诸多优惠政策、开发西部战略、征收个人所得税和实行贫困职工最低生活保障制度等，即是公共行政对公平这一工具性价值目标的生动写照。

（三）秩序

正是因为存在着效率与公平的永恒的冲突，从而会带来混乱的状态，才导出了公共行政的秩序价值。在公共行政的价值体系中，秩序是其他公共行政价值的基础和前提。从词源上看，秩序的最初含义是指人或事物所在的位置，表示一种比较稳定的有条理的存在状态和结构模式。社会发展到今天，秩序一词的涵义有了很大的拓展，在人文社会科学领域，秩序一词的意思是

---

① 彼德·斯坦等：《西方社会的法律价值》，王献平译，中国人民公安大学出版社1990年版。

能够给人们的需要带来合理预期的具有一致性、连续性和确定性的社会存在和运行模式。随着现代科学方法论研究的兴起，20 世纪六七十年代出现了以秩序为主要研究课题的自组织理论，这一理论认为：不能把秩序看作是一个静态的结果，而应该从动态的意义上去把握其意义。自由主义的旗手、当代经济学大师哈耶克曾经对社会秩序问题做过冷静而卓有成效的探讨，他把秩序分为两类：生成的秩序和人造的秩序。前者意指秩序是在自由主体之间的互动过程中自发地、必然地生长出来的；后者意指秩序是人为建构的，是理性和逻辑的产物。作为一个自由主义的大师，哈耶克认为生成秩序是其社会理论中的一个核心论题。学者 G. C. Roche 认为"生成秩序的概念是哈耶克最伟大的发现，也是其法学和经济学的根本原理。这项发现可以追溯到亚当·斯密及其'看不见的手'的比喻，亦即认为'市场'是人类社会内的陀螺仪，它不断产生着生成的秩序"；布坎南晚近更是认为生成秩序是经济学的唯一原则。[1] 可见，基于自由主义的理念，生成的秩序备受学者们推崇。笔者认为：这两类秩序之间并不存在截然分明的界线，社会秩序的自发性和人为性是同一事物的两个方面，它们二者是有机的统一的。具体到公共行政领域，政府的作用则在于既要尊重和引导自发性的社会秩序，又要遵循客观规律，发扬民主，科学决策，建构合理的人为秩序，二者不可偏废。

秩序是人类一切社会活动的前提，没有秩序，人类便将进入一种混沌无序的状态，每个人都无法面对明天的生活而作出一种确定性的安排，就会陷入一种人人自危的状态，即步入了霍布斯所言的"丛林时代"。秩序对于人类的重要性不言而喻，且在这一点上存在着广泛的共识，但这并不意味着人们都一定能服从秩序、维护秩序，或者说秩序能自动地无处不在、无时不有。事实上，人类随时会遇到秩序被破坏的情况，正如法学家博登海默所感叹的，"人类对秩序的追求，时常为偶然情形所阻碍，有时还被普遍的混乱状况所挫败"[2]。现代社会是一个个性张扬、价值观多元和自由理念深入人心的社会，存在着人的个性差异，因而社会中充满了矛盾、冲突、竞争甚至斗争，而这些都会给秩序造成极大的破坏和对公共利益的侵损，及至影响社会的稳定和发展。而这些问题的解决又非个人力量所能企及的，这时，拥有公共权力的政府理应责无旁贷地担当起维护秩序的大任，利用自身的"暴

---

[1] 宋功德：《行政法哲学》，法律出版社 2000 年版。
[2] 博登海默：《法理学——法哲学及其方法》，邓正来、姬敬武译，华夏出版社 1987 年版。

力潜能优势"来建构、引导和维护社会秩序。

四、公共行政的目的性价值

公共行政的目的性价值是一个能涵盖工具性价值目标,反映公共行政终极性价值追求的范畴体系。笔者认为:公共行政的目的性价值应该是可持续发展和人性完善。其中,可持续发展是从人和自然的关系的角度而言;人性完善是从人与社会之间的关系的角度而言。效率、公平和秩序作为公共行政的工具性价值,是为了达致人类社会的可持续发展和人性完善的终极价值而服务的。

(一)可持续发展

可持续发展的思想古已有之。在我国,春秋战国时期就有"天人之辩",虽观点各异,但都主张"人为"要符合自然规律,人取之于自然,要"不失其时""适当其数",这反映了早期的一种朴素的可持续发展的思想。在西方也有类似的讨论。然而遗憾的是这一思想并没有使人类在理性上认识和接受,这是有其特定的历史原因的。在当时生产力水平很低的情况下,人类更为关注的是怎样从大自然中索取更多的物质财富,物质文明的进步与生态恶化和失衡的矛盾并不突出。西方产业革命以后,工业文明的巨大进步在让人类为此而沾沾自喜的同时,更让人类忘乎所以,"人类中心主义"的价值观占据了主流的思想地位,人类的理智被浓厚的功利主义所湮没,为了眼前利益,人们无情地掠夺和践踏着大自然,以至于造成今天严重的生态环境问题,威胁到人类的生存。其实,马克思早在130年前就指出:"文明如果是自发地发展,而不是自觉地发展,则留给自己的是荒漠。"① 恩格斯也曾在《自然辩证法》中告诫人们:"不要过分陶醉于对自然的胜利。对于每一次这样的胜利,自然界都会对我们进行报复,每一次胜利起初确实取得了我们预期的结果,但是往后和再往后却发生了完全不同的、出乎意料的影响。"② 人类历史上发生的无数次自然灾害都在不同程度上验证了两位伟人的论断,言犹在耳,振聋发聩。在经济学界,当大多数经济学家为经济的增长而喋喋不休时,以李嘉图、马尔萨斯为代表的一批经济学家,也曾明确地

---

① 《马克思恩格斯选集》第1卷,人民出版社1995年版,第256页。
② 《马克思恩格斯选集》第3卷,人民出版社1995年版,第517-518页。

表达了他们的忧虑，警醒人们在追求经济的增长时，不能忽视人口、资源和环境之间的矛盾，这在当时的时代背景下，是需要巨大的理论勇气的，然而他们的这种思想在当时却受到了讥讽和批判。

1972年罗马俱乐部出版著名的《增长的极限》一书，引发了人们关于片面追求经济增长所带来的严重后果的辩论，在争执中，人们开始把注意力集中到如何使自己的增长与自然取得和谐一致。公认的国际上最早提出可持续发展概念的是1987年以布伦特兰夫人为首起草的《我们共同的未来》这一纲领性文件，该文件提出："可持续发展是既满足当代人的需求，又不对后代人满足其自身需求的能力构成危害的发展。"这一观点得到广泛的接受和认可。这之后，众多的学者从不同的角度对"可持续发展"做过不同的表述，可持续发展问题受到了人们的高度重视，目前它"已成了一个世界性的、任何国家都难以抗拒的发展趋势，甚至这种趋势已经成了当今国际合作、国际支持的重要内容。"① 但在公共行政领域，学者们对这一问题的研究却缺乏应有的关注，远比不上哲学、法学、经济学和社会学等学科对这一问题的探讨，这是一种很不正常的现象。在关乎人类生存环境的可持续发展问题上，政府由于拥有公共权力的优势，应该是大有作为的。事实上，可持续发展战略的提出已经给政府公共政策的制订与实施带来了全面而深刻的影响。政府担负着领导人民建设美好家园和创造幸福生活的神圣使命，可持续发展作为一种倡导人与自然和谐共处的发展模式也因之成为公共行政的终极价值追求之一。

（二）人性完善

人性就是人所共有的区别于动物的属性，它是管理哲学探讨的永恒话题。英国学者休谟说过："一切科学对于人性总是或多或少地有些联系，任何学科不论似乎与人性离得多远，它们总是会通过这样或那样的途径回到人性。"② 几千年来，不同时期的哲人圣贤曾给予过人性以不同的阐释，为我们正确理解人性提供了不少有益的启发。归纳起来，他们的认识不外乎四种情况：性善论、性恶论、无善无恶论和有善有恶论。可以说这些观点在某种程度上都有一定的道理，但它们都是一种猜测性的假设，并没有经过缜密的逻辑论证，难免有失偏颇。

---

① 杨紫：《经济法研究》，第一卷，北京大学出版社2000年版。
② 休谟：《人性论》上册，关文运译，商务印书馆1980年版。

从公共行政学的诞生和发展来看，作为其主要渊源之一的管理学，一直都是把其理论的架构基于不同的人性观上。早期以泰罗为代表人物的科学管理理论基于"经济人"的假设，后来梅奥等人通过霍桑试验提出了"社会人"的假设。第二次世界大战后，人类的认识水平进一步深化，出现了许多关于人性的新观点，其中以沙因提出的"复杂人"观点影响最大。20世纪80年代后，由于科学技术的飞速发展，人的个性化趋势日益凸显，人本管理的思想大行其道。可以说"管理科学的每一次重大理论突破，都是基于对人性认识的一次深化。"① 应当说管理科学的不同的人性观深深地影响和决定着公共行政学的理论走向。

马克思以实践的唯物主义为工具探索人性问题，认为人性表现为人的自然属性、社会属性和精神属性的有机统一，这一科学的结论为我们认识和研究管理中的人性问题具有重要的指导意义。马克思所讲的人性的这三种属性其实表现为人的自然需要、社会需要和精神需要的满足状况。人的不同方面的需要本身并无善恶之分，但实现个人需要的行为方式却善恶有别，这其实又关涉到个人需求的满足、利益的实现会不会给他人带来损害的问题，也就是经济学上常说的经济人行为的"外部效应"问题。这种效应有正负之分，产生有利于他人影响的为正外部效应，有损于他人影响的为负外部效应。由于这两种情况造成的受益和受损无法依靠个人的力量来达致利益的平衡，所以政府力量的介入就顺理成章。尤其是在现代社会，导源于自由理论思潮的激荡和洗礼，人的个性张扬的空间愈益宽广，整个社会越来越紧密地联系在一起，一个人的行为方式也必然会给他人带来不同的影响，社会秩序控制弱化的趋势进一步增加，人与人之间的冷漠和隔阂在渐渐地侵损着这个社会。这一切单靠个人的力量又无可解决，所以公共权力的适当干预极为必要，这表现在公共行政领域，政府可以通过对人的高尚行为和风格的表彰和倡导以及对人的不良行为的谴责和惩罚来实现人性的全面提升。

当然，人性并不是一个超历史的先验的本质或规定，现实中也从来没有凝固不变的人性，在创造社会和改造大自然的进程中，人性总是随着历史的进步而得以不断地升华，人性完善只是一种理想化的状态，它无疑应是公共行政的一种终极追求。

---

① 余宏俊：《试论"人性"认识与管理科学发展的历史及其未来趋势》，载《学术论坛》2002年第5期，第32－33页。

五、结语

作为公共行政之诉求的工具性价值与目的性价值虽居于不同的位阶,但它们互为支持、互补协调,共同构成了公共行政的价值体系。需要说明的是:笔者对公共行政价值体系的建构并不意味着排斥和否认其他公共行政价值的存在(如法治、民主和廉洁等)。这正如有学者指出的那样:"在不同时期,一种价值可能超过另一种价值,但就每一种价值观的合法性而言,它们之间没有拔河赛。"① 其实多元价值的并存和相互平衡正是公共行政走向现代化的重要标志。之所以建构这么一个公共行政的价值体系,其本意在于勾画一个公共行政的模式和方向。

长时期以来,公共行政学的发展一直处于其他学科的夹缝之中,其自身的独立性时至今日还常常受到非议和责难。因此,公共行政学界担负着提升本学科理论品位的重任。有学者指出:任何一门社会科学的发展和突破,一般主要集中在学科基础理论的深化、发展和突破,② 如果从这个意义上来衡量的话,公共行政学界做得还很不够,其突出表现就是公共行政学的基础理论研究一直都十分薄弱,而作为公共行政理论的灵魂和基石的公共行政价值的研究更是贫乏。本文亦无意于建构一个受到广泛认同的公共行政价值体系的框架,鉴于公共行政学界鲜有理论争鸣的沉闷状况,希望公共行政价值的研究能引起学者的关注。笔者乐观地预计:公共行政价值的研究将是公共行政理论的一个新的生长点。

---

① 卢明:《公共管理学管理范式的演进》,载《中国行政管理》2001 年第 1 期,第 34 - 35 页。

② 王浦劬:《我国政治学的建设应该着力于三个方面的发展和突破》,载《政治学研究》1998 年第 1 期,第 15 - 17 页。

试论公共行政价值异化*

一、引言

价值现象在日常生活中普遍存在，它是人们生活、实践、创造的一个基本维度。近年来，许多学者从不同的视角对价值的概念进行过不同的诠释，为我们正确地理解价值的涵义提供了不少有益的启示。有学者认为：价值是客体对于主体的意义，包括客体对于主体需要的满足和主体关于客体的绝对超越指向两个方面。① 笔者倾向于认同这一观点。公共行政价值是公共行政所追求的一种应然状态，它反映了人们关于公共行政的希望和理想、信仰和依托。公共行政价值是公共行政的灵魂和旨归，可以说公共行政价值是与公共行政活动相伴而生的，一定的公共行政活动总是追求和体现着一定的公共行政价值。

原初意义上的"异化"（alienation）概念是一个哲学术语，意指把自己的素质或力量转化为跟自己对立、支配自己的东西。后来，这一概念被运用到其他学科之中，其含义也变得更加宽泛，如果某个事物的发展背离了其预设的意图，我们就可以称之为事物的异化。所谓公共行政价值异化，就是指公共行政活动在运行的过程中潜在的渐渐偏离公共行政价值目标的趋势或状态。借鉴哲学中价值论的最新成果，我们可以说公共行政价值是一个关系范畴，它是公共行政活动的性质、功能对于公共行政主体生存和发展需要的满足关系以及公共行政主体关于公共行政活动的绝对超越指向。价值是专属于人的范畴，离开了具体的历史的人而谈价值是失去根基的。基于公共权力、维护公共利益的公共行政之要义在于既要处理好人与自然的关系，又要处理好人与人（社会）的关系，以期达致人性完善和实现社会可持续发展。由

---

* 本文原载于《中山大学学报（社会科学版）》2004年第4期，原作者为王乐夫、张富。

① 卓泽渊：《法的价值论》，法律出版社1999年版。

此可见，在公共行政的价值框架内，公共行政价值的主体（人）与公共行政价值的客体（公共行政活动）相互关系的旨意即公共行政价值的内容是追求人性的完善和社会的可持续发展，这是公共行政之"应然"。可是，从实然的视界看，由于现实世界还存在着不同意识形态的差异、存在着人的认识水平和道德觉悟的高低之别、存在着利益集团的分化和冲突等因素，因此，公共行政价值的实现绝不是直线突进的，它总是客观存在着偏离希冀目标的趋势和可能，这就是公共行政价值的异化。它贯穿于公共行政价值实现的全过程，渗透于公共行政价值的主体、客体和内容三个方面，即存在着公共行政价值主体的异化、客体的异化和内容的异化三种现实的威胁。在某种意义上，可以说人类关于公共行政价值的希冀和理想之达致就是人类通过自身的努力，不断克服公共行政价值异化的过程。

二、公共行政价值主体的异化

自人类社会有阶级以来的历史即是公共行政的生成、发展和演进的历史。我们可以以工业革命的发端为界线，将工业革命之前的阶级社会称之为自然因素占主导地位的社会，将工业革命之后的阶级社会称之为社会历史因素占主导地位的社会。[①] 在自然因素占主导地位的社会阶段，由于科学认识水平的限制，人类对自然世界的万事万物都充满一种神秘的敬畏，人类生活基本上是靠自然的恩赐和对自然的顺从。在人与自然的关系上，人类处于受自然主宰和支配的被动地位。但是随着16—17世纪科技革命、文艺复兴、启蒙运动的开展，人的理性得到了空前的张扬，科技的力量大大增强了人类改造自然和征服自然的能力。工业文明的巨大进步在让人类为此而沾沾自喜的同时，更让人类忘乎所以，"人类中心主义"的思想占据了主导地位，为了眼前利益，人们无情地掠夺和践踏着大自然，以至于造成今天严重的生态环境问题，威胁到人类的生存。在如此日益严峻的形势下，20世纪中叶以来，西方学术界开始有人对"人类中心主义"展开猛烈的抨击，相对应的，人们就把他们的观点称之为"非人类中心主义"。"非人类中心主义"认为：所有生命个体、物种、生态系统因为是"大地共同体"的成员或具有系统的创造性，因而都可以成为价值的主体，它们本身就具有独立于人的内在价

[①] 安云凤：《生态领域中的价值冲突》，载《哲学动态》2003年第10期，第25–28页。

值,就具备获得道德关怀的资格。① "非人类中心主义"的思想渗透于公共行政的领域,将会带来无可估量的消极影响。在当代,动物福利概念的提出、宣扬以及动物保护志愿者组织的执着行动使得我们不得不追问自身:人类与动物真的是平等的伙伴关系吗?为了动物的利益和生命,人类必须做出相应的让步和牺牲吗?在纠正和批判"人类中心主义"的同时,我们是否犯了矫枉过正的错误,从而走向另一个极端?毫无疑问,人是"万物之灵",是唯一有理性的动物,这一特性决定了只有人才能作为价值的主体。按照社会契约论的观点,作为公共行政主体的国家产生之前,人类处于一种自然状态之下。为了防止在这种状态下,因每个人自由运用上天赋予的权利而必然会产生的人与人之间的利益冲突,人们通过协商、谈判来组建国家。因此,国家的产生是人类理性的结果,它通过行使被"让渡"出来而形成的公共权力,通过保护公共利益进而保护个人之自由与发展。动物作为自然中的存在,对于人类来说只能是一种资源,如果任何对动物的人道得以施行的话,也只能说这是人类保护、开发和利用这种资源的方式更趋于文明和合理,这也只是对其利用方式的一种改进而已,绝不意味着应该把动物当作与人类平等的主体来对待。也许正是在这个意义上,有学者认为:所谓"人类中心主义"之争,是一个虚假的问题。除非产生新的智慧生物或人的"万物之灵"的地位发生动摇,否则"人类中心主义"便有其存在的价值。② 公共行政的出发点和归宿都是人,以人为本是现代公共行政的主导理念。在处理人类与大自然的关系时,人的利益无疑是第一位的,自然界中的其他任何生物对于人类来说都只是手段,人才是唯一的目的。古希腊哲学家、智者派的代表人物普罗泰戈拉也曾说过"人是万物的尺度"。所以,为了人的利益,对动物采取的任何措施包括捕杀都是可以理解的。笔者认为在特定的条件下,当动物会危及人类的利益时,动用公共资源、顺乎公共意愿的政府行为是理所当然的。人类对动物的保护是为了满足人的一定物质需要和精神需要。例如,某些动物可以为人类食用;某些种类的宠物可以给人以精神的寄托和安慰等。诸如设立自然保护区、制定相关的动物保护措施与办法等人类保护动物方面的公共行政行为的目的是维护必要的生态平衡,否则

---

① 韩跃红、张云莲:《可持续发展伦理能够取代生态伦理学吗?》,载《自然辩证法研究》2000年第10期,第58-62页。

② 郑红娥:《人类中心主义之争——是一个虚假的问题》,载《哲学动态》2003年第9期,第30-32页。

人类的整个生存环境也会受到威胁，因此其最终目的仍然是为了人类的利益而采取的措施。理解了这个道理我们才会明白为什么有些国家出于保护某类动物的需要而严格禁止捕杀该类动物，而当该类动物繁殖到一定的数量，危及人的利益时，政府部门又可以有条件地允许猎取此类动物了。由此可见公共行政中以人为本的价值主体之理念。防止公共行政中价值主体的异化还须注意另一个方面，那就是把动物等当作违法的主体而给予处罚。在现代西方，把动物、机器人当作违法主体而予以处罚的案例已屡见不鲜。① 在法律上赋予动物以法律主体的地位，正如一位青年法学家所言：是人类在自觉与不自觉中缺乏自尊与自重的表现。② 从理论上说，法治是公共行政运行的一种方式，将动物作为法律的主体予以处罚同保护动物的极端主义一样，都是公共行政价值异化的表现。

三、公共行政价值客体的异化

公共行政价值客体指的是公共行政活动和行为，其实质是公共行政权力的运行。在公共行政中，一切活动都是围绕着公共行政权力而开展的。美国学者诺顿·E.朗曾指出：权力是行政的生命线，行政的第一个目标就是获取并保持权力。正是由于这个原因，公共行政权力也备受社会公众所关注。公共行政权力是一种公权力，它的行使必须以公共利益为目标。由于社会分工的限制，公共权力不可能由全体公民直接掌握。现实世界的情况是公共权力总是被一小部分"精英分子"所垄断。理论和事实都已证明这些掌握公共权力的一小部分"精英分子"是有着自身利益的小团体。在缺乏有效监督和制约的情况下，公共权力的天然扩张之本性会使它偏离公共利益的轨道，从而异化为以权谋私的工具，其最主要的形式就是腐败。作为世界各国政府的"政治之癌"，腐败被称为"附在权力上的咒语"。

在现代民主政治的社会里，公共权力无论是名义上还是实质上都来源于人民权利的让渡。正是为了保证正常的社会生活秩序，人们才通过协商，"让渡"出部分私权，从而形成社会公众服务的公共权力并由专门的机关来行使。在公共行政的发展史上，随着当时历史条件的变化，社会公众对公共行政权力运行的期望态度也在经历着变化。西方资产阶级推翻封建制度后，

---

① 卢云：《法理学》，四川人民出版社1993年版。
② 卓泽渊：《法的价值论》，法律出版社1999年版。

凭借残酷的原始积累，进入了自由资本主义的发展阶段。在这一时期，出于建构一种"符合理性"的"自由经济秩序"的需要，公共行政权力的运行被限制在扮演"守夜人"的角色；20世纪20年代末、30年代初的席卷资本主义世界的经济危机的沉重打击，唤醒了人们对公共行政权力积极干预社会生活的热情。在现代社会，随着科技的发展、资本的自由流动和国际交往的日益频繁，公共行政权力的膨胀已是不争的事实。这些都反映了公共行政权力是因应社会的要求而一直不断调适自身定位的。

现代世界各国公共行政的实践也表明：正是在公共行政权力的调适和膨胀的过程中，存在着公共行政的价值客体——公共行政权力异化的最大风险和可能。公共行政权力本身是一个实现利益的工具，它并不存在自行异化的威胁。但公共行政权力蕴涵着自身的矛盾性：权力所有主体与权力使用主体的背离。从理论上讲，公共行政权力的主体是人民大众，"主权在民"的思想也早已深深地扎根于社会；但现实社会的公共行政实践却是另外一番图景：属于人民大众的公共行政权力却被一小部分人所掌管。因此，人们把克服公共行政权力异化的希望寄托在这部分人的"自律"与"他律"上，然而这两种方式都无法避免公共行政权力的异化。"自律"作为掌管公共行政权力者内心的反省与自觉，无疑是克服公共行政权力异化的治本之策，但在存在着利益分化的情况下，任何倚重"自律"的设计都只是一种"乌托邦"式的幻想。权力法治是现时代人们的共识，这本身就说明了人们立足于现实的理性。在当今世界腐败现象蔓延的情况下，人们把更多的注意力集中于如何通过完善相应的法律和规章制度来约束公共行政权力在公共利益的轨道上运行。但是社会生活的变动不居性和法律法规的相对稳定性又总是为公共行政权力的异化留下了可能性，更何况还有为了自身利益不惜以身试法的"勇敢者"。因此从这个意义上讲，"他律"永远都不可能杜绝由公共行政权力异化而带来的腐败现象。卡尔·波普尔（K. R. Popper）曾经说过："虽然我们可以设计各种制度，以使这些权力被滥用的危险减少到最低限度，但我们绝不可能根绝这种危险。"① 由此，我们可以看出公共行政权力异化的必然性，其根源仍在于公共行政权力本身所具有的矛盾性。在现代民主社会，从根本上解决问题，最大限度地克服公共行政权力异化的一个有效措施就是：加快进行对代议制的完善和发展，逐步扩大直接民主的层级和范围，这

---

① 卡尔·波普尔：《猜想与反驳——科学知识的增长》，傅季重等译，上海译文出版社1986年版。

是历史发展的潮流。

四、公共行政价值内容的异化

　　基于公共权力、维护公共利益的公共行政之价值要义在于以人为本，既要处理好人与自然的关系，又要处理好人与人（社会）的关系，以期达致人性完善和实现社会可持续发展。但是在对此理想价值的追求过程中，公共行政总是存在着偏离这一目标的状态和趋势。在某种意义上说，自然与社会①本身就是一对矛盾体。社会在以其自身的力量一天天地改造着自然，而自然也每时每刻都在以自己的力量"报复"着人类社会。在这对矛盾体中，具有生命和智慧的人是其中的主角。虽然公共行政力量的产生是人类理性的结果，但在处理人与自然的关系时，人类的理性往往为浓厚的功利主义所淹没，为了眼前利益，人们无情地掠夺和践踏着大自然。这里似乎存在一个难解的悖论：人类社会愈是发展，自然生态环境问题就愈显突出。在古代，生产力水平的低下使得人类对大自然充满了"敬畏"，对大自然的顺从，使得人类的生活极度艰难，理性的人类一直在以自身的智慧与大自然抗争着。西方工业革命的兴起大大增强了人类改造自然的能力，可是社会发展过程中人口、资源和环境之间的矛盾也日益突出，对自然生态环境的破坏已经到了无以复加的地步。有学者把产生这一严峻现实的原因归结为人类过于相信自己的理性，以为凭借自身的理性的力量，完全可以驯服自然、使自然乖乖受擒。笔者认为其最为深层的原因是以市场经济为纽带的人类社会中的竞争本性所产生的功利主义和实用主义使得人类目光短视，只顾及眼前，却忽略了长远。利益驱使下的竞争让现实生活中的人无法摆正在地球生态系统中的时空位置，于是，为了一己一时之利，也就顾不得他人和长远的利益了。美国学者加雷特·哈丁在其论著《公地的悲剧》(*The Tragedy of Commons*) 中描述的就是这一情况。

　　地球生态系统的内部运动遵循它自身的规律。这个规律被美国著名环境主义者、生物学家巴里·康门勒通俗地表述为"物物相关"（Everything is connected to everything else）、"物有所归"（Everything must go somewhere）、"自然最知"（Nature knows best）和"得必有失"（There is no such thing as a

---

　　① 此处的"社会"是狭义的概念，指与"自然"相对的由于共同物质条件而联系起来的人群。

free lunch),这四大法则或原理充分说明了地球生态系统的整体性。然而,地球这个完整的生态系统却由在政治上"国家林立"的人类社会"分而治之"。全球生态的保护要求人类超越民族主权国家和地区的利益之争,树立一种"类本位"的生态价值观,这在现实中显然是不可能的。所以我们可以看到,在事关全球生态环境保护的重大问题上,虽然各民族、各国家都认识到必须切实采取相应的措施,制定有关的国际协定和条约等,但在生态环境保护的成本分担与代价付出上却讨价还价、斤斤计较。治理和保护全球生态环境无疑需要全人类的共同努力,但在世界经济发展极端不平衡的背景下,发达国家理应承担比发展中国家更多的治理和保护生态环境的义务。

公共行政的另一个界域是处理人与人(社会)的关系,其追求的理想目标是通过张扬人性、提升人性进而实现人性完善。现实社会中的人是以市场经济为纽带的,建立在交换基础上的市场体系的本性体现为竞争。亚当·斯密说过:"每一个人,在他不违反正义的法律时,都应听任其完全自由,让他采用自己的方法,追求自己的利益,以其劳动及资本和任何其他人或其他阶级相竞争。"① 但在人的欲望无限而资源有限的矛盾情况下,竞争机制下优胜劣汰的无情现实却在一步步地肢解着人性。为了在竞争中取胜,有人置道德于不顾,甚至违法犯罪,在利益的诱惑面前,彻底迷失了自己。人与人之间的关系因此变得疏远和陌生,彼此之间充满了防范和不信任。这种状况的存在无疑大大增加了每个人在竞争中谋利的成本。而这一状况的改善也亟须公共行政力量的介入,以期通过对人的高尚行为和风格的表彰和倡导以及对人的不良行为的谴责和惩罚来实现人性的全面提升。但是公共行政对此又有力有不逮之处:对效率的追求呼唤社会中的真正竞争机制之建立,有竞争就必然有胜也有败,当因此而导致社会的贫富差距越来越大的时候,社会的动乱就在所难免,这显然不是公共行政之本意。一个稳定、有序和发展的社会,必定是一个人际和谐的社会,体现在现实社会中的人性趋向健全和完善上,而这一切又是以社会中所有人的共同进步与发展为基础的,因此,贫富差距的鸿沟的显现,在任何一个国家都被看作是一个事关大局的问题。没有一个和谐的、全面发展与共同进步的社会,人性的完善永远都是一种幻想。

如果我们再把目光投向全球,发达国家的一小部分人口占据着世界上的

---

① 亚当·斯密:《国民财富的性质和原因探究》下卷,郭大力、王亚南译,商务印书馆 1974 年版。

绝大部分财富,全世界还有相当一部分人每天处于饥饿和营养不良的状态,南北差距的鸿沟随着社会的发展不是在逐步缩小而是在逐步加大。发达国家的人道主义援助远远解决不了根源于不合理的国际政治和经济秩序的贫富差距问题,于是世界的动荡不安就在所难免,极少数经济和军事大国又借维护世界和平为由行霸权主义之实,使本已复杂多变的国际局势更加充满了变数。经济大国动辄就对弱小和所谓的"无赖"国家实行制裁甚至是发动战争……所有这些行为不仅给人类带来心理上的伤害,也使得生灵涂炭的残酷事件在麻木和泯灭着人性,由此而来的是对社会可持续发展的破坏和倒退。由此公共行政的异化愈益为甚,它越来越偏离人类基于理性的,以公共行政之运作完善人性、实现社会可持续发展的目的。

五、结语

公共行政价值异化是一个值得关注的现实问题。公共行政价值的主体是人,这一点是不容争议的,因此,任何撇开具体的历史的人的角度去谈公共行政价值都是毫无意义的。在这个意义上,我们可以说公共行政价值的异化是对于人的异化。中国政府最近反复强调要实行以人为本、坚持全面、协调和可持续的发展观①,正是基于对公共行政价值异化的潜在威胁与危害的清醒认识。从政治理想上看,我国的社会制度决定了公共行政权力是服务于实现"三个代表"、维护人民利益的目的的,即"权为民所用,情为民所系,利为民所谋",一切都是围绕着人而展开的。因此,社会主义的中国完全有能力去克服公共行政权价值异化的障碍,不断促进社会主义物质文明、政治文明和精神文明的协调发展。

---

① 翁阳:《中国"十一五"规划将强调"以人为本"建设小康》,见中国新闻网(https://www.chinanews.com/n/2003-09-19/26/348478.html),2004-01-05。

国际公共管理的新趋势：全球治理[*]

一、公共管理与全球公共事务

所谓公共管理，即公共部门对公共事务进行管理的社会活动。具体来说，是公共管理主体为了解决公共问题，实现公共利益，运用公共权力对公共事务施加管理的社会活动。[①] 一般将公共事务分为四类（均为狭义视角）：一是国家公共事务，主要指国家立法、司法的公共事务；二是政府公共事务，主要指依法享有行政权力的政府组织关于维护公共秩序和满足社会总体利益等方面的公共事务；三是社会公共事务，主要指除上述"国家""政府"以外的非营利组织（第三部门）领域的公共事务等；四是国际公共事务，主要涉及国与国之间等相关的国际性的公共事务。与之对应，公共管理包括国家公共管理、政府公共管理、社会公共管理和国际公共管理。

在全球化浪潮不可逆转地席卷世界之际，上述国际公共事务领域的重要性日益凸现。一方面，随着经济活动在全球范围内的展开，跨国交往与交流日益频繁，区域性和跨区域性事务激增，全球公共问题日趋广泛地涌现。另一方面，传统所谓的"国际"与"国内"事务的界域受到挑战，在军事安全、经济事务、环境等诸多领域内，国内事务日益上升到国际层次。全球化时代，各国都因全球性问题而形成了一个相互依存的命运共同体，每一个国家都受其他国家行为的影响，参与选择的结果都部分地取决于其他参与者所做的选择，收益也部分地取决于其他成员的行为。

这类超越民族国家地理疆域的国际层面的公共事务一般被视为国家与国家之间的公共事务，其研究往往为国际政治与国际关系学界所主导，对策亦是从高级政治领域内寻求。这类事务由于突破了民族国家的主权范围而在世

---

[*] 本文原载于《学术研究》2003年第3期，原作者为王乐夫、刘亚平。
[①] 王乐夫：《论公共管理的社会性内涵及其他》，载《政治学研究》2001年第3期。

界范围内又不存在高级权威,往往不能得到有效的治理。人们要么寄望于全球范围内统一的中央权威的形成(如霸权政治),要么寄望于各国间的一纸契约而对违规者一筹莫展。各国政府以国家地理疆界为基础解决问题的狭隘个体理性模式导致全球问题的潜在恶化,全球公共利益经常不能够得到应有的维护。而且,将一切公共事务上升到政治的高度容易煽动不必要的、狭隘的部落仇外情绪,使本可通过协商与妥协达成的集体行动化为泡影。因此,有必要在国际公共事务的研究中更多地采用公共管理的视角,公共管理研究也应该更多地将这类公共事务纳入自己的视野之中。

除了此类国家与国家之间的公共事务(即所谓国际公共事务)以外,新近为人们所重视的还有不同国家部分辖区间的公共事务。传统是将这类事务作为国际事务来处理的,管理过程中不必要的或并不受其影响的其他人也被包括进来,从而造成资源浪费与效率低下。这种以国家为中心的管理模式要么无法针对不同公共物品的范围而无法根据公众需求提供多样化的公共物品与服务,要么因为权力的疆域性而无法超出其管辖区域提供将外部效应有效地内在化的制度安排,使得这一类全球范围内的公共问题无法得到有效解决。这表明,国际公共管理必须引入新的发展,以满足全球化时代的要求。

概言之,目前已有的政府组织及政府间组织均不能凭借现存力量有效地解决全球公共问题,国际社会对公共服务需求的迅速增长,与现有的公共服务提供水平形成鲜明反差。"国家不仅变得太小以至于无法解决大问题,而且也变得太大以至于无法解决小问题。"① 所有这一切无不向我们表明,全球化时代的来临对国际公共管理提出了新的要求。

二、全球治理是国际公共管理的新发展

1989年世界银行首次使用"治理危机"一词,并于1992年发表了题为《治理与发展》的年度报告,随后,"治理"一词被广泛应用于众多场合,近年来在全球公共事务领域更是备受关注,全球治理理念应运而生。

不同学者从不同的视角出发,对全球治理给予了不同的定义。

联合国全球治理委员会对治理的定义是:"治理是公私机构管理其共同事务的诸多方式的总和。它是使相互冲突的或不同的利益得以调和并且采取

---

① 安东尼·吉登斯:《失控的世界》,周红云译,江西人民出版社2001年版,第9页。

联合行动的持续过程。它既包括有权迫使人们服从的正式制度和规则，也包括人们和机构同意的或以为符合其利益的各种非正式的制度安排。"①

罗西瑙强调全球治理的规则性特点，认为，"全球治理可以被认为包括通过控制、追求目标以及产生跨国影响的各层次人类活动——从家庭到国际组织——的规则系统，甚至包括被卷入更加相互依赖的、急剧增加的世界网络的大量规则系统"。②

芬克尔斯坦认为，罗西瑙的定义几乎无所不包却什么也没有说明，他认为："全球治理就是超越国界的关系，就是治理而没有主权。"他又说，"全球治理就是在国际上做政府在国内做的事"。③ 这种定义显然无视国内治理与全球治理的差别，削弱了国家主权和主权政府在国内和国际治理中的重要作用，客观上有可能成为发达资本主义国家超越广大发展中国家的主权、干涉他国内政的借口。因此，有学者认为，"全球治理论"只不过是西方自由理想主义和西方中心主义在经济全球化背景下的变种，其终极目标就是要建立西方模式的世界秩序。④

塞纳克伦斯试图详尽地列举所有与全球治理相关的活动。他认为，在国际关系领域，治理首先是各国之间，尤其是大国之间的协议与惯例的产物。这涵盖了政府的规章制度，也包括非政府性机制，后者谋求以它们自己的手段实现它们的愿望、达到它们的目标。治理被视为由多数协议形成的一种规范系统。它可以在没有政府的正式授权和具体批准的情况下贯彻实施某些集体行动项目。各种政府间组织，以及由非政府组织或跨国公司推动的非正式调节程序也都包括在这种治理之内。所以，它既是各国参加的国际谈判的产物，也是由个人、团体、政府间组织和非政府组织形成的混杂联合的结果。⑤ 戴维·赫尔德的《民主与全球秩序——从现代国家到世界治理》也强调了全球范围的、多层次的、民主参与的治理。

---

① The Commission on Global Governance, *Our Global Neighbourhood*, Oxford University Press, 1995, pp. 2-3.

② 詹姆斯·N. 罗西瑙：《没有政府的治理》，张胜军等译，江西人民出版社 2001 年版，第 8 页。

③ L. S. Finkelstein, "What is Global Governance", in *Global Governance*, 1995 (1): 368.

④ 周言：《以西方为中心的"全球治理论"》，载《光明日报》2001 年 2 月 27 日。

⑤ 彼埃尔·德·塞纳克伦斯：《治理与国际调节机制的危机》，冯炳昆译，载《国际社会科学》1999 年第 1 期。

也有学者认为:"全球治理是给超出国家独立解决能力范围的社会和政治问题带来更有秩序和更可靠的解决办法的努力。"① 这一定义较为简洁,但似乎过于笼统。此外,米·齐恩的《超越民族国家的治理》(1998年)和马·奥尔布劳的《告别民族国家》(1998年)也就全球化对国家统治的冲击和全球行为者的含义进行了探讨。

总之,不管从哪个角度出发,学者们都强调了全球治理中政府并不垄断一切权威,强调权力主体的多元化及合作、协商的运作方式,这种方式或被看作是一套规则体系或被描述为一种活动。正因为全球治理活动涉及的范围十分宽广,详尽的列举显得过于累赘,而过于简单的描述又不能反映出该活动所涵盖的丰富内容。因此,我们认为,全球治理可以被看成是全球化时代全球公共事务的管理方式。全球公民依照某种普遍认可的规则参与及管理各层次国际公共事务并形成新的得到认可的规则或制度,由此,世界得以有序发展。这其中,政府组织仍然是"对资源和价值进行权威性分配"的主体,也以这个主体的身份参与全球资源和价值的权威性分配。但它已不再是唯一的主体,而必须在很大程度上容纳其他行为主体进入这一程序,与其他行为主体合作、协商,达成一致并相互监督。全球治理理念表达了通过多方面、多层次谈判来解决全球公共领域问题的需求与愿望。在缺乏等级体制和强制性权威的国际社会领域,国际公共事务管理的研究成果尤其适用于全球治理。

为了进一步理解全球治理的理念,有必要对全球治理与国际规制做比较辨析。所谓国际规制(international regimes),指"隐含的或明显的原则、规范、规则以及决策程序,在特定的国际关系领域,行为主体的期望以之为中心而聚集"②。与全球治理一样,它也指某种制度安排,并以此种制度安排来维持和调节跨国活动。不仅其行为主体也不限于政府,而且其运作亦可以在没有中央权威的情况下进行。那么,我们为什么要引入全球治理的理念呢?

首先,国际规制的各种制度是"国际关系的一个给定范围的集中",是管理国际社会所有或几乎所有成员的多领域具体事务的广泛制度框架中一种

---

① T. G. Weiss & L. Gordenker, *NGOs, the UN and Global Governance*, Lynne Rienner Publishers, 1996, p. 17.

② S. Krasner, *International Regimes*, Cornell University Press, 1983, p. 2.

专业化的制度安排。① 因此,国际规制强调的是某一单一的或特定的行为领域。而全球治理并不局限于某个单一的行为领域,它指的是通行于规制空隙间的那些制度安排,或许更重要的是当两个或更多规制出现重叠、冲突时,或者在相互竞争的利益之间需要调解时才发挥作用的原则、规范、规则和决策程序。② 其次,国际规制是一种正式的制度安排,它是规范行为的持久性安排。随着国际社会面临的问题而形成的社会实践逐渐惯例化,人们将某个领域内的惯例上升为具体的规则,即成为国际规制,它或多或少是正式建立起来的;而全球治理则不然,它侧重于关注权威的原则、规范、规则和程序运作中必不可少的、非正式的、非权威的方面。再次,尽管国际规制是人们突破传统"国家中心"范式而思考世界社会的努力,但是它并没有完全摆脱这一范式的桎梏。国际规制强调了国际合作需要的制度建设,但参加制度制定和执行的政治行为主体依然是政府、政府部门等正式制度组织,追求的目标是建立正式的权威机构来协调各国的行动,非政府组织以及其他社会力量没有被纳入国际规制的建立过程中。最后,国际规制还因过分强调制度的重要性而忽视了全球政治正常运行的社会基础。③ 全球治理则体现了在全球社会的研究中对国家中心范式的超越,它在一定程度上弥补了国际关系研究由于长期局限于国家实力和正式制度而导致的目光短浅、狭隘的局面,为思考和解决国际问题和全球性问题提供了更宽广的视角。

当然,国际规制与全球治理之间有着紧密的联系。一方面,有效的国际规制促成全球治理,国际规制为全球治理提供了基本的原则与规范。没有国际规制,国际合作就会非常困难,甚至无法进行。通过汇聚行为主体的预期,国际规制使世界社会的交往与合作有了一定的确定性与透明性。这样,各行为主体就可根据对对方行为的可靠预期来调整自己的行为,从而合理地期盼合作的收益。只有收益成为稳定的预期,国际社会的合作的冲动才会超过冲突的冲动。因此,国际规制提供了一个领域,"在这个领域中,行为者学会调整其利益和信仰的认识和理解能力,改变着行为主体的认知和态度,

---

① Oran R Young, *International Cooperation*: *Building Regimes for Natural Resources and the Environment*, NY Cornell University Press, 1989, p. 13.

② 詹姆斯·N. 罗西瑙:《没有政府的治理》,张胜军等译,江西人民出版社2001年版,第9页。

③ 杨雪冬:《全球化——西方理论前沿》,社会科学文献出版社2002年版,第197–198页。

并在必要时候提供了治理所必需的组织能力"①。通过培育国家在国际社会中的责任感，国际规制指导着全球治理过程中国家的行动。此外，通过国际规制而形成的国际组织是全球治理过程中最积极和最主动的参与者。另一方面，全球治理的实践有助于形成新的国际规制。国际规制正是在各个国家在某个领域相互博弈并做出理性选择的基础上产生的。它的形成和有效运行有赖于各行为主体的接受。随着全球治理实践的开展，在全球各个层次与不同领域，众多行为主体反复多次的行为使某一社会实践逐渐惯例化，而某个领域内的实践的惯例上升为具体的规则就形成了国际规制。国际规制的效应与其合法性密切相关，这种合法性可能来源于强迫的权威，或是传统的观念或习惯，或是基于各行为主体的同意。在全球治理的背景下，基于强迫权威的国际规制将日益失效，传统也将被置于公平的审判席上接受审判。全球治理通过各行为主体之间的合作、协商、伙伴关系，确立认同和共同的目标等方式实施对全球公共事务的管理，各行为主体之间基于公共利益和认同之上的合作将是其主要的运作方式。与这一运作方式不协调的国际规制将被逐渐淘汰，而新的规制将自发地逐渐形成。

通过以上对全球治理概念的辨析，我们认为全球治理是全球化时代国际公共管理的新发展，它丰富了国际公共管理的内涵。这表现为以下几点。

(1) 全球治理体现了国际社会的公共事务管理中对原有的以国别为基础的模式的突破。

全球化理念的核心特征在于，当下的诸多理论问题已不可能在民族国家的层面，即以单一国家和与其相关的国际关系的平台上展开有效的研究，因此，这些问题必须放在全球化的视野里予以考量。② 全球治理丰富了"国际公共事务"这一概念的内涵，因为跨越国界的公共事务不一定要求国家的介入与处理，它是跨越国界的，是"全球的"，但不是国与国之间的（即"国际的"）。全球治理所要管理的公共事务是全球公共事务，即影响范围跨越民族国家地理疆界的事务。这类事务是多中心的、分散的。它并不分散于各个民族国家，而是以不同的事务为中心分散于全球不同地区、国家、地方或社群，小至一口井的使用，大到亚国家组织（如公共协会）的事务、跨

---

① James A Caporaso, "International Relations, Theory and Multilateralism: The Search for Foundations", in John G. Ruggie, ed., *Multilaterlism Matters: The Theory and Praxis of an Institutional Form*, Columbia University Press, 1993, p. 602.

② 莱斯利·辛克莱：《相互竞争之中的多种全球化概念》，载梁展编：《全球化话语》，上海三联书店2002年版，第30页。

国事务（如商业网络）、区域性事务（如欧盟事务）乃至超国家事务（如联合国事务）。这种多层次、多中心的全球公共事务的存在，形成了一种有别于国内社会意义上的秩序，它无法由集中的行政机构通过颁布和强制实施的法令来完成，而只能通过自发的、非集中的全球治理来完成。单一的治理模式要么不可能——不存在一个凌驾于一切国家之上的政治权威，要么太大——包括了不受影响的人，导致资源浪费及效率低下，要么太小——无法将受到影响的整个公众包括在内从而有可能忽略某些利益。

全球治理正是一种针对公共产品与服务的地域性与层次性的国际公共管理模式，通过否认政府作为全球公共事务管理的唯一权威，它否定了科层制为国际公共管理的唯一组织模式，这使得国际公共事务的管理更为灵活，可随事务的不同而采取不同的组织模式，充分将不同的受影响人群纳入不同事务的治理之中。

（2）国与国之间相互依赖程度加深，客观上要求国际公共事务管理以合作与协商的互动模式开展，全球治理理念恰好满足了这一要求。

随着经济全球化的大潮，生产在全球范围内加以组织，国际分工的深度、广度不断扩大，水平的不断提升，各国经济连结成了一个密切联动的有机整体，世界各国的共同利益领域不断扩大，无论是发达国家还是发展中国家，无论是大国还是小国，无论是强国还是弱国都因全球性问题而形成了一个相互依存的命运共同体。在许多方面国内与国际的区分愈来愈淡化。许多国家都越来越清楚地认识到，国内问题的解决很多时候单纯依靠国内力量是无法完成的，而有赖于与周边国家的合作与协调。这种相互边际效应的存在使各行为主体的逐利行为不得不被一种外在客观性所制约，即使是最弱小的国家也具有报复他国的能力。这就在客观上要求在全球公共事务的管理过程中以协商与合作作为主要方式，以强权为基础的行为必然遭到排斥甚至是报复。全球治理正是强调各行为主体之间的合作、协商、伙伴关系，通过确立相互认同和共同的目标等方式实施对全球公共事务的管理，各行为主体之间基于公共利益和认同之上的合作将是其主要的运作方式。

（3）国际社会民主化运动推动了以多主体为特征的全球治理的发展，这使国际事务的治理不仅仅局限于国家之间的活动。

随着全球化时代的到来，以统治和服从为特征的强权型国际关系日益遭到世界范围内的反抗与抵制，以独立自主、平等参与和互利合作为特征的民主化社会日益成为国际社会的普遍追求。反对霸权的呼声日益高涨，一些新出现的小国家强烈要求在国际公共事务的处理上考虑其利益与诉求，要求参与到国际社会的各种议事日程。此外,各种国际组织及非政府性的跨国利益集团的空前发展,已成为全球化时代的一大景观。它们的日益成长不仅在相当程度上影响了各国政府的对外政策,而且改变了国际社会以国家为中心的局面,在表达公民利益与需求、重新配置资源方面发挥着不可忽视的作用。除民族国家与各种非政府组织以外,世界各地公民也通过各种方式表达了对全球公共事务的广泛深入参与及获得发言权甚至决策权的愿望,包括那些在全球问题和冲突中处于弱势地位、不发达的地区或群体。全球治理正是要引入区域性组织、民族国家、非政府组织、跨国公司乃至企业、公民自组织的管理主体地位。联合国全球治理委员会指出,"治理在世界层次上一直被主要视为政府间的关系。如今则必须看到它与非政府组织、各种公民运动、跨国公司和世界资本市场有关"①。

概言之,全球化在客观上挑战了传统以地理疆界为边界的公共事务管理模式,并提出了有效解决全球范围内的人类事务安排的要求。全球治理概念因为恰当地满足了以上多种要求而成为国际政治领域里一个颇为有用的术语。面对全球化的挑战,全球治理给人们提供了一幅乐观的图景。

三、全球治理的困境及希望

全球治理反映了从国家中心观的治理模式向社会中心观的治理模式的转型,表明人类的政治生活正从国家主导向社会主导的形态转化。然而,迄今为止,有关国际关系的文献尚未超越传统的思维框架,治理尚未成为解决新问题的特殊工具。许多学者发现,全球治理概念潜存着高度的虚构,"愈是认真对待治理的概念,它就愈显得空洞无物"②。

玛丽-克劳德·斯莫茨指出,全球治理的概念是要排除任何中央集权的组织和控制的思想而主张具有多种组织、多个层次和决策当局的模式。问题是,这些多重、多变的结构中的多个成分能够自发地相互连接起来吗?这是难以想象的。同样难以想象的是,这样的结果能产生协调的行动计划,并达到人类各种群体所希望的目标。恰恰相反,全球化愈是发展,各种群体就愈

---

① The Commission on Global Governance, *Our Global Neighbourhood*, Oxford University Press, 1995, pp. 2-3.

② 玛丽-克劳德·斯莫茨:《治理在国际关系中的正确运用》,肖孝毛译,载《国际社会科学》1998年第1期。

会按照自己的或基于现实或基于想象的特点，要求采取新的集体行动。①

全球治理剥离了国家主权，但是，什么样的国际规章制度可取代弱化的国家主权？现有的国际调节机制似乎功能特别欠缺。区域性或国际性调节机制不足。② 由于全球社会执行机制的相对无效与软弱，很难相信全球治理能避免搭便车与不服从的问题。

此外，当前全球治理问题中最为严重的就是"民主的赤字"问题。缺乏民主的信任被托尼·麦克格鲁视为全球治理体系核心存在的致命缺陷③，因为这个世界共同体存在着高度的非代表性，以及权力、影响、机会与资源的极度不平等。国际社会中有许多国家的经济基础、行政手段和政治结构都不合格，甚至根本不存在。这无疑将限制这些国家及其人民在国际社会表达其特殊利益和要求的能力，从而削弱其对资源分配和价值表达、制定国际规则的参与及影响。弱小国家或没有治理传统的国家将比别的国家受到更多的局限，而发达国家或全球资本更有能力利用全球治理的机会，使其权力被嵌入到目前正在运作的制度以及世界秩序的体制之中。因此，全球治理中受到照料最多的将仍是最具有话语能力的公民，处于弱势而又不知如何联合起来的公民的利益可能会被忽略。苏长河认为，仅从传统的国内民主含义理解全球治理中的民主是不够的。在国际社会中，如果要谈民主的话，我们就不得不问：谁？是否合法？如何参与全球问题治理的决策过程？即使那些具备成熟国内民主体制的国家，也不能保证其在全球治理问题上的立场和决策会如其在国内社会中的行为一样。④ 更有人断言，"全球范围内的各个层次上人人都有决策的发言权，根本就是乌托邦"⑤。

全球公民社会即全球性的民间社会，主要由国际性的非政府组织、全球公民网络和公民运动等组成，它构成全球治理的微观基础。全球治理有赖于公民自愿的合作和对权威的自觉认同，没有公民的积极参与和合作，在国际

---

① 玛丽-克劳德·斯莫茨：《治理在国际关系中的正确运用》，肖孝毛译，载《国际社会科学》1998年第1期。
② 皮埃尔·德·塞纳克伦斯：《治理与国际调节机制的危机》，冯炳昆译，载《国际社会科学》1998年第1期。
③ 托尼·麦克格鲁：《走向真正的全球治理》，陈家刚译，载《马克思主义与现实》2002年第1期。
④ 苏长河：《全球治理陷于困境》，载《社会科学报》2002年9月19日。
⑤ 唐贤兴：《全球化与全球治理——一个"治理社会"的来临？》，载《世界经济与政治》2001年第1期。

社会是不会出现有效的治理的。治理不是世界政府或超国家权威执行的统治，而是各国政府、非政府组织等与社会的平等合作，并且社会发挥的作用应该越来越强大。"公民社会未来作用的一个关键问题是，在管理新千年世界事务的制度和过程中，它——从基层的公民组织到公民社会的全球联盟——如何作为一个合法的参与者参与其中。"① 由无限多样化的公民团体组成的全球公民社会，与其他同类组织一起，表达特殊社会群体的利益和要求，参与分配资源和价值，制定国际规则，作出承诺和承担采取相应行动的责任。正是在公民社会的积极互动与参与之下，全球治理才得以依靠合作与协商的方式运作，全球治理才得以成为对公共事务的有效的治理。

反过来，全球范围内的治理实践又有助于全球公民社会的成长与壮大。全球治理的目标是形成与全球化的经济相适应的新型政治管理，突破民族国家及其体系的局限，提高民间社会在治理中的作用，以和平手段调节全球化过程中各个国家、社会内部以及它们之间的矛盾与问题，以协调与合作代替冲突与暴力，以对话代替对抗，净化社会环境，保证全球经济发展需要的公正秩序。② 全球治理的实践为公民社会的成长提供了肥沃的土壤。表现在：国家和政府权力的不断削弱导致个人通过集体行为发挥作用的潜能相应增长；科学技术的发展与广泛运用增强了个人的分析能力；全球问题日益深刻地给个人福利和财富带来直接的影响；公众聚合过程迅捷通达，个人越来越了解自己的行为所带来的后果；等等。③ 以合作协商方式运行的全球治理强调公民对国际公共事务的参与，而公民只有在不断的参与中才能不断地成熟和觉醒。

总体上来说，全球治理仍然更多地存在于理念，只是人们对有效解决全球公共事务的一种良好的愿望，这一愿望是否能达成取决于是否有一个健全的全球公民社会强有力地推动这种实践。无论如何，它为全球范围内公共事务的管理提供了市场自发手段与政府强制管理手段之外的另一种方式，使对国际问题的思考不再局限于民族国家的层面，即以一国及与其相关的国际关系为平台而展开，而是放在全球化的视野中，力图确定共同治理机制如何通过固定的交流、谈判和相互调整而得以发展。

---

① Kumi Naidoo, *Civil Society at the Millennium*, Kumarian Press, 1999, p. 193.
② 丛日云：《对中国的挑战：如何面对进入全球治理时代的联合国？》，见 2002N（https://www.2002n.com/paper/politics/002/740.html），2002-03-07。
③ 詹姆斯·N. 罗西瑙：《变动中的全球秩序与公民权》，张胜军等译，载《没有政府的治理》，江西人民出版社 2001 年版。

全球化背景下国际公共事务
管理主体的合法性思考*

一、全球化与国际公共问题的治理

全球化发展所带来的一个直接后果就是全球性公共问题增多与现有政治实体管理能力不足之间的矛盾加剧。和平与发展是当代的主题。然而，随着文明社会的发展，国际之间的政治、经济文化之间的斗争与问题越来越迫切需要各民族国家进行更多的合作。世界需要包括国家、国际组织、非政府组织在内的各社会主体的协调与合作，这就是全球治理。甚至有人提出全球公民社会的思想，强调发展跨国社会的力量，以弥补政治权力的遗漏。这都是强调在全球问题上以多元主义取代以前单纯以国家为中心的思想。

在20世纪初期，即有人提出要建立"世界政府"，但在当时的国际背景下是十分不现实的。随着社会的进步、经济与科技的发展、国际民主进程的加快，设立国际组织进行国际公共问题的处理，不仅是必要的而且是可行的。现在，除了联合国外，各种区域性的国际组织、专门性的国际组织如雨后春笋，层出不穷。与实践相比，我们的理论则相对落后。建立国际公共事务管理机制的必要性表现在下列几个方面：一是经济全球化需要建立国际公共管理机制。经济全球化使各国经济联系日益密切，一损俱损、一荣俱荣。市场失灵、贫富两极分化等经济问题必须由各国共同努力，协调一致，才能圆满解决。二是国际人权状况的改善需要建立国际公共管理机制。人权从根本上讲，是一个国家的内政。但不可否认的是，在现代文明的语境下，人权也有一定的国际标准。生存权、发展权、尊严权、平等权等均是人权不可或缺的部分。为改善国际人权状况，避免因人权问题干涉别国内政，侵犯国家主权，应当建立具有法律效力的国际人权管理机构，领导国际人权改善方面

---

* 本文原载于《中山大学学报（社会科学版）》2003年第1期，原作者为王乐夫、李伟权。

的工作。三是保障国际公共安全需要建立国际公共管理机制。发生在美国的"9·11"事件表明国际恐怖主义分子的活动已经具有明显的国际化趋势,而反恐怖主义的国际协作则相形见绌。为了同恐怖主义斗争,维护国际公共安全,建立负有国际公共安全管理职能的管理机构势在必行。四是解决国际流行疾病、解决人类环境污染等环保问题需要建立国际公共管理机制。艾滋病已经成为人类共同的敌人;酸雨、臭氧洞、土地沙漠化、物种灭绝表明人类的生存环境日益恶化。为了解决上述各国共同面临的问题,必须建立国际公共管理机构,对相关事务进行管理。五是反对霸权主义、强权政治需要建立国际公共管理机制。长期以来,超级大国实施霸权主义、强权政治的一个借口是:国际事务需要管理而无人能够担当此项任务,正是它以对国际负责的姿态管理各国事务。因此,我们在反对霸权主义、强权政治的同时,应当看到国际公共事务的公共管理是历史发展的客观要求;只有建立国际公共管理组织圆满完成国际公共管理职能,才能更彻底地反对霸权主义、强权政治。六是提高国际公共事务管理效率需要建立国际公共管理机制。在各国的公共管理职能中,有一些是国际通行的内容。如果将这些职能统一起来,使各国能够充分协调,既可以改善管理效果,也可以提高管理效率。

在国际公共事务的确定上,国际公共事务是指影响国家发展和人类生存的政治、经济、文化、军事、环境以及其他必须依靠国际社会进行共同治理才能解决的公共性事务。这些国际公共事务具有下列特征:第一,国际性。国际公共管理不涉及或几乎不涉及国家内部和私人性的事务。只有这些事务上升为国际社会必须关注的、不处理会影响国际社会正常秩序发展的事务时,也就是具有了国际性时,才是国际公共管理的一项内容。第二,公共性。国际公共管理是以社会公众包括国家、地区、企业和个人作为服务对象的,一般来说,只要具备了该组织管理的对象属性,就可以纳入组织的管理范围之中。国际公共事务是公益性的公共事务,它的解决不仅仅是为了个别国家或地区,而是有益于全世界的;并不是着眼于现在,而着眼于将来的公共事业和公益事业。第三,共同管理的特性。国际公共事务必定是需要多种权力主体进行管理的事务。某类事务只有上升为需要多种权力主体进行管理,否则就不可能或难以解决时,它才能具有公共性。

国际公共管理问题包括国际公共权力、国际公共利益与国家利益、国际公共管理组织、公民的基本人权问题、国际经济发展问题、国际公共环境问题、国际公共安全问题、国际文化问题、国际和平与发展问题等方面的问题。国际公共管理并不同于国际政治学的研究范围,它更加注重的是对国际公共事务的管理与问题的解决，要建构一个国际公共管理的体系来实现全球的共同治理。

国际公共管理的基础建立在全球化之上。① 全球问题是人类面临的共同困境，问题的解决也在很大程度上仰仗各国政府及相关组织的共同行动，如果可以用一个概念加以描述的话，那就是治理。② 它是使相互冲突的或不同的利益得以调和并且采取联合行动的持续的过程。这既包括有权迫使人们服从的正式制度和规则，也包括人们同意或以为符合其利益的各种非正式制度安排。治理的好处在于它既涉及主权又与主权无绝对联系，它允许非政府组织及非制度安排发挥作用，有时是绝对作用。因此，认为全球化已经导致国际共同管理事务存在和有必要性的人自然认同治理的可能，即便是以威胁主权国家为由反对国际公共事务管理的人，也较能接受治理，国际治理成为人们的共识。国际治理包含了三个基本含义：一是治理针对的对象是单个国家无法单独完成的全球性问题，需要相关主体的合作。二是治理的主体是多元的，通常包括民族国家、政府间组织、非政府组织及个人。这些主体在问题解决中具有互补协作功能。三是全球治理和区域治理一样，是多层次治理。从总体看，它涵盖了区域、国家、次国家三个层次。在纵向上，全球治理并不只是全球性问题的治理，而是全球范围的治理；在横向上，全球治理包含文化价值、伦理观与制度因素。其中制度是核心，制度分为活动实体与活动规则。全球治理的基础是全球公民社会的建立与成熟。

国际公共管理并不是建立全球性的政治管理体系或是行政管理架构，也不是建立全球性的世界政府对全世界的政治、经济、文化等进行干预的机制，而是确立一个国际公共事务的处理规则，是对国际公共问题的管理系统工程，是一个协调解决机构，是要确定每一项事关全球命运的事务的管理主体来对问题进行处理，从而避免人类因问题不能够得到尽快解决而陷入困

---

① 尽管对全球化开始的时间和全球化的定义存在很多分歧，但下述事实是几乎无人否认的：全球经贸活动的主体由民族国家正变为跨国公司，国际安全并非一国的事情和一国能够解决的事情，地区协商机制正取代大国独裁或主权封闭，跨国性社会问题如毒品走私、环境保护、贫困与疾病困扰等再也不是一国之事。

② 治理这个概念的提出，本身就是全球化的产物。世界银行最早使用它，指受援助国家或地区的政府需要做出相应改革以增加援助物的使用值，但同时又竭力避免被受援方看成对自己主权的干涉的一种互动合作机制。随后，这一概念被广泛使用并被赋予诸多含义。其中，全球治理委员会的定义比较有代表性和权威性：治理是各种公共的或私人的个人和机构管理其共同事务的诸多方式的总和。

境,导致人类发展的停滞不前,甚至灭亡。因此,确立国际公共事务管理的主体及其权力,是当前国际发展的一项重要任务。

二、全球化背景下国际公共事务管理主体的合法性基础

在全球化的背景之下,国际公共事务的处理比以前更加成熟,首先,经济与科技的发展为国际公共管理提供了物质基础:经济的发展为国际公共管理提供了雄厚的物质基础;科技,尤其是信息技术、交通运输技术等的飞速发展,为国际公共管理提供了先进的手段。其次,开放的国际政策和趋势为国际公共管理提供思想认识基础。自近代以来,世界的整体趋势走向开放。闭关锁国已经为绝大多数国家所不为。世界贸易组织已经有140多个成员国,这表明建立国际公共管理已经有一定的思想认识基础。再次,已经存在的国际组织为国际公共管理提供组织基础。国际公共管理组织已经在一定领域、一定区域内存在。联合国、奥林匹克委员会、欧盟、东盟等已经担当一些国际公共管理职能,为完善国际公共管理组织打下基础。最后,全球的区域治理实践说明构建国际治理体系的可能性。国与国之间的贸易壁垒、国际军事冲突与对抗、跨文化冲突、跨境贩毒、环境恶化等社会问题日益增多都构成了国际公共管理需要解决的问题。

实际上,现阶段各国在处理国际问题的效率是低下的,其原因在于缺乏一个有效的公共管理机制,尤其是对国际公共事务管理主体的合法性存在着许多的争议与分歧。这就是全球化背景下国际公共事务管理主体的合法性问题。国际公共管理的主体是存在的,并且已经在一定程度上发挥着其国际公共事务处理的重要作用。那么,国际公共管理主体的合法性由哪些方面组成?其合法性的基础是什么?

(一)合法性及其讨论

"合法性"是一个内涵非常复杂的概念。它的形容词 legitimate(合法的或具有合法性的)的词典意思包括:①根据法律的,符合法律的;②与既定的规章、原则、标准相一致的;③合法婚姻所生的;④符合推理规则的,有逻辑的,并因而有效力的;⑤以继承权的原则为依据的;⑥正当的(justified);⑦正常的或通常类型的。"合法性"概念被用来表明具有这些属性。概括地说,"合法性"表明某一事物具有被承认、被认可、被接受的基础,

至于具体的基础是什么（如某条法律、规则、标准或逻辑），则要看实际情境而定。合法性是指符合某些规则，而法律只是其中一种比较特殊的规则，此外的社会规则还有规章、标准、原则、典范以及价值观、逻辑等等。因此，合法性的基础可以是法律程序，也可以是一定的社会价值或共同体所沿袭的先例。

"合法性"概念在社会科学中的使用有广义和狭义之分。广义的合法性概念被用于讨论社会的秩序、规范①，或规范系统。它运用于社会领域，是比法律、政治更广的范围，并且潜含着广泛的社会适用性。狭义的合法性概念被用于理解国家的统治类型或政治秩序。在国际政治中，国际公共管理主体的存在并不是一种统治，而是管理或治理。所以国际管理主体并不是合法统治。合法统治是合法秩序的多种形式之一，它包含着被统治者对统治的承认。② 国际文化多元主义则把国际公共管理主体的合法性承认引申为群体与群体的关系（平行的承认）③、管治者与被管治群体的关系（"下"对"上"的承认），它构成了一个共同体内异质文化群体的"承认的政治"，特定的文化或者具有特定文化的群体通过这种过程来获得自己的合法性。

从政治哲学理念中的规范意义来理解合法性，对理解国际公共管理主体的合法性有一定的借鉴意义。在西方，最早将权力合法性上升为评估权力首要因素的是卢梭。④ 合法的权力来自服从而不是强力。但是，作为国家来

---

① 韦伯所谓的合法秩序（a legitimate order）是由道德、宗教、习惯（custom）、惯例（convention）和法律（law）等构成的。罗兹曾概括说："总而言之，韦伯所认为的合法秩序包括这样一些在经验上有效力的规则，它们由于实施方式的差别而分为惯例和法律。"那些由专门人员和机构保证人们遵从的规则是法律，社会自然遵守的规则是惯例。

② 哈贝马斯认为，合法性意味着某种政治秩序被认可的价值以及事实上的被承认。统治能够得到被统治者的承认，是因为统治得以建立的规则或基础是被统治者可以接受的乃至认可、同意的。从理论上说，统治因为具有合法性而得到承认，可是，从社会学研究来看，统治因为得到了承认，才具有合法性。韦伯和哈贝马斯论述的合法性统治表现为"下"对"上"的承认。

③ 这包括主权国家、国际组织及社会公民之间的平等主体的关系。合法性就是这些主体遵循一定规则而做出的承认。

④ 卢梭在《社会契约论》中，对"合法的权力"与"强力"做了明确区分。卢梭指出，强力可以迫使人们服从，但是，"强力并不构成权利，而人们只是对合法的权力才有服从的义务"。譬如，"假如强盗在森林的角落抓住了我，用刀逼迫我交出金钱时，我也许会出于对强力的恐惧而服从他的命令"。但我仅仅是服从他的"强力"而已，这种强力并不具有合法性，我并无服从它的义务。（参阅卢梭《社会契约论》，任国栋译，商务印书馆1982年版，第13–14页。）

说，暴力是权力合法性的来源之一。对暴力权利的垄断被人们称为国家的主权权力，它是近代以来国家权力合法性的依据之一。但是国家权力的合法性还必须有其他依据。"国家所代表的是一种公共权力。公共权力不同于以追求自身利益为目的的掠夺性（predatory）的权力。它的首要职能是为国家内的人民提供秩序，提供安全，使他们能够过一种有安全的生活。"[①] 国家权力的"理由"基于一种权力与责任、权威与义务相对应的原则。主权权力的基本职能是为主权属下的所有成员提供公共产品。[②] 国家履行这些职责构成国家权力合法性的依据，构成国家垄断使用暴力的权利与税收权利的依据，也构成国家要求臣民服从的"合法性"（legitimacy）依据。

（二）国际公共管理主体的合法性基础

全球化条件下，国际公共管理机制是否具有合法性的机制，其主体合法性如何确定？国际公共管理主体的合法性基础是否也像主权国家一样呢？二者显然是很不相同的。一般来说，国家权力的来源可以传统的权力、暴力权力和提供公共产品的责任权力，还可以是民主权力。而国际公共管理主体的权力合法性却容易受到质疑，这是因为它有许多不稳定的合法性因素。国际公共管理主体是存在的，而且在国际关系中也发挥着重要的作用。

从西方现代政治哲学传统中，国家权力的合法性有两个基本标准。一是最高标准，即从民主制度的根本原则出发，政治统治的合法性必须建立在被统治者同意并对被统治者有所交代（accountable）的基础上。二是最低标准，即权力与义务的统一。统治者掌握政治统治权力的基本预设是它能够为被统治者提供具有普遍意义的公共产品。同理，国际公共管理主体权力的合法性也应当符合这两个标准，或者至少符合最低标准。即国际公共管理主体应当是体现国家主权民主选择的权利，是国家或世界公民选举出来的。这就是管治合法性的基础。管治是主权国家权力的让渡。事实上，按照这个标准，现在所谓的国际公共管理主体都缺乏必要的合法性依据。这就注定了是

---

① 李强：《全球化、主权国家与世界政治秩序》，载《战略与管理》2001 年第 2 期，第 13 - 21 页。

② 这种公共产品可以概括为三个方面：第一，国家为所属地区提供统一的行政与法律制度，维护国家内部的秩序以及对外的安全。第二，现代国家为所属地区提供必要的公共服务，诸如全民教育、社会保障、公共设施等。第三，现代国家可能在一定程度上管理或调节经济。（参阅 Paul Hirst & Grahame Thompson, *Globalization in Question*, Polity Press, 1996, p. 174。）

其合法性的先天不足。现今国际公共管理主体还不具有对世界上人民有所交代即对全世界负责任的机制。国际公共权力合法性的标准之一是它必须具有普遍性，即在这种权力对所统辖的范围内普遍适用同一原则。但事实上，这种权力的普遍性还存在着争议，它往往不是遵循民主的原则，而是遵循利益与强制的原则而建立起来的。一般来说，国际公共管理主体的合法性主要体现在下列几个方面。

第一，国际公共事务管理权力的共同让渡是主体合法性的首要基础。

人们希望国际公共管理存在的基础是西方近代自由主义传统中的理想主义原则与反映弱小国家利益与诉求的平等原则两者的结合，这样才能够最终确定国际社会普遍承认的主体合法性的地位。它应当以平等主权原则为基础，寻求全球化环境下最大可能的国际合作，并寻求在主权国家转让部分权力的基础上实现某种全球化国际公共管理。在国际公共事务管理的过程中，核心是主权平等原则。实际上，这就涉及两个问题：国家的主权是不是绝对的？如果不是，它应当在多大程度上让渡其权力，以及让渡哪些权力？国际公共事务在当今的发展条件下，国际社会应当确立这样一个原则，即在坚持平等主权的前提下，主权国家在自己领土范围内并不拥有绝对权力，而必须承认国家主权权力的适用范围、方式应该有所限制。不管怎么样，国际公共管理主体的合法性还是应当建立在国家权力、公民权力以及社会力量的让渡基础之上的。这实际上是创始契约所规定的权力转让。

联合国作为国际公共事务管理主体的合法地位的基础最重要的是来自国家权力的让渡。但是，由于主权国家权力让渡并没有很明确，而且大多数都属于"低政治化"的权力让渡，所以尽管理论上联合国是公认的国际公共事务管理的主体，但由于其权力来源的有限性和不稳定性，导致了其公共管理权力具有先天的缺陷，在涉及"高政治化"的问题上缺乏主体完全意义上的合法性基础。

第二，从权力与义务统一的角度来说，国际公共管理主体应当为所管理的对象提供基本公共产品，这是主体合法性基础之二。

这是其"所然"的合法性。主体的管理性确立了权利，提供公共产品则是主体的普遍性的义务。同国家的产生一样，许多国际公共管理主体的产生都是经过一定的历史传统或是由于其超强的国际事务处理能力而得到国际社会所公认的，它之所以会成为国际公共事务管理的主体，在于其为国际社会提供了一种可供参考并可以在实践中起效用的公共产品，或是一套规则、机制，或是一种理念如保护珍稀动物。世界贸易组织由于其在世界经济发展上制定的一系列国际经济运行规则，以及其有效的经济争端处理机制，从而成为世界市场经济发展公共产品的最大提供者，正是因为这套规则与机制，它成为除联合国外最重要的国际公共管理主体之一，其合法性地位也很高。联合国在提供公共产品上的作用也是巨大的，因而在它一定程度上补充了权力让渡合法性上的不足。

第三，国际公共事务主体的合法性最理想的根基来自民主的选择，即主权国家、世界公民或全球公民的共同选择。

除了创始契约所规定的主权国家权力转让和管理主体为所属地区提供公共产品的依据外，国际公共管理主体的权力合法性依据必须与民主原则联系在一起。国际公共事务管理主体的权力必须受到民主机制的制约，从而使权力的行使者对权力实施的对象有所交代。① 国际公共管理主体的权力无论是建立在传统之上，还是建立在强权之上，按照卢梭的理论，所有这些权力都是不合法的。真正合法的权力只有一种，即建立在人们自由选择基础上的权力。自由意味着自主。② 对于一个国家来说，民主的制度是唯一可以既建立权威又不丧失自由的制度。一切不民主的制度都是非法的制度，都是对人民的奴役。在国际公共事务的管理过程中，按照民主选择的原则来选择管理主体，并赋予其相应的权力，事实上是很难行得通的。

第四，国际公共管理主体的合法性还建立在人类可持续发展的全球共识的思想基础上。

21 世纪国际公共管理的共识是国际治理，其主题是和平与发展，国际公共管理的目标是人类的共同幸福，其管理法则是确立国际公共管理秩序，这些都是国际公共事务处理的基本精神与原则，国际公共管理主体就是依照这些理念而建立起来的（至少很多这类组织是以这些名义作为其主旨的），在国际关系中，以和平、正义、民主、文明、发展等与人类命运息息相关的全球共识为基础的活动，一般都能够获得合法性。如绿色和平组织，因其对

---

① 卢梭的理论是这方面的代表。他的理论可以用来解释国际公共管理主体的民主选择机制问题。卢梭对民主理论的最大贡献是其学说中包含的合法性（legitimacy）观念。他以一个道德哲学家的身份试图对权力的来源进行审视，并确立评价权力的标准。卢梭提出并力图回答的问题是：为什么我应该服从某种政治权力？或者换一句话说，在什么情况下我必须服从政治权力，在什么情况下我不必服从这种权力？

② 按照卢梭的理论，权力的服从应当遵循自己的良心与决定，即只应服从我自己的良心、自己的决定。任何他人强加的决定只能是一种奴役。这种理论有些理想主义的特征。

人类环境的关注而获得了对世界环境的一定的公共管理权限。全球共识是所有国际公共管理主体获得合法性的思想基础。否则,这种国际公共管理主体必定是违背国际社会的意愿,为世界公民所反对的。

三、全球化背景下国际公共事务管理主体合法性建设的问题

全球化背景下,国际公共管理主体的合法性由于其先天的不足,再加上面临着各种各样的挑战,因而其合法性建设变得十分重要。

(一) 国际公共事务管理主体的合法性先天的不足

从前面所讨论的情况来看,尽管国际公共事务管理主体在实际生活中起着一定的作用,但其合法性是不完全的,它存在着许多先天性的不足。

首先,从权力的来源来看,权力是国际公共事务管理主体发挥作用的关键因素。主体的决策权、执行权,以及一定意义上的惩处权,都是合法性功能发挥的根本所在。主权国家让渡出来的权力具有很大的不稳定性。由于在国家主权内涵与外延的争议,如主权与人权的确定,决定了让渡出来的权力有时是难以确定的,国家领导人的变更、国家内部权力结构的变迁在一定程度上也影响了主体权力的合法性地位。主权国家权力的变化必然导致国家间政府组织的变化,也会影响国家间非政府组织权力的行使。主权国家国际体制的进一步扩大和加强,必定会影响国际公共管理主体的合法性,"从联合国所反映的'冷战'后国际形势的变化,可以看出主权国家国际体制不是遭到了削弱,而是得到了新的发展,得到了进一步的扩大和加强。在前苏联和东欧,新的独立国家的出现,当然是这一新的发展的具体表现。就是在战后新独立国家中爆发的民族、宗教、内政冲突,归根结底,也是为了建立或健全具有主权属性的独立国家"①。

其次,由于具有国际公共事务管理职责的实体并不能以超然的地位提供国际社会所需要的公共产品,经常是趋向为某些国家利益而非为全世界的福祉,所以其合法性受到来自强权国家的削弱。另外,作为民主选择的机制在现实生活中总是让位于实力原则,从而使权力的产生与运行深刻地带上了不

---

① 陈鲁直:《全球化与主权国家的国际体制》,载《战略与管理》2000年第5期,第27-35页。

公正的烙印。在利益冲突与纠纷的面前，作为主体创立的核心原则与精神，往往很容易被现实抛弃。

（二）国际公共事务管理主体合法性的挑战

一般来说，现在有两种看法，一是西方主流意识形态主张否定国家主权原则在新形势下的有效性，试图以西方权力与价值观为基础构建超越民族国家的全球化政治、经济以及文化的管理秩序。有学者认为这种主张的实质是从"二战"后以平等主权为基础的国际秩序倒退到传统的主权不平等的国际秩序。① 第二种代表发展中国家的立场，具有强烈的民族主义色彩，这些人大多对全球化的经济政治秩序持批评态度，拒绝接受近代以来形成的基本经济、政治规范，甚至拒绝参与国际合作。无论是哪一种，如果不断发展，都会在一定程度上削弱国际公共事务管理主体的合法性地位，尤其是世界性政府组织如联合国的作用和地位都将受到影响。对公共事务管理主体的合法性挑战表现在下列三个方面。

一是霸权主义与强权政治的挑战。实际上，霸权主义与强权政治一直都存在。全球化进程主要由发达国家引导和推动，势必使其优先有利于发达国家的利益。就经济而言，以美国为首的西方发达国家发起的降低贸易壁垒、开辟国际贸易市场的行动，使若干中小国家的生产者和管理者受到巨大的冲击和压力，甚至可能导致国家政府职能无法正常运转。有的专家指出，美国运用其在资本和技术上的控制力，利用全球化进程在全球实施资源的不公平分配。在世界舞台上迅速变化的条件下，美国已不满足于"超级大国"的角色，还希望扮演主要参加者和国际关系体系"集体中心"的领袖角色。② 以利益为核心的国际政治不可避免地会让发达国家，尤其是像美国这样的国家占据着重要的国际地位，起到"世界警察"的作用。如果这些国家能够为世界提供可接受的、有建设意义的公共产品，那么其合法性地位就会因此而获得各国的尊重。但是，事实上，像美国这样的国家，在国际公共事务的处理上往往执行不同的标准，并且以自己国家的利益为主导，表现出霸权的几种形式：一是全球性霸权，即布热津斯基所称的唯一的全面的全球性超级

---

① 参阅李强《全球化、主权国家与世界政治秩序》，载《战略与管理》2001年第2期，第13－24页。

② 克劳斯·道兹：《世界政治全球化》，张万民、王成至译，载《国外社会科学文摘》2000年第10期，第31－35页。

大国。① 二是复合式（或体系性、结构性）霸权，在军事上有着无可匹敌的在全球发挥作用的能力，在经济上是全球经济增长的火车头，在科技及开创性的尖端领域上保持全面领先的地位，在文化上也以其粗俗的内容吸引世界的年轻人，即军事霸权、高科技霸权、文化霸权。三是联盟式霸权，即以联盟的形式对世界进行影响与控制。② 全球治理本身建立在前途未卜的全球化基础之上，因而未来将面临一系列的不确定因素。在民族国家依然是最牢固的政治单位的情况下，全球治理在很大程度上容易成为少数几个大国的垄断物。目前冷战格局虽已有所改变，但新的殖民主义仍然存在，全球治理活动有被利用或控制的可能。

二是在全球化背景下处于落后状态的民族国家拒绝接受主体的管理。全球治理的现状是，美国在霸权支持下的经济振兴，欧洲一体化进程进入实质性阶段，发展型国家寻求在合作协商中的现代化，广大的不发达国家则在一定程度上被排斥在全球化之外，或者被全球化以另外的形式所淹没。对于想通过全球性合作来提高自身国家能力的发展中国家来说，全球治理有可能产生副作用，即国民对政府的信任危机和主权难以保持相对独立。事实上，由于现阶段国际公共管理体制的不健全，各种管理主体提供的公共产品不仅不能真正反映发展中国家的需要，甚至有些是建立在不公正的基础上的，所以有些民族国家不参与国际公共事务的管理或拒绝执行不合理规范，甚至进行对抗也是常事。

三是新主体对原主体的合法性冲击与威胁。某些跨国公司的影响力超越一些主权国家，超级精英有可能通过科技手段或其他凭借来影响国际公共事务。正如耶金所说，各国政府在全球化中对本国经济的影响力将会减少。由此看来，在全球化进程中出现的世界级公司，将会对各国政府提出严峻挑战。随着全球化进程的加快，大型跨国企业的作用也会越来越大，它们不仅会在经济上起主导作用，似乎也希望在政治上发挥更大的影响。③ 跨国公司和超级精英是否会成为新的主体还是一个未知数，但其不断增长的影响力对现代国际公共管理的冲击与威胁却肯定是一个不可避免的趋势。

超越民族国家的公共管理还由于"政治领域的跨国的测不准关系"的

---

① 兹比格纽·布热津斯基：《大棋局——美国的首要地位及其地缘战略》，中国国际问题研究所译，上海人民出版社1998年版。

② 赵鲁杰、何仁学、沈方吾：《美国全球霸权与中国命运》，北京出版社1999年版，第5—17页。

③ 梁图强：《全球化需要新秩序》，载《经济日报》，1999年4月20日。

存在而变得难以确定。乌尔里希·贝克认为,超越民族国家的治理出现在政治领域的跨国的测不准关系,原因在于当民族国家的制度框架变得不适用时,缺乏世界政治的制度框架;全球政治涉及一种生成政治的政治;人们在一种纷争的环境中活动,那里的规范性是例外,而相互对抗却成为常规;跨国问题是文化问题;专家治国主义在向跨国问题和决策问题的过渡中失去其榜样功能。① 实际上,国际领域公共问题的复杂性不仅存在于政治领域,它还包括很多其他的不确定因素,这些因素都在一定程度上影响着国际公共管理主体的合法性地位,进而影响其实际运行。

(三) 国际公共管理主体合法性建设与展望

合法的国际公共事务管理与治理机制的基础只能是以主权国家为基础,在坚持主权平等的原则上,基于人类和平与发展进步的理念,寻求全球化环境下最大可能的国际合作与国际共同治理,并寻求在主权国家转让部分权力的基础上实现某种全球化的国际公共事务治理。这就是说,要建立一个具有国际公共事务管理特性的、社会性和超国家性的国际公共权力主体,并使之具有较强的合法性基础。全球化背景下,现代不合理的国际政治统治机制应当为新的国际公共事务治理机制所代替,这些国际公共事务管理主体行使的是具有普遍性和公共性的治理权力,其权力必须来源于某种具有代表性的机构,而非一个主权国家或国家集团。这些权力同时又是主权国家让渡部分权力的结果。衡量其合法性的标准是这些机构是否已经或正在为国际社会或全球的人民提供普遍的"公共产品",国际公共管理主体是否遵循民主的规则产生和运作,是否符合全球化背景下的人类可持续发展共识的思想理念。

全球化需要加强管理,需要各国政府和企业界担负起责任,加强协调与合作;需要和平与发展的良好环境。全球化暴露了现行国际秩序与现实的不适应性,使人们反思国际社会"游戏规则"的公正性与合理性。发达国家与发展中国家应当共同推动国际秩序的调整与改革。国际社会的复杂性及国际问题解决的难度都是有目共睹的,过去几百年来,国际社会发生的一切变故都说明了这一点。通过探讨国际公共事务管理主体合法性产生的困境和问题,我们可以知道,完整意义上的国际公共事务管理主体还不存在,能否确立多个有效的国际公共事务管理主体,并强化其合法性地位,使其有效运

---

① 详细分析请参阅乌尔里希·贝克《全球化时代民主怎样才是可行的?》,载乌·贝克·哈贝马斯等《全球化与政治》,王学东、柴方国等译,中央编译出版社2000年版。

作,从而有利于未来世界的发展,是一个值得探讨的问题。可以预见这必定需要漫长的建设。值得庆幸的是,"9·11"事件使国际格局产生了部分变化,也给国际公共管理在新阶段的发展提供了一个契机。

联合国秘书长科菲·安南在其为"千年首脑会议"准备的题为《我们人民:21世纪联合国的作用》的报告中说,"这是一个全球化的世界,全球化是全世界经济角色和经济活动间的一个新环境、一个新连结物。……战后的多边体制使得新的全球化的出现、兴旺成为可能,而全球化又逐步使得这个体制的原有设计过时。简而言之,我们的战后的机构是为一个国家间的世界建造的,而现在我们生活在一个全球的世界里。有效地适应这一转变,是世界领导人今天面对的核心的机构上的挑战"。国际公共管理对主权国家的挑战使世界许多国家对之持保留意见。从目前的实践经验看,国际公共管理尚缺乏有效的机制与制度保障,使仅有的机制运行难以尽如人意。国际公共管理还需在理论上完善,在实践中探索。

> (本文在成文过程之中得到中山大学行政
> 管理研究中心博士生陈干全和霍阳两位同学
> 的大力协助,并提供了部分参考意见与观点。)

第二编 中国公共管理实践

我国经济社会转型期的政府管理创新研究*

人类社会是一个不断从低级向高级发展的历史过程。建立平等、互助、协调的和谐社会,一直是人类的美好追求。当前我国正处于经济社会矛盾比较突出的转型时期,社会分化尤其是利益分化明显,日渐凸现的贫富差距已引发许多社会冲突和利益对抗;市场经济体制正逐步建立,但市场竞争中许多不合理、不合法因素的存在,致使我们离规范有序的市场经济体制还相距甚远;社会发展要走上人与自然和谐相处、生态系统与社会系统协调发展的道路还依然任务艰巨;等等。

上述问题的存在,对中国共产党的执政能力提出了严峻的挑战。无论任何国家,政府都是执政党执政的重要载体和主要依托,党的执政能力的高低最终取决于政府管理能力。从静态看,政府管理能力涉及公共财政管理、国家储备状况、法律法规建设、社会秩序维护等诸多方面。从动态看,政府管理能力内化在整个政府管理的动态过程之中,即政府管理的四个关键环节:战略管理(strategic management)、政策管理(policy management)、资源管理(resources management)和项目管理(project management)。[①] 在当前复杂的社会环境中,政府管理创新能力至关重要。

一、新时期中国政府管理创新的内容与意义

从新公共管理的视角来看,政府管理主要包括战略管理、政策管理、资源管理、项目管理。与之相对应,我们认为,政府管理创新能力可以划分为四个层次:战略规划能力、公共政策能力、资源管理能力和项目管理能力。因此,中国政府管理创新也应该包括以下四个方面的内容。

---

* 该文原载于《学术研究》2005年第11期,原作者为王乐夫、倪星。
① 马骏、郭巍青:《公共管理研究:新的研究方向》,载《武汉大学学报》2002年第1期。

(一) 战略规划能力

战略规划能力是指管理者和组织者通过思考，在衡量影响组织未来的内部和外部环境的基础上，为组织创设目标、前进方向、焦点和一致性的能力。① 战略规划能力的强弱直接影响政府等公共部门长远的生存与发展，影响公共部门能否在迅速变化的环境中取得更大的绩效，甚至还影响公共部门的合法性、正当性和公正性。一方面，我国长期以来受到渐进模式的影响，习惯于"摸着石头过河"，习惯于解决眼前的问题，以至于无暇顾及政府部门的应有任务、方向及战略，导致在很多重要的领导领域没有公共目标或者方向模糊不清，只顾短期利益，不顾长期利益，根本经不起竞争的考验。另一方面，已有的战略规划往往缺乏整体的思考，长期、中期和短期战略之间，整体和局部战略之间缺少有机整合，由此导致政府部门内部职能不明、协调不灵，彼此无法适应，从而丧失互补性。②

(二) 公共政策能力

公共政策能力是指政府部门在战略规划的指导下，制定具体的管理创新行动方案的能力。战略规划确定组织的大方向，而公共政策则是战略规划的进一步明细化。公共政策能力对政府部门提出了诸多的要求，要求政府部门能够对某一具体问题的历史成因、现实条件、制约因素做出明确的解析，制定出既符合时效原则又科学可行的最优方案。公共政策能力不强，缺乏操作性，是我国许多政府部门的通病。这表现在：政府部门缺乏根据自身实际来制定战略的领导者，战略规划制定出来以后，领导者往往出于尽早看到实施效果的迫切愿望而匆匆推行，甚至认为制定实施计划是在浪费时间或延误时机；一些政府部门好大喜功，不结合自身资源状况来制定政策，不切实际，根本无法分步实施；公共政策的制定缺乏科学的方法，往往只凭借管理者的主观臆断和历史经验，而很少运用科学的量化标准。

(三) 资源管理能力

资源管理能力是指政府部门获取、配置并有效使用管理创新所需要的各

---

① 陈振明：《公共部门战略管理途径的特征、过程和作用》，载《厦门大学学报》2004年第3期。

② 汪大海：《试论公共部门战略管理的十大误区》，载《中国行政管理》2004年第6期。

种资源的能力。每个公共组织至少应该拥有四种可能实现预期目标的硬性资源：人力资源、物力资源、财力资源和技术资源。除此之外，还应该拥有必要的软性资源，包括信息、制度以及公众的认同和支持等。总的来说，改革开放以来，我国政府的资源管理能力不断增强，但仍然有待提升。突出表现在：虽然中央政府财政收入在不断增长，但它占国内生产总值的比重在不断下降，中央财政赤字占国内生产总值的比重在不断上升；① 政府部门普遍缺乏具有战略思维的管理者，人力资源的知识、素质、能力、结构比例等均与管理创新的要求格格不入；政府的体制、组织结构、制度设计与管理创新的要求不匹配。

（四）项目管理能力

项目管理能力是指将战略规划具体执行的能力，是将理想的目标转化为可见的现实的能力。项目管理是从企业管理和工程管理借鉴的概念，它在政府部门中被证明同样能提高绩效。项目管理就是在一定的时间、成本、人力资源等约束条件下，以项目为对象，由项目团队对任务进行高效率的计划、组织、领导、控制和协调，以实现项目目标的过程。其内容涉及范围管理、时间管理、费用管理、质量管理、人力资源管理、风险管理、沟通管理、采购管理、合同和综合管理等诸多范畴。项目管理在我国政府部门中的运用目前处于起步的原始阶段，项目管理能力也相对较低。在项目的实施过程中，政府部门对于时间、成本、收益、风险的关注甚少，项目管理极其不规范。

在当前新的历史时期，尤其是党提出加强执政能力建设和构建社会主义和谐社会的重大历史任务之际，研究中国政府管理创新这一课题既有重要的现实意义，同样也具有重大的理论价值和学术意义。

（1）突破传统公共行政学中的政治与行政二分法范式，将政治与管理整合起来。传统的公共行政学遵从威尔逊和古德诺开辟的范式，认为政治和行政是两个相互分离的领域。② 政治与行政二分法的传统由于自身的缺陷，不断受到理论的批判和现实的挑战，正逐步走向整合。政府的管理创新研究，将管理看作一个全面的过程，它要求政府部门工作人员系统地考虑组织

---

① 汪永成：《新时期我国政府能力建设的意义和任务》，载《深圳大学学报》2004年第11期。

② 伍德罗·威尔逊：《行政学研究》，载《政治科学季刊》1987年第6期；古德诺：《政治与行政》，王元、杨百朋译，华夏出版社1987年版。

的长期目标和未来远景,将组织的使命、价值、目标相结合,将战略制定与绩效管理、绩效评估和责任机制结合起来,强调过程和结果的统一。它克服了传统公共行政被动、消极执行命令的弊端,关注行政的政治性,强调行政在战略制定上的优势和重要性,将政治和行政看作必然联系的环节。

(2) 超越传统公共行政学仅仅重视中低层管理的局限,将政府部门高层管理与中低层管理融合起来。传统的政府部门是按照韦伯式官僚制组织特点建构起来的,强调层级节制的等级秩序,管理幅度和管理层次是组织结构的依据。在这种等级金字塔的组织中,管理的高层和中低层严格按照金字塔层级进行缓慢的信息沟通和命令传达,有权作出决策的是位于顶端的上级,下级的任务只是执行。这种缺乏整合的组织形式,不仅会带来信息的扭曲、行动的缓慢、决策的滞后、效率的低下,还会造成中下层人员缺乏创新的内在动力和外部激励。① 政府的管理创新则强调组织所有成员对于组织目标、使命和愿景的参与,强调高层和中低层之间的沟通和整合。创新战略的制定最终固然取决于高层,而战略则是由一系列成员共同参与的具体项目构成的,这些具体项目正确实施的结果最终会促成组织使命和大目标的实现以及组织战略的落实。研究政府的管理创新,在理论上必然为实现组织内高层和中低层之间的整合提供一条途径。

(3) 摒弃传统公共行政学仅仅重视内部科层组织的弊端,将内部管理与外部环境联系起来。传统的公共行政学将组织看作一个静态和封闭的系统,研究的重点集中于组织的内部结构上。他们关注组织如何分工、如何建立层级节制的等级秩序、如何制定严密的法令规章和工作标准,而忽视了组织与外在环境之间的相互关系和相互影响,忽视了公共行政的社会环境、文化背景、意识形态等因素。② 政府的管理创新,不仅关注组织内部的资源和结构,同时,环境分析也是研究重点之一。创新管理认为任何组织都不是孤立的,都是开放的系统,处于与环境的持续相互作用之中,外部环境是组织实施创新战略的依据和基础。政府创新管理的过程,实际上也是一个内外整合的过程。

---

① 倪星:《人才强国战略与公共部门效率提升》,载《中国行政管理》2004 年第 10 期。
② 王乐夫:《公共管理——政治学的视阈》,载《政治学研究》2004 年第 3 期。

二、新时期中国政府管理创新能力的提升途径

培育政治领导人的企业家精神，激发其成就需求，发挥其政治远见和管理经验优势，推动政府管理创新实践。管理创新是一种前人所未经历的开创性事业，为此，政府必须加强人才资源开发，实施人才资源国内培养和国际引进相结合的战略，致力于培养政府管理者的创新思维和能力。政府部门管理者，尤其是政治领导人，既要紧密结合管理工作中的各项事务，又要着眼现实、未来和世界的发展潮流，积极开展战略研究，方能在实际的管理与领导活动中提高自己战略思维的素质与创新能力。

强化知识分子与政府之间的联合，重视知识精英在政府管理创新中的作用。知识分子是社会的精英、国家的头脑。这是因为一方面他们有参与管理的能力，比一般的底层民众站得高、看得远、想得透，有更敏锐的分析、判断能力；另一方面他们有参与管理的热情，有得天独厚的文化修养和精神素质，有超越自身的济世胸怀和宽阔视野，对社会政治生活有强烈的责任感。要提升我国政府管理创新能力，就应该重视知识分子的作用，强化知识分子和政治精英的结盟，使他们在政府管理中发挥更大的作用。近年来，我国开始重视知识精英的作用，高层管理者中间出现了不少高学历背景甚至海外学历背景的人才，各层级的参谋部门也开始引进知识精英。目前，要进一步强化知识精英在政府管理中的作用，还应该做到以下几点：首先，要激发整个知识分子群体的参政议政意识，呼吁他们抛弃政治冷漠的态度。其次，政府要建立开放、自由、多样、有保障、制度化的渠道，鼓励更多的知识精英学以致用，将理论和实践相结合。最后，对于体制内知识精英的各种建设性建议和决策要真正地采纳，而不是流于形式，装点门面。

扩大公民参与，培养和借鉴民间的创新力量。公民参与是民主政治的基石，也是社会活动力和创造力的源泉。对于提升政府管理创新来说，公民参与的意义在于，可提供创新所需要的智慧、知识以及信息。公民参与可以集中民众智慧，吸收不同领域知识，并为政府管理者提供及时有效的信息，从而提升政府管理创新能力。因此，首先，政府要加强与公民的对话。通过与不同利益、政策观点的公民进行讨论和协商谈判，政府不仅可以获取群体智慧，还有利于增强共识感和责任感，实现公共利益。其次，政府要加强公民参与的制度化建设。就是在充分遵循宪法和法律赋予公民的政治权利和自由的前提下，对公民参与的内容、方式、途径做出明确的规定，使其可以按一

定的程序实际操作，并以法律的形式固定下来，做到有法可依、依法参与，使公民参与经常化、制度化。最后，政府必须树立正确的理念，充分尊重公民的人格和合法权利，承认公民在公共管理运行中的主体地位，积极推进公民参与。

改革传统公共管理垄断模式的弊端，适当引入政府间竞争，形成政府管理创新的外在激励与内在动力机制。竞争机制的缺失正是政府部门诸多弊端的症结所在。对于提升政府部门的管理创新能力来说，市场竞争机制的最大作用在于为政府提供一种外在激励，促使政府将竞争激烈的外在环境，转化为一种内在的动力，不断地创新，提升管理能力。随着新公共管理运动在西方国家的普及，引入市场竞争机制被认为是一种有效地克服政府失灵的办法。我国也开始大量借鉴西方"企业化"政府改革的一些成功经验，引入竞争机制。但是，由于政府管理创新的公共性，我们一方面要利用现代化的治理工具，不断改进政府的运作模式，改进政府与企业、市场和社会的关系，最终实现一种政府、市场和社会的共同治理模式；另一方面，要注重在公共战略中的有序竞争，引入竞争的配套措施，建立公共责任制，构建公平的竞争环境并精心管理，为所有的竞争者创造平等的竞技场。

充分发掘和利用现有的政治资源与优势，为政府管理创新提供稳定的环境和强有力的政治支持。政府管理创新是建立在对组织资源和优势的准确判断之上的。我国在现代化建设和改革开放的进程中逐步积累了一些资源和优势，正确认识并充分利用这些资源是新时期提升我国政府管理创新能力的前提。在经济上，我国经历了20多年的快速增长，经济实力和综合国力大增。在政治上，中国共产党是掌握和运用政治权力的中枢和核心，一方面有利于政权的稳固，为政府管理创新创造稳定的政治环境；另一方面，可以通过强有力的政治权力来推动社会发展。在社会上，集体主义的价值取向、对中国共产党领导的信任感、对政府权威的较高认同感等，对于一个现代化进程中的国家来说都是非常宝贵的财富。

创建学习型政府，促进政府的知识更新和自我完善，塑造"模仿—学习—创新"的知识增长链条。现代社会人们称之为知识社会，一个政府的学习能力如何，尤其是学习知识的能力如何，对未来政府管理的创新和组织成长有着至关重要的影响。学习型政府通过不断地模仿、学习，在适应环境变化的过程中，对其基本的信念、态度、行为、结构和方式进行调整，从而获取一种面对各种问题的应对能力，获取一种长期效能和自我完善的能力。从某种意义上讲，学习型政府的精神实质就是集体创新，而创新正是组织活力和竞争力的来源。在新时期建立学习型的政府，首先，应该对传统的管理模式和方法进行调整，建立自由、开放、便于信息交流、知识传播和学习成果共享的系统。其次，要强调终身学习、全员学习和团队学习。最后，要注重将学习行为有效地转化为创造性行为，而不是简单的模仿和重复性的工作，唯此，才能适应政府管理创新能力提升的需要。

我国国家决策参与机制的改革和完善[*]

关于国家决策的参与机制问题，中共十五大明确指出："逐步形成深入了解民情、充分反映民情、广泛集中民智的决策机制"[①]。党的十六大则进一步指出："要完善深入了解民情、充分反映民意、广泛集中民智、切实珍惜民力的决策机制，推进决策科学化民主化。各级决策机关都要完善重大决策的规则和程序，建立社情民意反映制度，建议与群众利益密切相关的重大事项社会公示制度和社会听证制度，完善专家咨询制度，实行决策的论证制和责任制，防止决策的随意性。"[②] 这为我们深入改革和完善国家决策的参与机制指明了方向。

一、建立与完善决策参与机制的市场经济动因分析

社会主义政治民主实现的程度如何，最重要的是看广大劳动群众参与国家事务和社会事务管理的程度。列宁历来重视吸收工农群众参加国家管理的问题。他说过，无产阶级专政国家发扬民主，就是要使全体人民群众真正平等地、真正普遍地参与一切国家事务的管理。"只有千百万人学会做这件事的时候，社会主义才能实现。"[③] 由此可见，广大人民群众有效参与国家的管理是实现社会主义政治民主的重要途径。而人民参与国家事务和社会事务管理主要是参与国家决策。社会主义国家制度的确立从政治制度、经济基础以及组织、法律、物质等方面保证了公众民主参与的广泛性、进步性、真实性。但是，在社会主义发展的历史上，也出现过政治发展中的高度集中以致

---

[*] 本文原载于《公共管理研究》（2），中山大学出版社 2003 年版。
[①]《中国共产党第十五次全国代表大会文件汇编》，人民出版社 1997 年版，第 32 页。
[②] 江泽民：《全面建设小康社会 开创中国特色社会主义事业新局面》，人民出版社 2002 年版，第 35 页。
[③]《列宁选集》第 3 卷，人民出版社 1995 年版，第 464 页。

独断专行的国家管理体制，造成了社会主义民主政治发展的延缓和社会主义经济建设的重大损失。根据社会主义制度的本质要求，从现实的社会经济条件出发，改革和完善我国社会主义国家管理体制与决策体制，促进民主参与的发展，已经成为社会主义政治文明建设的一项重要内容与任务。

社会主义市场经济的发展对于民主参与建设起到了极大的促进作用，它唤起了公众的参与意识和热情，并为公众参与提供了坚实的基础。主要表现在：

（1）市场经济是以自由和平等的交换关系为基础的经济活动。市场经济是建立在各市场主体之间具有自主性和平等性的，并且在承认各方利益的基础上进行的社会活动。利益主体多元化、产权明晰化、运行机制竞争化、市场行为规范化、政府调控与管理科学化是它的主要特征。因此，这种具有自主、平等、诚信、竞争等属性的市场经济必然打破封建等级制和人身依附关系，从而奠定独立人格的经济基础。市场经济的发展强化了人们的主体意识，使自由、平等成为人们的基本要求，并逐渐超出经济生活，贯穿在人们的一切社会行为之中，当然也包括决策活动。

（2）市场经济造就了多元的利益结构，这种多元的利益结构在政治体制上，就会形成相互制约的权力关系，包括决策活动的权力关系。

（3）市场经济以分散决策为特征，因此，市场经济的发展必然要扩大分权的范围，减少政府集权的规模，从而必然提高公民的政治参与度。

（4）市场经济的发展改变了社会的价值标准，打破了以集权为核心的价值体系。市场经济创造了一种竞争、开放、多变和充满个体创新活动的生产性和生活方式，它有力地瓦解了集权体制赖以存在的封闭性、保守性、狭隘性的基础，促进了"民主参与"的意识与能力的增强。

因此，社会主义市场经济体制的确立和发展，为我国在全社会范围实行民主管理提供了现实可能性。扩大公民的参与，对国家决策力形成有力的制约，进一步改革和完善公众参与国家决策机制已成为当务之急。

二、"制度化"是"决策参与"机制建设的突出问题

国家决策是政治过程的重要组成部分，不同的社会集团要进入政治过程，参与国家管理就必须遵循一定的规则和程序。没有制度规范的民主参与无异于乱政，缺少规则的民主参与必然导致社会混乱。所以，国家管理过程

中的民主参与必须纳入制度化的建设范围，才能保证各个参与主体有秩序、有组织地表达其意志与利益要求，并协调参与主体间的矛盾冲突，最大限度地减少非制度化的矛盾冲突。美国政治学家亨廷顿认为："所谓制度，是指稳定的、受到尊重的和不断重现的行为模式""制度化是组织与程序获得价值和稳定的过程"。①托克维尔认为："在统治人类社会的法则中，有一条最明确清晰的法则：如果人民想保持其文明或希望变得文明的话，那么，他们必须提高并改善相互关系的艺术，而这种提高和改善的速度必须和提高地位平等的速度相同。"②

目前，我国民主参与的制度化程度还比较低。我国的基本社会制度虽然为公众民主参与国家管理提供了根本的保证，但关于规范参与行为、畅通参与渠道、保证参与实施的制度还不够健全；社会公众对国家和政府管理的反馈机制、国家和政府对社会公众的回应机制还不完善。这样，当大规模的突发性事件发生时，往往就会突破一般的民主参与程序，以非制度化的形式出现，诸如人身攻击、冲击政府部门、行贿、越级上访、散发大小字报等，表现出参与的非理性化。公众的民主参与如果不是基于一种理性的成熟思考，当社会生活中某些方面的矛盾尖锐化时，就会引起突发的非程序化的大规模民主参与，形成对社会生活的巨大冲击。这种非程序化的民主参与极易走向极端，在通过正常渠道不能实现自己要求的时候，就可能会把参与指向国家的根本制度。"如果想要保持政治稳定，当民主参与提高时，社会政治制度的复杂性、自治性和内聚力必须随之而提高。"③

因此，加强参与的制度化建设是提高公民参与水平的基本保证。在我国目前民主参与制度化较低的情况下，加强制度化建设就是在充分尊重宪法和法律赋予公众的政治权利和自由的前提下，对公众民主参与的内容、方式、途径做出明确的规定，并用法律的形式将其固定下来，使其可以按一定的程序操作，做到有法可依，依法参与，有效保证民主参与经常化、科学化。

---

① 亨廷顿：《变革社会中的政治秩序》，李盛平等译，三联书店1989年版，第12页。
② Alexis de Tocqueville, *The Old Regime and the French Revolution*, New York, 1955.
③ 亨廷顿：《变革社会中的政治秩序》，李盛平等译，三联书店1989年版，第73页。

三、建立健全多种"民主参与"的间接渠道

在现代社会中,公众参与国家决策主要是通过间接渠道实现的,这种参与渠道是国家决策与公众之间联系和沟通机制的具体体现。在政府公共部门之间、政府公共部门与社会公众之间进行的信息交流与沟通,其内容主要包括政府公共部门内部各种信息的传递与沟通;政府公共部门向社会公众传递的各类信息,其内容有政府机构的组成、职能、办事规程、政策与法规、服务种类及质量、重大决策过程等;社会公众向政府公共部门传递与反馈的信息有对服务种类和服务质量的要求,对服务满意、抱怨、建议,对公共服务与资源的选择,等等。在数字化时代,这种信息的交流与沟通都是运用电子、数字技术,通过网络来进行的。正是这三类信息组成了较为完整的政府信息传递机制、公众信息反馈机制和政府回应机制。

有鉴于此,在西方国家公共管理实践中,倾听顾客的声音,按照顾客的要求提供服务,让顾客做出选择的有效方法得以实行。20 世纪 80 年代初"回应性国家"(the responsive state)的概念在丹麦等西方国家也开始流行起来。1993 年 9 月,美国克林顿总统签署了名为《设立顾客服务标准》(Setting Customer Service Standards)的第 12862 号行政命令(executive order),责令联邦政府部门制定顾客服务标准,要求政府部门为顾客提供选择公共服务的资源和选择服务供给的手段。这些手段包括:①分辨谁是或应该是联邦政府部门服务的顾客;②调查和审视顾客所希望的服务种类、服务质量以及他们对服务的满意程度;③将顾客服务水平和服务结构告诉给顾客;④为顾客提供选择公共服务的资源和选择提供服务供给的各种手段;⑤建立信息系统、服务系统和有利于顾客抱怨及其意见反馈的系统;⑥提供各业种有效的途径,让顾客表达抱怨与意见。根据该行政命令,顾客至上意味着联邦政府为美国人民提供最高质量的服务。①

1994 年,美国国家绩效评估委员会专门出版了《顾客至上:为美国人民服务的标准》。这为西方国家政府公共部门实现"更有回应性、更有责任心和更富有效率"的改革目标树立了具体榜样。

西方国家倾听顾客的声音,按照顾客的要求提供服务,让顾客做出选择

---

① Bill Clinton & Al Core, "Putting Customers First: Standards for Serving the American People", in National Performance Review, 1994, p. 63.

的有效方法，也为我国健全与完善国家与公众之间的沟通机制提供了有益的借鉴。我们也必须在完善政府信息传递机制、反馈机制和回应机制的基础上，进一步健全和完善国家决策的参与渠道。其主要内容应当包括：

（1）完善人民代表大会制度，使人大制定的各项法律、决议能体现更多人的利益要求，严格执行选举法和人民代表大会组织法，保证代表的质量和参与的有效性、真实性。人民代表大会是人民代表行使职权的场所。但是，代表在会上行使职权还依赖于会下的大量活动和工作，如视察、调查。应联系人民群众和选举单位，接待人民的来信和来访，倾听群众的意见和呼声，以便于代表在会上能广泛、正确地表达人民群众的意志和利益。这是人民代表大会制度建设不可缺少的一部分。

（2）我国人民代表大会的各种内部规定，是为了保证人民代表更好地行使职权所实行的一些辅助性制度。这些制度目前还不完全是法律的规定，而是在过去经验的基础上总结出来的一些比较成型的做法，是围绕人民代表行使职权建立起来的工作制度。目前这些比较成型的工作制度主要有：代表视察制度、联系代表制度和接待人员来信来访制度。这三种制度的共同点和核心问题都是同一个，即加强代表和代表机关同人民群众的联系。人民代表大会是民意的机关，是人民的权力机关，它要按照人民的意志和利益行使权力。为此，人民代表大会及其常务委员会在闭会期间工作的核心问题，就是如何有效地加强同人民群众的联系，深入、广泛地了解民意民情，并接受人民的监督。

（3）充分发挥群众组织和社会团体的民主参与功能。我国原有的群众组织和社会团体（如共青团、妇联、工会等）起源于以公有制为基础的计划经济体制，社团组织和行政组织功能模糊，前者几乎全被后者"统"起来了，以至于不能很好地表达、维护自身群体的要求。改革开放以来，中国各类非政治性社团从无到有，数量迅速增加，规模不断扩大。商业组织、协会以及社区组织越来越多，在发展社会主义市场经济的条件下，这些社团组织必须代表其所属的成员提出民主参与要求，这也就必然要求其不断落实民主参与的途径。

（4）专家治国，也是民主参与的重要形式。各级专家委员会、学术委员会和顾问委员会是对国家管理与决策起咨询作用的重要组织形式。它们不是专业咨询机构，而是通过委员会的形式，把各学科、各专业的有关专家和曾经长期担任重要领导职务的有关领导组织起来，充分利用他们的学识、专长、经验和才能，对重大决策起顾问、参谋和指导作用。

在一个十几亿人口的大国进行改革和现代化建设，是一项十分复杂的工程，"充分发挥各类专家和研究咨询机构的作用，加速建立一套民主的科学的决策制度"①，是极为必要的。因此，必须有成百上千的，甚至更多的最优秀的各方面专家从事长期的、系统的、综合的研究，提出各种可供选择的方案，进行充分的论证和反复的比较，才能使党和国家在改革开放和现代化建设的道路上，连续做出符合中国国情和发展规律的科学选择。

在经济全球化、政治民主化和我国已作为WTO成员国的现实条件下，党的十六大与十五大相比，更加重视改革和完善国家决策机制。在党的十五大报告的基础上。党的十六大报告把改革和完善国家决策的机制单独作为"政治建设和政治体制改革"中的一个问题提了出来，并作为重要任务予以强调。这种变化表明了国家决策对国家管理活动的重要性，也希望引起全党和全国人民对改革与完善国家决策机制的高度重视。因此，我们应当在党的领导下，紧密结合我国的现实，开拓进取，为改革与完善我国决策参与机制做出新的贡献。

---

① 《中国共产党第十四次全国代表大会文件汇编》，人民出版社1992年版，第35－36页。

论中国政府职能社会化的基本趋向[*]

政府职能社会化是政府调整公共事务管理的职能范围和履行职能的行为方式,将一部分公共职能交给社会承担并由此建立起政府与社会的互动关系以有效处理社会公共事务的过程。政府职能社会化是与政府职能转变密切联系在一起的。在计划经济时代,我国逐渐建立起了一个全能政府的治理模式,市场被取消,政府的权力渗透到城乡社会的各个领域和个人的诸多方面,最终导致政府整合社会能力下降、行政组织运转低效、社会成员生产积极性受到抑制等制度性危机。20世纪80年代,我国政府适应改革开放和社会经济发展的需要,开启了职能转变的进程,也由此拉开了政府职能社会化的序幕。进入20世纪90年代,随着社会主义市场经济的不断发展,政府职能社会化的步伐逐渐加快。然而,时至今日,不少人对于政府职能社会化的认识还不清晰,其表现之一就是对政府职能社会化的基本趋向不甚明确,从而制约了政府职能转变的进程。因此,有必要明确政府职能社会化的基本趋向,这对于增强政府职能转变的方向感,进一步推进政府职能的转变具有重要意义。

综观我国政府职能社会化的进程,大体来说呈现四个基本趋向。

一、政府职能市场化的趋向

这里所说的政府职能市场化主要是指政府按照市场经济的基本要求转变经济管理的职能。它表现为两个方面,一是政府放松或取消对市场的某些管制,促进市场的发育和发展;二是在公共服务领域引入市场机制,将政府的权威和市场的交换功能优势有机组合,借助于市场手段达到实现政府职能的目的。

从世界范围来看,政府职能市场化是当代国际社会发展的潮流。"二战"后,西方各市场经济国家由于普遍采用了干预主义政策,致使政府职

---

[*] 本文原载于《学术研究》2002年第11期,原作者为王乐夫、李珍刚。

能不断扩大，行政机构和人员编制日益增加，公共开支不堪重负，行政效率低下。20世纪70年代末，英美等国政府开始推行行政改革，并由此引发了一场世界范围内经久不息的"新公共管理"运动。分析这场运动，无论是发达国家还是发展中国家，一个重要的内容就是着力调整政府与市场的关系，试图在经济领域寻找政府干预和市场调节的最佳结合点，在发挥政府宏观管理作用的同时，充分利用市场力量提供公共服务，实现政府职能市场化，以弥补政府财力和公共服务能力之不足，有效地促进经济和社会的发展。

与许多国家不同的是，改革开放以前，中国实行的是高度集中的计划经济体制，市场在经济生活中的作用几近于无。因此，改革开放以来，我国政府职能转变的一个重要方向在于打破计划经济体制的束缚，培育市场机制，促进经济的市场化发展。经过20多年的努力，我国政府初步建立起了社会主义市场经济体制的基本框架。具体表现在：①市场在资源配置中越来越发挥着基础性的作用。对中国市场化的纵向研究表明，1975—1979年中国市场化总体水平仅为4.4%，而1996—1997年已达到61.1%①，现在这一数字应该更高。相对于计划经济条件下主要由政府采取行政手段配置资源来说，这的确是一个巨大的变化。②企业主体化有了较大的进展。计划经济条件下，国有企业没有自主权，非国有企业也缺乏必要的自主权，非公有制企业受到抑制。在向市场经济演进的过程中，政府逐渐转变职能，实行政企分开，诸多国有企业实现了机制转换，与其他所有制企业一样成为拥有自主权的实体。企业作为市场主体地位的确立，为市场经济奠定了微观基础。③建立了市场规则体系，为维护市场经济秩序提供了必要的条件。近年来，我国政府在推进经济管理职能转变，如在完善市场机制、加强市场监管、减少和规范行政审批等方面做了大量工作，取得了不少积极的成果。

在改变传统观念，把市场机制引入公共服务领域方面，也取得了较大的进展。传统观念认为，公共服务领域应由政府部门垄断。但是，由政府部门垄断公共服务往往容易出现缺乏效率和服务质量不高的问题。这也是西方国家自20世纪80年代以来推行公共服务市场化的一个诱因。市场机制的最大优势是人们在市场交换过程中，可以通过个人选择实现资源的有效配置，实行公共服务市场化，可以利用市场功能的这种优势来弥补政府功能的不足。

---

① 赵彦云、李静萍：《中国市场化水平测度、分析与预测》，载《中国人民大学学报》2000年第4期。

改革开放以来，我国各级政府在公共服务市场化方面采取了多样化的形式，如通过竞争性投标签订合同的方式，把一些公共服务工作承包出去；对某些提供公共服务的公营部门进行公司化改造，按市场方式运作，或者放松规制，让民营部门直接参与公共服务的供给；对于一些公共服务采取收费的方式，把价格机制引入公共服务中来；实行政府采购制；等等。公共服务市场化的实施，在一定程度上减轻了政府的投资压力，降低了公共服务的成本，并有效地回应了公众的需求。

在肯定公共服务市场化是政府改善公共服务品质的一种重要途径的同时，也需要看到，由于市场的特性，公共服务市场化在现实中也可能会带来一些问题。这些问题主要有：①公共责任问题。由于营利的取向，公共服务的提供者可能在最高效率和最低成本的指导下，忽略社会责任和公共利益，出现"掠夺性"经营问题。②特权与贪污。尤其在法治不健全的情况下，市场化可能为不法官商勾结提供便利条件，出现贪污或假公济私等问题。③公共服务的不公正。在公共服务市场化后，使用者的付费能力将决定其获得服务的数量和质量，付费能力低者或者无能力付费者，往往只能得到较低的服务，导致社会服务等级化。④管理问题。在市场化过程中，因信息不对称等原因，政府部门往往缺乏对被委托者的有效监控，在此情况下，便容易出现"逆向选择"和道德风险问题。上述现象在我国公共服务市场化过程中都不同程度地存在着。

此外，公共服务即使实行了市场化，也仍然具有重要的政治意义。因为，公共服务是服务于每个公民的，其价格的制定和服务的提供是一个政治问题，而不是一个简单的市场供求问题。公共服务市场化只是政府公共管理的一种策略的运用，这种策略的运用应当服从并服务于政府公共管理的目的，即实现公共利益。如果偏离了这一目的，公共服务市场化就失去了意义。

基于公共服务市场化可能产生的种种问题和公共服务的政治性质，公共服务在市场化过程中，政府不能与之完全脱离，仍然负有绩效管理的责任。其责任主要有：①充分发挥宏观调控的职能，建立公平竞争的公共服务体系。②确立公共服务标准，对服务绩效进行持续监控和评估，并公布实际结果。③向公众提供充分的公共服务信息，并协助公众有效地使用公共服务。④重视协商与参与。在公共服务上，政府应建立广泛的协商机制，听取各利益相关者（服务提供者、使用者、雇员和社群等）的意见，借助于充分的公众参与，促进服务的改善。⑤平等地对待。公共服务应平等地对待所有的人,特别要关心弱势群体的需求。⑥明确申诉程序,建立纠错机制,以便及时纠正服务中存在的问题,提高服务的质量。

二、增强公民自主性的趋向

我国在由计划经济体制向市场经济体制转轨的过程中,随着政府职能的转变,政府对经济和社会领域的控制逐渐放松,私人社会和私人经济拥有了越来越广阔的自主领域,公民作为个体,其自主性不断增强,他们正越来越多地担当起过去只有政府才担当的某些角色,发挥着自我管理的功能。

由于我国社会是一种城乡具有巨大差异的二元制社会结构,因此,可以从农村居民和城市居民两个方面来分析政府职能社会化对公民自主性发展的影响。中国经济体制的转轨首先是从农村起步的。20世纪80年代初,我国废除了人民公社制度,开始按照土地所有权和使用权相分离的原则,实行家庭联产承包责任制。此后,国家逐步取消了对农产品的统购统销,并放开了大部分农产品的价格。随着传统农村集体经济框架的解体,农民的传统身份发生了根本的变化,成为独立的经营者,在经济活动中的自主范围日趋扩大。家庭联产承包责任制提高了农业生产效率,致使农村剩余劳动力不断增加,为解决剩余劳动力的出路,大量的乡镇企业应运而生。乡镇企业不仅吸纳了大量的农村剩余劳动力,而且将农村经济和商品经济紧密地联系起来。之后,农村剩余劳动力还涌进城市,直接参与到城市经济中来,形成了规模空前的流动人口。如今,20世纪50年代建立的,将城乡严格分割开来的户籍制度,尽管仍然存在,但已经有了相当大的松动,对农民的束缚力大为减弱。在城乡经济沟通日益增强的情况下,农民对土地的依赖正在减少,他们不仅具有土地的经营自主权,而且有了更多的谋生途径。与计划经济时代相比,这一切表明农民在生产和生活方面的自主性大大增强了。

和农村居民一样,城市居民也从政府的职能转变中取得了越来越大的自主空间。20世纪80年代中期,政府开始推进城市经济体制改革。政府在经济体制和社会转轨中逐步扩大了企事业单位的管理自主权。企事业单位管理自主权的扩大,为单位职工工作和生活的选择提供了便利条件。我们知道,在传统体制下,国家在城市建立了"单位"这种特殊的组织形式。在当时,对于个人来说,单位是个人安身立命的依托,对于国家来说,单位是隶属于国家的职能部门。由于单位所再生的资源都被政府收归国家,然后在国家统御性的再分配体制中获取资源的供给,使得单位在宏观上表现为对国家的过分依赖。由此便形成了国家对单位、单位对个人的支配权力，构成"国家—单位—个人"的支配链条，也导致了个人对单位和单位对国家的依附，形成"个人—单位—国家"之间的依附链条。这两个链条的直接后果是：一方面，国家享有强大支配权的同时，背上了沉重的包袱；另一方面，单位和个人则失去了基本的主体性和独立性。①

改革开放后，随着市场经济的发展和政府与企事业单位关系的调整，传统的单位体制不断被弱化，政府对个人的控制范围和力度也呈削弱趋势，个人逐步获得了越来越多的自由。人们除了计划经济体制的资源之外，有了更多的其他资源，体制外的各类组织开始出现并很快发展起来。政府实行多种所有制并存的改革政策，使乡镇企业、"三资"企业、个体、私营企业都得到了前所未有的发展。多种所有制并存的格局，也造成了市民社会身份的分化，过去那种被所有制所高度固定化的身份体系逐渐解体，并向弹性身份体系转变，人们选择身份类别的自由度增加了。

城市市民社会身份的分化趋势意味着市民开始摆脱统一行政关系的束缚，市场价值的评判对市民的影响力开始增强，市民越来越依据市场的需求来选择职业以及谋生的地域。同时，多种所有制并存，使得市民个体直接占有的社会资源越来越多，市民与市场的关系日益密切。这样，就最终形成了以交换价值为取向的利益主体，"个人开始意识到独立的个人利益的存在，并逐渐以追求个人利益的最大化来作为个人行为的原则"②。

从以上分析可以看出，与改革前相比，公民作为社会个体，无论是乡村农民还是城市市民，其权利都得到了前所未有的扩大，人们拥有了越来越多的自主性。另外，国家也通过修改、制定、完善各种法律制度，来维护、保障和规范公民这种权利和自主性的发挥。如果从制度层面对这些权利和自主性做一个概括的话，它至少包含了以下几个方面的内容：迁徙和就业的权利；自主消费和选择获取福利方式的权利；言论、交往、隐私的权利；个人财产权利；参与国家与社会事务管理的权利；等等。虽然，由于种种因素的制约，这些权利和自主性未必都能够完全体现出来，但是，它毕竟向世人表明，公民在经济上政治上过分依赖国家的状况已经有了较大的改变，他们获

---

① 吴锦良：《政府改革与第三部门的发展》，中国社会科学出版社2001年版，第39页。

② 时宪民：《中国社会转型期的结构分化与双二元社会结构》，载《中国社会科学季刊》1993年第3期。

取社会资源不再主要依赖于国家计划,而是依据市场和个人的需求,依靠积极主动地发挥自己的力量。这样,逐渐形成了一个在经济上和政治上相对独立于国家的个人自主生活空间。

三、拓展社会组织自治空间的趋向

与公民个人自主性逐渐增强相联系,由于政府职能的转变,或者说在政府的推动和引导下,我国社会组织的自治空间也在不断扩大。在社会领域,标志社会组织自治化进程的是城乡社区自治体系的确立和非政府组织的发展。

在农村,20世纪80年代初,以家庭联产承包责任制为主的经济体制改革的迅速发展,直接动摇和冲击了旧的集中经营、政社合一的人民公社体制。而人民公社体制在失去其存在的合理性后,农村诸多公共事务如经济管理、社会治安、社会福利、计划生育等由谁来管理便成了突出的问题。

1980年2月,广西壮族自治区宜山县诞生了我国农村第一个村民委员会,此事对全国许多地方产生了重大的影响,自此,我国农村开始了村民自治的新进程。之后,广西、四川、河北、河南、山东等地的农村,也相继出现了村民委员会或类似的组织。1982年通过的宪法以根本大法的形式肯定了村民委员会的法律地位,确认了村民委员会属于基层群众自治性组织,并规定了村民委员会的基本职能是办理本地的公共事务和公益事业,调解民间纠纷,协助维护社会治安,并向人民政府反映群众的要求、意见和建议。1988年试行的《中华人民共和国村民委员会组织法》,以法的形式在农村确立了群众自治、直接民主和由村民作主的基本制度框架。1998年11月,九届全国人大常委会第五次会议通过了新修订的《中华人民共和国村民委员会组织法》,这次修订健全了农村民主选举、民主决策、民主管理、民主监督等规定和程序,明确了政府管理权与村民自治权的关系,完善了村民自治制度,进一步促进了村民自治的规范化、法制化建设。据民政部统计,截至2001年年底,我国共建立村委会70万个,村委会成员616.4万人。

在城市,随着政府职能的转变、单位体制的弱化、城市化的推进以及城市规模的扩张,城市基层社区面临着越来越大的挑战与压力,社区管理改革显得越来越迫切。城市社区管理改革的一个切入点是充分发挥社区居民委员会(以下简称"居委会")的自治功能。居委会是以城市居民居住地为单位而建立的以居民自我管理、自我教育、自我服务为主的具有中国特色的基层群众性自治组织。居委会作为我国城市基层群众性自治组织是随着中华人民共和国的诞生而建立起来的。1949年天津市率先将群众自己组织起来维护居住区安全的群众性自治组织命名为居委会。随后,全国70多个城市均先后建立了居委会。1954年12月一届全国人大常委会第四次会议通过并颁布《中华人民共和国城市居委会组织条例》,第一次用法律的形式肯定了居委会的性质、地位和作用,有力地推动了居委会组织的建立与发展。1958年,全国各个城市均普遍建立了居委会这一基层组织。在此后的20年里,城市居委会在曲折中发展。1978年党的十一届三中全会后,居委会开始走上健康的发展道路。1982年颁布的宪法对居委会的性质、任务和作用做出了规定。1990年1月,全国人大常委会颁布、实施了《中华人民共和国城市居民委员会组织法》。20世纪90年代,北京、上海、天津、广州等大城市进行了城市管理体制改革。这些城市坚持以"重心下移、立足基层"为改革思路,以建立完善"两级政府、三级管理、四级网络"为改革内容,以"事权下放"为改革重点,不断深化社区管理体制改革,使居委会的职能更加明确,地位得到进一步的确立。其他各类城市居委会也进行了不同程度的改革。民政部统计显示,到2001年年底,全国设有居委会9.2万个,居委会成员46.4万人。

在经济与政治结构分化的基础上,我国的非政府组织也有了较大的发展。非政府组织是处于政府和社会之间的一种中介组织,是社会实现自我管理的一种组织形式。现阶段,依据有关法规的规定,我国的非政府组织主要有两类,一类是社会团体,另一类是民办非企业单位。长期以来,由于我国社会在个体和政府之间缺少非政府组织这一中间层,社会自我管理的能力相对较弱。在计划经济时期,这一点表现得尤为突出。由于缺乏非政府组织,政府自认为什么事情都应当管,因而包揽了许多经济事务和社会事务,人们在观念上也养成了有事就去找政府的习惯。结果是,政府管了许多不该管、管不好、也管不了的事,而一些应该管的事却没人管或没管好,从而加剧了政府与社会关系的失衡,也降低了政府公共管理的效能。

改革开放以来,我国经济社会快速转型为非政府组织的发展带来了契机。经济改革和政治改革促使政府职能发生重大转变。随着政府的退出,经济领域和社会领域出现了一些管理和服务的"真空",呼唤着新的组织去填补。另外,所有制结构的多元化产生了许多政府控制之外的社会资源,使这些新的组织有可能不依赖政府而独立存在和发展。再者,国家也加强了对这些新生组织的引导和管理,从1988年以来陆续颁布了《基金会管理办法》

《社会团体登记管理条例》《民办非企业单位登记管理暂行条例》《公益事业捐赠法》等多项法律法规。这些法律法规的颁行，对于促进新的组织的健康发展起到了积极推动作用。这些新的组织就是人们通常所说的非政府组织。基于以上原因，改革开放后我国非政府组织发展较快。1965 年全国只有社团 6000 多个，而到了 2001 年年底，全国共登记各类社会团体 12.9 万个，民办非企业单位 8.2 万个。① 这些组织承接了部分政府职能，开辟了新的公共活动领域，一定程度上满足了社会需求，在行业管理、教育、扶贫、救灾、妇幼保护、环保、就业、消费者权益保护等方面，发挥着越来越大的作用。

总的来说，改革开放以来，伴随着政府对经济和社会的管理由直接向间接、由微观向宏观转变，原来政府承担的部分职能逐步向社会转移，"小政府、大社会"的格局正在形成，社会组织自治空间得到了较大的拓展，我国社会组织自治遇到了前所未有的发展机遇。尽管如此，我国社会组织自治总体上还处于起步阶段。与市场经济的迅猛发展和社会结构的快速转型还不相适应。市场经济的发展和社会结构的转型，产生了大量不易解决的社会问题。政府毫无疑问是解决这些问题的根本，但社会问题的解决更需要全社会的支持，这就迫切需要发展社会自治力量来承担部分公共事务的管理任务。因此，我国应该进入一个社会自治组织大发展的时期。当然，我国现今的社会组织自治无论从政府方面还是从社会方面来看，都还存在着诸多的困难和问题，如对政府过分依赖、自治能力较弱、法制不健全、违法违纪现象时有发生等，这就需要政府和社会各方面密切配合、创造条件，共同推动社会组织自治健康地发展，以充分发挥其在公共事务管理中的积极作用。

四、强化与优化社会管理职能的趋向

从理论上说，政府的社会管理职能有广义和狭义之分。广义上的社会管理是指政府对一切社会活动领域的管理，包括政治管理、经济管理、社会生活管理等。狭义上的社会管理是指政府对教育、科学、文化、卫生、体育、民政与社会保障和环境保护等事务的管理。② 本节的社会管理职能是狭义

---

① 参见民政部《二〇〇一年民政事业发展统计公报》，见民政部（http://www.mca.gov.cn），2002 - 01 - 31。
② 宋德福：《中国政府管理与改革》，中国法制出版社 2001 年版，第 190 页。

上的。

政府社会管理的职能强化是相对于政府政治统治职能的弱化而言的。综观当代世界各国政府的职能体系，从总的趋势而言，政治统治职能在逐渐减弱，社会管理职能在逐渐加强，这体现了人类文明发展和社会进步的规律。

在封建社会，由于自然经济占统治地位，国家除了盐务、重大水利土建工程外，很少干预社会事务，国家最基本的职能就是实行政治统治，维护有利于统治阶级的政治秩序。到资本主义社会初期，政治统治职能仍然是当时政府最重要的职能。第二次世界大战后，科学技术、社会经济以及各类民生问题迅速发展，生产、交换、分配、消费、就业、文化教育、人口管理、环境保护等方面的矛盾错综复杂，不少矛盾甚至趋于尖锐化，这迫使各国政府必须发挥社会管理职能加以研究和处理。于是，政府的社会管理职能便相对突出起来。由于社会管理职能的强化，维护了社会秩序的稳定，解决或缓和了一些社会矛盾，因而在客观上起到了维护政治统治的作用。正如恩格斯所指出的："政治统治到处都是以执行某种社会职能为基础，而且政治统治只有在它执行了它的这种社会职能时才能持续下去。"[①]

就我国来说，政府虽然仍要发挥其政治统治作用，但是，由于社会主要矛盾的变化，在社会主义初级阶段和社会主义市场经济条件下，社会管理本来也应当是我国政府最基本的职能。然而，由于传统思维定式的作用，一些人仍然自觉或不自觉地把政治统治职能作为政府的最基本职能加以突出，而把政府的社会管理职能放到次要的地位。

要摆脱这种思维定式的束缚，关键在于要在思想观念上正确认识政治统治职能和社会管理职能的关系。过去，人们往往把政府的社会管理职能看作实行政治统治职能的必要补充，是从属于政治统治职能和为政治统治职能服务的。正如有学者所言，这是一种国家本位主义的观点。[②] 国家本位主义往往导致政府对社会管理和社会利益的忽视。因此，要突出政府的社会管理职能，必须实现从国家本位主义向社会本位主义思想转变。根据社会本位主义的观点，国家来自社会，又要回归社会，二者相比，社会更为根本。政治统治在一个相当长的时期内虽然是必要的，但它不是最终目的，而仅仅是手段。从根本意义上说，判断一切政府行为的价值标准都在于它是否科学地、

---

① 《马克思恩格斯选集》第 3 卷，人民出版社 1972 年版，第 219 页。
② 张康之：《政府职能的历史变迁》，载《公共行政》1999 年第 3 期。

合理地和有效地服务于社会的发展。在这里，有必要强调的是政府的公共性质。我国政府没有自身特殊的利益要求，政府要切实把自己看作社会公共利益的代表，以服务于社会的态度从事社会管理，只有这样，才能体现人民群众的长远利益和根本利益，从而为政府提供坚实的合法性基础。

　　从内涵上来看，在市场经济条件下政府的社会管理职能有着丰富的内容。这些内容当然不同于计划经济时期由政府包办一切社会事务的做法。依照市场经济的要求，市场和公众自身能够解决的问题应让市场和公众去解决，市场和公众无法发挥作用的领域则应由政府来完成。在社会管理方面，政府所要提供的内容，用经济学的话语来说，就是"公共物品"。大体说来，政府需要提供的这种公共物品主要有以下几个方面：①对社会全面发展进行宏观规划，为政府管理社会和社会自身运行提供总体性的政策框架。②维护社会公共秩序，保护产权。这是政府社会管理的一项基本内容，也是一项传统的职能。③促进文化教育的发展和科学技术的进步。文化教育和科学技术事关国家和社会经济的长期发展，其主要责任应当由政府承担，不可随意将其推向市场，推给公众。④调节收入分配。市场经济强调效率与竞争，极易造成社会贫富悬殊和不公平，因此需要政府在微观层次上对初次分配过程（如工资、福利等）进行适当干预，并在宏观层次上通过财政税收政策对收入再分配进行调节。⑤建立、健全社会保障体系。建立社会保障体系是市场经济条件下政府的一项重要职能，是维持社会稳定的主要手段之一。当前，我国社会保障方面还存在着诸多薄弱环节，全面建立社会保障体系已成为紧迫的任务。⑥发展社会公用事业。公用事业涉及范围相当广泛，具有"公共物品"的性质，直接关系到广大公众的生活质量，往往是市场无法有效解决的问题，因此需要政府来进行管理。⑦控制人口，管理资源，保护环境。人口的过快增长、自然资源的过度开发和环境的急剧恶化，已对社会的持续发展构成严重的威胁。这些方面如果没有政府的介入，将很难得到有效的遏制，因此，主要应由政府来进行管理。

　　需要指出的是，在社会事务日益复杂多变的情势下，不仅要优化政府社会管理的内容，而且还要优化政府社会管理的方式方法。传统体制下，政府事无巨细、大包大揽，并且以超强的行政手段干预社会，管理极不规范，导致侵权越权现象时有发生，既影响了政府的形象，也影响了管理效果。现在，我们正在建设社会主义法治国家，依法治国的方略要求建立法治政府。政府社会管理的方法必须从传统的以行政方法为主转变为以法律方法为主，重视规范和科学，严格按法律程序和市场经济的客观要求办事，以维护政府社会管理的合法性和有效性。

在公共物品提供上，政府应当针对不同的情况采取不同的方式。政府作为公共物品的提供者并不一定就是公共物品的直接生产者。政府在社会发展中的地位和作用应该是作为合作者、催化剂和促进者体现出来的。我们知道，公共物品包括纯粹的公共物品和准公共物品两种。政府的注意力应集中在向社会提供纯粹的公共物品上，因为纯粹的公共物品除了政府之外不可能有其他人能够有效提供或愿意提供。例如，在制定公共政策、维护社会公共秩序、提供某些基础服务、保护弱势群体合法权益等方面，就应充分发挥政府的作用。至于说一些准公共物品如公用事业、文化教育、医疗卫生等，可以通过建立政府、市场和社会组织三者之间分工与合作的良性互动的关系，借助于市场和社会组织的力量促成问题的解决。

当然，政府职能社会化还有相当长的路要走。当前，推进政府职能社会化的关键在于，政府和社会应当在互动和磨合中寻求公共事务管理的平衡点，社会有能力承担的由社会承担，社会不能承担的由政府承担，社会不能完全承担的由政府与社会合作承担，政府与社会之间应建立起公共事务管理的利益共享和责任分担机制，遵循效率，兼顾公平，共同推动政府职能社会化更全面、更深入地发展，从而更有效地发展中国特色的社会主义现代化事业。

中国基层纵横含义与
基层管理制度类型浅析*

基层是中国国家与社会的基础。就基层管理制度而言，它是我国社会主义管理制度的重要组成部分。基层民主制度建设是我国社会主义民主法制建设和社会主义政治体制改革的一项重要内容，是社会主义现代化建设的一个重要环节和重要保证。然而，什么是基层？基层治理制度又是怎样的？搞清楚这些问题对于基层建设，尤其对于基层治理制度建设而言是十分重要的。

一、基层纵横含义

表面上看，基层是为人们所熟悉且经常使用的一个概念，然而在内涵的把握上，却普遍存在着偏差。从纵向来说，有相当多的人把"基层"等同于乡镇；从横向而言，不少人把"基层组织"等同于"基层政权"。这就是颇有代表性的片面的基层观。这种基层观大大缩小了有广阔天地的"基层"的范围与内容，妨碍我们全面地搞好基层治理制度建设。因此，我们的论述完全有必要从探讨基层概念入手。总的来说，基层的概念是指国家、社会管理体系中的最低层次。相对于间接性管理为主要特征的中上管理层，直接性是基层的最突出特点，即直接面对人民群众、直接接受人民群众的监督，这些管理活动因具有直接性而没有中间环节。就具体涵义而言，可以从纵横两个方面来分析。从纵向上看，基层并不能简单地等同于乡镇。因为除了乡镇外，下面还有群众性自治组织——村民委员会和居民委员会，上面还有县、城市的区、不设区的市。正如邓小平同志1987年6月12日在《改革的步子要加快》一文中所说："调动积极性是最大的民主。至于各种民主形式怎么搞法，要看实际情况。比如讲普选，现在我们在基层，就是在乡、县两级和城市区一级、不设区的市一级搞直接选举，省、自治区、设区的市和中央是

---

* 本文原载于《中山大学学报（社会科学版）》2002年第1期。

间接选举。"① 很明显,在这里小平同志将县、城市的区和不设区的市明确界定在基层的范畴内。从横向上看,基层并不简单地等于政权。因为除政府外,还有其他基层的党组织、国家机构、社会团体以及企(事)业单位等。② 总的来说,县、城市的区、不设区的市的党组织、国家机构和社会团体、企(事)业单位以及村民委员会和居民委员会都具有管理活动的直接性,因而理所当然均应属于基层的范畴。

基层之所以成为基层,其主要不在于管理权力相对小些,而在于在各种治理体系中其特殊的地位以及由此而形成的与中上层性质上全然不同的治理模式。对于社会来说,中高层管理组织的主要意义在于为复杂的社会确立发展目标、掌握发展方向,通常由用间接选拔方式产生的人员组成权力机构,利用规范的、正式的手段执行组织管理的功能。由于基层情况千差万别,上层不可能完全了解具体的信息,及时做出合理的决策,这样,基层的管理组织的意义在于将上级的方针政策与本地区、本部门的实际结合起来,搞好基层管理。权变性、灵活性是必要的,由此就带来权力的制约和运行问题,即我们常说的向谁负责的问题。并且因不同情形,而形成不同的基层管理模式。

二、中国基层管理的主要组织形式

根据以上这些基层单位在我国政治运行机制中所处的地位和所起的作用的不同,我们可以把它们归纳为以下几个不同的类型:政党、国家机构和社会团体的基层组织;企(事)业单位的基层组织;城乡群众性自治组织。

就第一个类型的基层来说,根据《中国共产党党章》第五章"党的基层组织"的规定,"党的基层组织是党在社会基层组织中的战斗堡垒,是党的全部工作和战斗力的基础""企业、农村、机关、学校、科研院所、街道、人民解放军连队和其他基层单位,凡是有正式党员三人以上的,都应当成立党的基层组织"。由此不难看出,党的基层组织,除众所周知的街道、乡、镇党的基层委员会和村党支部外;还包括企(事)业单位中的党的组织,人民解放军连队的党的基层组织,以及本文第一节所述的基层涵义范围

---

① 《邓小平文选》第 3 卷,人民出版社 1993 年版,第 242 页。
② 施九青、倪家泰:《当代中国政治运行机制》,山东人民出版社 1993 年版,第 28 页。

内的国家机构中党的组织。

关于国家机构的基层,根据我国宪法和地方各级人民政府组织法的规定,乡、民族乡、镇是处于我国行政区划层级体系最底层次的行政区划单位,这个层次的国家机构是我国的基层国家机构。中国的国家机构包括各级人民代表大会和各级人民政府两个大方面。根据以上关于基层纵向的涵义,不仅包括乡镇的国家机构,还包括县、城市的区和不设区的市的国家机构。

关于我国基层组织的社会团体,它们是中国共产党领导下的群众组织。它们既要通过各自的组织活动,直接带领群众为社会主义建设事业努力奋斗;同时,它们又是各方面群众利益的代表,应当维护和反映自己所联系的那部分群众的正当要求和权益。从这个意义上说,社会团体也属于我国基层组织的范畴。如我国的工会、青年团、妇女联合会等就属于这类基层组织。

就企(事)业基层组织来说,企(事)业单位都是以本单位的组织及其成员为直接管理对象。企业以直接从事工农业生产、交通运输、城乡建设和商品流通等为主要活动内容;事业单位以从事非物质生产、为社会提供精神产品和劳务服务为主要内容。企业以商品生产的价值规律和基本的经济规律为自己活动的基本依据;事业单位主要以自己所特有的科技、教育、文化、艺术、新闻、体育、卫生等各项事业的发展运行规律为其活动的基本依据。企业的目的是为社会提供物质财富和盈利,兼顾社会效益、经济效益,强调经济效益;事业单位不以营利为存在的基本条件,目的在于向社会有偿提供精神财富,以社会效益为目的。随着社会主义市场经济体制的确立和发展,企业逐步摆脱政府附属物的地位而成为自我管理、自负盈亏、自我约束、自我发展的实体。各种事业单位也实行所有权、经营权与管理权相分离,走政事分开的新路,有更多自主权。由以上所论,企业、事业单位无疑也应属于我国基层组织的范畴。

就群众性自治组织来说,城乡群众性自治组织,在我国城市就是居民委员会,在农村则是村民委员会。群众性自治组织既是基层政权的基础,又是党和国家联系人民群众的桥梁和纽带。群众性自治组织直接地、经常地接触城乡社会,是党和国家联系城乡社会最直接、最广泛、最经常的基层组织,亦是国家在城乡的落脚点。党和国家可以通过群众性自治组织贯彻执行国家的法律政策,群众也可以通过自治组织向国家机关反映自己的意见和建议;同时,群众性自治组织本身又有自己的固有事务,其中有直接与当地人民福利相关的社会事务和按法律规定的自治团体应有的事务,如办理本居住地区的公共事务和公益事业、调解民间纠纷、协助维护社会治安等。因此,城乡群众性自治组织理所当然地也属于我国的基层组织。

三、中国基层管理制度类型分析

基于以上对基层涵义的认识，笔者认为，基层民主管理制度的类型主要表现为基层的政党、国家机构和社会团体、企（事）业单位基层组织、城乡群众性自治组织等直接行使管理权力的制度。它对于政党来说，是党建制度和党政关系制度；对于国家机构来说，主要是中央国家机构、地方国家机构与县、城市的区、不设区的市以及乡镇之间的权力分配制度，也是对宏观事务管理的集权制度和对一般事务管理的分权制度；对于社会团体来说，是社会团体在法制范围内的自主治理制度；对于企事业单位来说，主要是职工代表大会制度；对于城乡群众性自治组织而言，是群众性的自治制度。基层民主制度的建设与发展，就是要有效地保证各类型的人民群众直接参加国家和社会的事务管理，在社会基层有关领域设置的民主选举、民主决策、民主管理和民主监督的制度。

基层管理主体之间相互制约、相互补充形成了错综复杂的基层管理体系。基层民主管理制度包含了主体之间的关系。为了便于对基层民主制度有更加深入的认识和理解，在此，我们可以把它概括为基层的党组织同基层国家政权、社会团体、企（事）业单位、群众自治组织的关系制度；中央人民政府、地方人民政府同县、城市的区、不设区的市以及乡镇的政府之间的权力分配关系制度；政府同社会团体、企事业单位、群众自治组织的关系制度；党和政府同群众自治组织之间的关系制度。这几种关系构成了基层民主制度的最基本的内容，建立和发展基层民主制度，主要是围绕这几种关系而展开，并主要表现为处理好这几种关系的措施、办法与规定。

从基层党组织同基层国家政权、社会团体、企事业单位、群众自治组织的关系来看，由于各个基层单位的情况不同，相应地，党的基层组织的地位与作用也不同。具体表现为如下的差别：街道、乡镇党和政府的基层组织，村党支部和村委会，其职责是领导本地区的工作，支持和保证社会团体和群众自治组织充分行使民主权力。企业和实行行政领导人负责制的事业单位中党的基层组织，其职责是发挥政治核心作用，领导工会、共青团、妇女联合会等社会团体，积极开展所在单位的思想政治工作。实行党委领导下的行政领导人负责制的事业单位中党的基层组织，其职责是对重大问题按法定程序做出决定，同时保证行政领导人充分行使自己的法定职权。各级党和国家机关中党的基层组织,协助行政负责人完成承担的各项任务,改进工作,对包括行政负责人在内的每个党员进行监督,不领导本单位的业务工作。全民所有制企业中党的基层组织,发挥政治核心作用,围绕企业生产经营开展工作,监督党和国家的方针政策在本企业贯彻执行,支持厂长(经理)依法行使职权,坚持和完善厂长(经理)负责制,全心全意依靠职工群众,支持职工代表大会开展工作,参与企业重大问题决策,加强党组织的自身建设。

从中央人民政府、地方人民政府同县、城市的区、不设区的市以及乡镇人民政府之间的权力分配关系来看,必须认真研究社会的需要和国家结构形式二者有机结合的问题。如果我们从权力运行现象的角度去观察,就会看到,民主主要表现为一种自下而上运行的权力活动,它是在政治管理系统中处于被管理地位的多数人对于处于管理地位的少数人的制约。正如邓小平同志所说:"调动积极性,权力下放是最主要的内容。"① "把权力下放给基层和人民,在农村就是下放给农民,这就是最大的民主。我们讲社会主义民主,这就是一个重要内容。"② 根据我国的具体国情,特别是社会发展的需要,随着我国社会主义市场经济体制的确立和发展,一方面要求中央政府具有国民经济宏观调控和维护市场秩序的职能,要求凡是对国民经济进行宏观调控的事务,都应划归中央政府及其在全国各地的分支机构负责,地方政府不得染指;另一方面要求地方政府在中央统一法制规范下,领导与管理本地区的各种经济社会公共事务,主要负责与本地区公民生活直接相关的公共事务,为本地区公民提供社会公共产品和公共服务。因此,构筑当代中国基层民主制度,必然会存在既有对一般事务的管理,从集权型走向分权型的趋势,又有对宏观事务的管理,从分权型走向集权型的趋势。

从政府同社会团体、企(事)业单位及群众自治组织的关系来看,构筑当代中国基层民主制度,必须取消政府在计划经济体制下拥有而又阻碍社会主义市场经济体制建立的权力;把本来属于社会团体、企(事)业单位和群众自治组织而在计划经济体制下被侵占的权力,毫无保留地、实实在在地归还给这些基层组织;把过去一些属于政府的权力转移给社会中介组织去行使;政府在加强宏观管理的同时,逐步将对社会团体、企(事)业单位和群众自治组织的微观管理权归还于社会,扩大和加强各类基层单位的自主

---

① 《邓小平文选》第 3 卷,人民出版社 1994 年版,第 242 页。
② 《邓小平文选》第 3 卷,人民出版社 1994 年版,第 252 页。

权；建立和强化政府对市场经济宏观调控的权力，建立与加深管理与监督国有资产的权力和社会公共服务的权力，而且必须用法律的形式加以确立。在此基础上，建立和完善职工代表大会制度。职工代表大会是企（事）业单位实行民主管理的基本形式，是广大职工行使民主管理权力的机构。职工代表大会制度也就是企（事）业单位职工通过民主制度产生的职工代表大会，在企事业单位内部行使民主管理权力的一种制度。正如邓小平同志所说："职工代表大会或职工代表会议有权对本单位的重大问题进行评议，作出决定，有权向上级建议罢免本单位的不称职的行政领导人员，并且逐步实行选举适当范围的领导人。"①

就党和政府同群众自治组织之间的关系来看，在马克思看来，社会主义社会是"自由人联合体"，社会由人民自行管理，也就是群众参与的民主管理。在人类历史上，工人阶级首次夺取政权和运用政权的巴黎公社，其政治运行便是通过人民自己实现的，公社"表明通过人民自己实现的人民管理的发展方向"②。作为我国基层民主制度中重要内容的群众自治制度，是马克思主义自治理论与我国城乡实际相结合的产物，是社会主义民主在我国基层社会生活中的重要体现，其组织形式就是城市的居民委员会和农村的村民委员会。这种群众性自治组织的建立，就是要让人民群众充分享有民主选举、民主决策、民主管理和民主监督的权力。当代中国基层民主制度，就是要通过这种群众性的自治组织，改变政府包办群众性事务的传统做法，真正让人民群众享有自治自理、当家作主的权利，从而有效地推动我国民主政治向更高层次发展。

以上是从基层治理的领域和主体的角度来分析中国的基层治理制度的，事实上还可以从另外的角度来分析。一个深入分析基层治理类型的办法是从要件入手。笔者认为基层治理的要件有三：规则的提供、基层领导人的产生、基层治理资源的获得。从这三方面我们可以确立分析这一问题的理论框架，将治理类型分为三类：基层自治型、基层半自治型和基层他治型。自治型基层组织内的规章制度由本单位或本共同体制订和确立；领导人由本单位或本共同体成员选举或推荐产生；管理资源由自己解决，如村民自治、社区自治；其上层领导机关只对本基层内各项工作实行指导。而半自治型基层组织在三个要素方面不完全由本单位或本共同体解决，上层机关握有某方面的

---

① 《邓小平文选》第 2 卷，人民出版社 1994 年版，第 340－341 页。
② 《马克思恩格斯选集》第 2 卷，人民出版社 1965 年版，第 382－383 页。

实际控制权。他治型基层组织则是在三个方面都受到上层或上级控制，领导者只负责在自己辖区贯彻上级意图、完成上级交付的工作任务。

在中国，基层的含义是丰富多彩的，其基层民主治理类型也是各有区别的。我们应当在建设中国特色的基层民主理论指导下，深入调查研究，把握各种治理类型的条件和特征。只有这样，才能提高基层民主治理水平，推动民主建设和管理事业向前发展。

我国政府公共服务民营化存在问题分析*

——以公共性为研究视角

在公共事务治理变革的视野中，民营化是一种国际性潮流。按照民营化积极主张者的观点，民营化就是通过一系列化公为私、公私合作的方式，借以引入竞争机制，提高管理效率和服务质量，从而达到更好的社会治理效果。我国政府在20世纪90年代初逐步推行公共服务领域的民营化改革，已经显露出新的治理方式的有效性。主要表现在：第一，公共服务生产与供给成本有所降低；第二，公共服务质量有所提高，同时增加了消费者的选择机会；第三，利用民间资本建设基础设施，解决了地方财政困难与城市发展的矛盾；第四，通过市场竞争促进了企事业单位的转制。但是，对于民营化，特别是我国政府民营化改革，如果因为对某些效果（经济效率）的追求而忽视了公共管理和私人管理的根本性区别，甚至以牺牲政府公共责任为代价，那么就是对民营化的误解，实践中也不可避免地会出现问题。用公共利益是否得到满足与实现来评审我国政府公共服务民营化改革，存在的问题可归结为如下六个主要方面。

一、民营化的经济性损失

所谓经济性损失，指民营化造成国有资产的损失，它既可以直接指政府财政的损失，也可以表现为国有企业的亏损，最终，它是公众利益的损失，也远离公共事务管理的公共性出发点。民营化，正如新公共管理所主张的，以提高效率（经济效率与管理效率）为出发点和根本特色，但是由于民营化改革往往容易偏离最初的宗旨，其结果可能是政府在民营化中获得了财政危机的暂时解脱，而企业也通过某些非正当手段取得了相当可观的利润，而最应该保值增值的国有资产却在民营化中悄悄流失。

以民营化较为普遍的公私合营方式为例，一般情况下，政府会把一些

---

* 本文原载于《学术研究》2004年第3期，原作者为王乐夫、陈干全。

公共服务项目如供水、污水处理、基础设施建设等拿来与非国有资金合作，双方各占一定比例。由于政府国有资金短缺，所以只能以固定资产折价来抵充合资比例，从而形成外资实际出资，国有固定资产"以产抵资"的合作形式。在这种常见的民营化方式中，由于改革者缺少必要的知识与技能，没有完善的监督制约机制，缺乏科学的评估方法，等等，使得国有资产要么因为管理者的腐败行为而直接流失，要么因为过低的估价而间接流失。这种情况在民营化初期并不少见，特别是对于那些效益不好的国有企业更是如此。

民营化带来的经济损失还可以由于政府在民营化改革中的不当或不科学作为而产生。实际上，民营化是一个需要科学对待的改革过程，不能简单化操作，既不能一禁了之，又不能对其放任不管。近年来逐渐增多的国有资产流失案件说明，如果不对民营化过程中涉及的经济问题引起高度重视，那么问题会越来越严重。我国东北地区国有企业转制导致资财流失、工人下岗等问题就是例子。说到底，带有弊端的行政管理体制，如把集体负责制变成无人负责制，经验决策体制等往往是问题产生的根源。

二、民营化引发公平性问题

公共服务具有非选择性，公共服务对公众是不可缺少、不可替代的，因而要求公共服务供给做到公平与公正，体现公共性。在最简单的意义上，就是使服务具有普遍意义而不是少数人所特享。传统上，公共部门在公共服务供给中，生产者与消费者之间是间接关系，公众集体付费，由政府集体供给，在排除特权与腐败的情况下一般不会存在差异。例如，许多福利项目、基本的生活必需品供给等。但在市场条件下，单一的供求关系可能被打破，一是生产者以盈利为目的，它会按照市场竞争法则去选择有利于其获利的服务项目，对于那些不能很好获利但又不能不提供的服务，则有可能消极供给；二是对消费者而言，由于无须集体性统一地消费，因而可以选择不同服务或不同层次的服务，但对于那些生活困难者来说，却是没有选择权的。当一部分人被剥夺了某些选择权时，很难说是社会公正的表现。

实际上，在可以部分实现排他消费的领域，如公共交通，这种问题尤其突出。公交车是一般市民上班出行必不可少的交通工具，在这方面，住在市区的人和郊区的人不应该有所差别。国有公交不能因为住户少，地方偏，不挣钱而不开通郊区线路。但在民营化后，私营公司出于效益考虑不会积极主动去开辟"冷线",相反却争先恐后地去抢"热线"。特别是不能享受补贴的民营公司都会从谋利出发,争夺财源,而置百姓生活需要于不顾。① 显然,公共交通不是私人物品,而是一项社会公益性事业,必须首先从机制安排上保证公共利益得到维护,其次才是如何提高运行效率。

我国民营化改革在教育领域也显示出公平性损失的问题。教育,尤其是基础教育,是每一个公民都应该享受的公共服务项目,一般为义务教育。即使在西方发达国家,教育也基本上由国家供给,私有化的基础教育十分有限。但是,20世纪90年代以来,由于把教育办成产业,民营化已经成为各地提倡的激进措施。姑且不论民办教育的质量不尽人意,就是在保证公众起码的受教育权上,民办教育以高收费为门槛就使很多人失去公平入学的机会,并且还有许多乱收费现象。在高等教育领域,情况类似,由于允许教育自主收费,所以无论是公办学校还是私营学校,高昂的学费都导致一些农村贫苦学生上不起大学。从案例看,民营化仿佛是地方教育主管部门开拓财源、放弃责任的"游戏",但在"游戏"中公众普遍平等的受教育权丢失了。

三、民营化引发腐败与私人垄断问题

公共选择理论认为,政府公共部门管理中出现腐败问题,本质在于政府也是由"经济人"组成的,其趋利避害的本性与市场制度下的行为主体的本性并无差别,只是公共部门管理有一定的价值约束和制度限制。相对而言,市场则缺乏这种精神与制度安排,至少在我国市场经济体制转型期是这样。民营化不必然带来腐败问题,但在公私合作、化公为私的过程中会增加腐败的机会。因此,有学者指出,民营化使公与私广泛接触,腐败最容易发生。② 例如,在我国许多服务项目民营化改革中,政府部门与私营公司在幕后达成协议,企业以较低的价格、较好的让利及政策优惠取得某些服务的经营权,而政府官员则从中获得私利。还有一种腐败更具危害性,即企业因为行贿而以较高代价取得经营权后,为了收回本钱而抬高服务价格,最终使服务享受者的利益蒙受损失。

---

① 见《广州日报》2002 年 8 月 5 日相关报道。
② 钟明霞:《公用事业特许经营风险研究》,载《现代法学》2002 年第 5 期。

以这几年盛行的政府采购为例①,由于监督不力,一些单位或个人为了自身利益把公开、公正、透明的政府采购制度变成暗中规定,在招标中出现行政首长干预竞争,供应商与评委互相勾结,供应商之间互相联手操纵招标等问题。② 本来希望通过竞争机制使公共服务民营化给消费者带来更多更好的服务,但实际上采购的物品或服务并非同行业中的优秀者,而是那些在暗操作活动中的获胜者,其结果是可想而知的。即使是美国这样规则健全的国家,也无法保证民营化中类似的腐败。尽管联邦法令规定所有合同都要公开招标,但根据"大多数专家和政府工作报告估计,承包数额的大约85%"都未经过招标。还有数据表明,这些合同中约1/3被联邦官员私下交给他们喜欢的承包商。③

与公共服务民营化所产生的腐败问题相伴而来的可能是民营化之后形成的新的私人垄断。人们担心公共服务由政府垄断会损害消费者利益,主张通过竞争机制使服务的供给更有效率,也更加公平。但由于企业在民营化中因腐败问题留下巨额利润空缺,使一些企业挖空心思去掘取垄断利润;同时,由于民营化没有形成真正的竞争局面,使企业具有了取得垄断利润的现实条件。于是,新的私人垄断就会产生。这样,对于公众而言,民营化就是用私人垄断代替政府垄断。问题是,对于每个城市来说,供水、供电等公共基础设施是无须也不能重复建设的,不可能在一个地方设立几家供应商同时经营这些服务项目,所以民营化后存在新的私人垄断也是不可避免的。因此,政府发挥监管职能,例如设立固定价格范围,或者组织跨地区经营,让各地区运营商彼此竞争来保证服务效果等做法,看来不失为行之有效的解决办法,但攻克技术上的难题还需要时日。

四、民营化带来公共责任缺失

许多地方政府在进行民营化改革过程中,考虑更多的是解决财政与投资问题以及减少政府管理职能、减少人员编制等,而对于民营化后可能存

---

① 有些政府采购是一种广泛意义上的民营化过程,即由政府购买民营部门的公共物品或服务,再提供给公众。这种民营化原则上可以通过引进竞争机制来减少财政支出,提高产品与服务质量,但具体做法可能会发生偏差。
② 黄恒学:《公共经济学》,北京大学出版社2002年版,第557页。
③ 尼古拉斯·亨利:《公共行政与公共事务》,张昕等译,华夏出版社2002年版,第318页。

在的公共责任空白却估计不足，也或许主观上就希望能够减少政府责任。这都会引发公共部门的责任危机，最终损害公共利益。无论是承包还是特许经营，民营化之后政府都不应该把公共服务当成包袱甩掉，它仍然需要政府承担相应责任。即使国外民营化比较彻底的地方，政府也没因为服务外包而推卸责任，毕竟，公共服务可以民营化，但公共责任不能民营化。

公共行政理论认为，政府是一种委托代理机构，它必须对其委托人即公众负责，确保公众利益得到维护是政府职能中的重要组成部分。与此同时，市场行为只有在满足利润的前提下才会对消费者负责，如果没有利润，或者市场行为不受市场竞争机制约束，如垄断，则即使是公众不可缺少的服务，市场也可能不会完善供给。这里的供给不完善是指服务质量难于保证，服务价格较高，甚至根本不供给，等等。

笔者认为，对公共部门民营化中的责任问题的关注，可能一开始就与新公共管理主义范式在一定层面上的不足有关。在改革中，可能遇到的问题有：政府真正去权留责了吗？私营化的过程可以带来更好的社会效益吗？答案或许是：公共部门与私营部门，它们在所有不重要的方面都是相似的。那么，就必须认真对待公共部门（政府）性质的问题，因为这是我们研究责任与回应性的基础。特别是对于广大发展中国家而言，需要考虑的不是如何重塑或再造政府，而是如何准确判定和合理分清政府权责。

休斯指出，"责任机制将政府的行政部分与政治部分结合在一起，并最终关系到公众本身。责任机制说到底是民主制度"。因为"公民与政府的关系可以看成是一种委托—代理关系，公民同意推举某人以其名义进行治理，但是必须满足公民的利益并为公民服务。"所以"政府与公民之间的关系形成了责任机制。"[①] 由于管理主义的责任机制来源本身就存在责任问题，所以无法期望公共机构在确立一种新的责任制时不忽略或削弱另外的一些责任，例如维护公平竞争、提供基本服务，其结果可能如休斯所言，"管理主义的责任机制确实需要适当的确立并被公民广泛接受。如果责任机制含糊不清，或者很容易被回避，那些潜在的问题必将形成对整个管理主义模式的挑战"[②]。

---

① 欧文·E. 休斯：《公共管理导论》，彭和平等译，中国人民大学出版社 2001 年版，第 264－268 页。

② 欧文·E. 休斯：《公共管理导论》，彭和平等译，中国人民大学出版社 2001 年版，第 282 页。

五、民营化带来新的社会稳定问题

在我国一些地区、一些领域，实施公共服务民营化之后确实在效率上有所提高，但与此同时却带来新的问题，如突出表现为大量裁员，引起社会不稳定。对此应该具体分析。传统的公共服务机构之所以效率不佳，有两个关键因素：一是这些机构承担了大量公共福利功能，二是承载了沉重的就业负担。而一旦实行民营，私营机构就没有上述义务，除非它愿意承担。实际上，在利益驱使下，企业经营要提高效率，就必须降低成本，除了引入新的技术和管理方式外，裁员成为企业的最好选择，也是最容易立刻见效的方式。这一负面现象不仅仅是理论上的分析，在民营化改革的实践中，已经是显露的事实。

必须承认，仅在人员使用和就业安置上，国有企业与私营企业在经营上并不具有公平竞争的基础，所以就不可能抛开这些因素单纯地比较其效率高低，也不能简单地由此得出民营化的市场机制优于国有化的政府机制。那些只看到民营化后出现的短期效率提高，资金运转顺畅就主张大力推进改革，而较少关注民营化产生的社会问题的片面态度，是不负责任的。笔者认为，民营化必须坚持一个基本原则，即平稳性原则，要超前考虑和妥善处理好企业现有在岗人员及离退休人员的安置问题，防止因宣传不到位或处理不善而导致内部不稳定因素的出现。在公共服务民营化过程中，职工的稳定、企业的稳定，就是社会稳定的基础。

对于民营化可能带来的企业裁员与工人失业问题，一些地方政府已经充分预计到，并有针对性地采取在合约中明令规定不得裁员等措施。但是，由于政府对企业的监督不力，或者企业运营本身有这样那样的问题，很难保证也不应该简单要求企业在较长时期内维持员工现状不变，所以裁员等问题难免存在。对此，政府在民营化之初，就必须在各个方面做好准备，包括相应对策。否则，就不应该盲目地实施改革步骤。

六、民营化可能引发政府管理危机

对各级政府来说，实施民营化是一种公共决策的过程，它要求决策者对决策对象有充分的认识与准备，包括具备相应的专业知识技能。要注意，在我国行政管理决策科学化程度不高的情况下，任何轻率的民营化措施都可能会发生问题。事实上,公共服务民营化是个复杂的改革进程,改革者既要有公共管理知识与技能,又要有市场经济的专门技术,才有利于确保改革不会漏洞百出、反复无常。比如,在民营化中,给公开拍卖的公共服务项目定价就是非常科学的过程,这绝非靠拍脑袋就能做出决定的。如果把价格定低了,企业没有盈利,则有可能会使民营化方案流产;如果定高了,则政府财政补贴负担过重,如此等等。如何协调双方利益,需要认真对待。四川省乐山市曾把环卫清扫工作公开拍卖,但两次都未成功[1],表明光有改革意愿,而没有科学决策,民营化将很难顺利进行。

综上所述,我们看到,虽然我国民营化改革时间不长,但从公共性视角看,暴露出来的政府管理问题却不能不引起重视。某些地方政府在吸引外资发展公用事业的过程中,由于对国际规则不甚了解和"饥不择食"的心态,往往造成了重大损失或留下了商业纠纷隐患。近年来已经发生了多起地方政府违规提供财政担保、"假合资真商贷"、给外商赋予超国民待遇、超越审批权限、盲目许诺减税免税等现象;还有一些部门不顾国家的整体利益,争权利、争利益,干预地方政府的机构设置和公共项目建设管理,超越权限并违反国际通行规则突击批准多家企业进入同类行业市场等,这些不规范行为既影响了政府形象,也损害了投资者的利益。显然,作为管理者与改革决策者,政府及其工作人员都应该引以为戒,科学思考,认真对待,努力提高自身素质能力,以应对民营化改革中的新问题。从长远而言,这是决定民营化成败的关键要素之一。

---

[1] 见《华西都市报》2003年11月7日相关报道。

新时期农村基层民主政治建设的进程及其政治学分析[*]

人们关于"基层"的理解,莫衷一是。但是,归纳起来无非是广义与狭义的两种表述。根据我国宪法和《中华人民共和国地方各级人民代表大会和地方各级人民政府组织法》(以下简称《地方组织法》)的规定,从行政区划分的角度来说,基层应包括农村乡(民族乡)、镇和城市街道。这是狭义的基层观。以上述表述为基础,向上扩大到县(含县级市)和城市区一级、不设区的市一级,向下延伸到行政村,这种上浮下移的基层范畴,则是广义的基层观。本文所指的基层特指乡(民族乡)、镇和城市街道及其属下的行政村范围。

农村基层政权民主建设是基层民主建设的重要组成部分。从宏观上说,在我国的民主政治运行机制中,从中央到地方、再到基层的每一个层面都有四类政治主体,即政党、国家(包括各级人民代表大会与各级人民政府)、社会团体、经济文化组织。[①] 而在国家政权运行机制中,每一个层面都有政党、国家两类政治主体。就一般意义而言的政权,特指国家,包括各级的立法机关和政府机关。基层一级也一样。农村基层政权特指乡(民族乡)、镇的人民代表大会与同级人民政府两者有机构成的统一体。这是农村基层民主政治的最主要组成部分。

此外,实行村民自治建设也是农村基层民主政治建设的一个部分。其"民主建设"主要指以维护和实现村民政治权利为核心的民主选举、民主决策、民主管理、民主监督等"四个民主"制度建设。其中又以"民主选举"为民主政治建设的前提和基础。

---

[*] 本文原载于《江海学刊》2002 年第 3 期。
[①] 施九青、倪家泰:《当代中国政治运行机制》,山东人民出版社 1993 年版。

一、新时期农村基层民主政治建设的进程

新时期是指十一届三中全会以后的改革、开放的历史时期。党的十一届三中全会以后,以否定政社合一的人民公社高度集权化和实行家庭联产承包经营责任制为逻辑起点的农村改革,使农村社会发生了历史性的变化,推动了以民主选举和村民自治为核心的农村基层民主政治建设的大发展。其表现为两个方面:法律规定的健全与完善,实践活动的深化与发展。

(一) 法律规定的健全与完善

广大农村通过经济体制改革,村民不仅成为生产经营的主体和相对独立的财产主体,而且广大村民的民主意识也在不断增强,越来越要求有知事、议事和决事的权利,要求直接参与村里大事的决策和财务的管理。1982 年宪法根据我国农村的这种变化情况,规定了乡、镇政府为农村基层政权,取消了人民公社体制;规定了村民委员会是农村基层群众自治组织,村委会成员由村民选举产生,负责办理本地的公共事务和公益事业,调解民间纠纷,维护社会治安等。这为广大村民行使自己的民主权利和进行新的实践与探索提供了宪法依据。1985 年吉林省梨树县的"海选"模式,从参与候选人的最初提名到正式选举,完全由村民无记名投票产生,每个选民都有提名权和被提名权,充分体现了广大村民的意志和愿望。

在全国各地村民自治试验摸索所积累的经验基础上,1987 年 11 月 14 日,第六届全国人大常委会第二十三次会议通过了《中华人民共和国村民委员会组织法(试行)》。这部法律的制定和施行,使 1982 年宪法关于村民自治的规定更加具体化,使以村民委员会直接选举为标志的村民自治制度获得了实质性的进展。1998 年 10 月 14 日,党的十五届三中全会通过的《中共中央关于农业和农村工作若干重大问题的决定》,全面总结了我国农村改革 20 年的基本经验,对加强农村基层民主政治建设提出了新要求,进一步明确了扩大农村基层民主的核心内容就是要全面推进村级民主选举、全面推进村级民主决策、全面推进村级民主管理、全面推进村级民主监督。1998 年 11 月 4 日,九届全国人大常委会第五次会议修订并通过了《中华人民共和国村民委员会组织法》(以下简称《村民委员会组织法》)。这部法律是党对加强农村基层民主政治建设各项方针、政策的法律化和具体化,充分反映了广大村民在社会主义市场经济条件下更好地行使当家作主权利的愿望,极

大地推动了我国农村以村民自治为内容的社会主义民主政治建设的历史进程。

以村民自治为内容的农村基层民主政治建设，也推动了以加强和完善农村基层政权建设为内容的基层民主政治建设。农村基层政权的发展主要表现为农村乡镇人民政府和乡镇人民代表大会的发展，而这又主要体现在乡镇人民代表大会的选举，即乡镇人民代表大会主席、副主席，乡长、副乡长，镇长、副镇长的选举上。下文主要就选举过程中，候选人的产生与选举范围的发展历程进行阐述。

1979年7月1日，第五届全国人民代表大会第二次会议通过的《地方组织法》，是我国继《村民委员会组织法》后的第二部地方组织法，它就人民公社、镇人民代表大会的选举中，候选人的产生和选举范围作了如下规定：人民公社、镇人民代表大会只选举人民公社主任、副主任，管理委员会委员，决定镇长、副镇长人选；镇长、副镇长、人民公社管理委员会组成人员的人选，由本级人民代表大会主席团或者代表联合提名；候选人名额一般应多于应选人名额。如果所提候选人名额过多，可以进行预选，根据多数人意见，确定正式候选人名单；取消对人民公社管理委员会和镇人民政府组成人员数额的规定。

《地方组织法》在制定时处在改革开放之初和思想上的拨乱反正时期，所以带有明显的过渡性质。1982年12月10日，五届人民代表大会第五次会议对《地方组织法》进行了第一次修改，有关乡镇人民代表大会候选人的产生和选举范围修改为：涉及人民公社的，一律改称为乡、民族乡；将乡、民族乡、镇人民代表大会选举的范围限定为选举乡长、副乡长、镇长、副镇长，不再选举政府其他组成人员；选举可以采用候选人数多于应选人数的办法，也可以经过预选产生候选人名单，然后进行选举。

1982年对《地方组织法》所做的修改，是以1982年宪法为依据的，在候选人的产生和选举范围等方面，形成了新时期我国农村基层政权建设的雏形。随着经济体制改革的深入开展和政治体制改革被提上议事日程，1986年12月2日，对《地方组织法》进行第二次修改成为必要。其修改的主要内容有：乡、民族乡、镇的人民代表大会举行会议的时候，选举主席团，由主席团主持会议，并负责召集下一次的本级人民代表大会；乡长、副乡长、镇长、副镇长的人选，由本级人民代表大会主席团或者十人以上代表联合提名；乡长、镇长的候选人数一般应多一人，进行差额选举；如果提名的候选人只有一人，也可以等额选举；副乡长、副镇长的候选人数应比应选人数多一至三人，进行差额选举；如果提名的候选人超过上述差额，由主席团将全部候选人名单提交代表酝酿、讨论，根据多数代表的意见确定正式候选人名单；补选乡长、副乡长、镇长、副镇长时，候选人选可以多于应选人数，也可以同应选人数相等；主席团或者1/5以上代表联名，可以提出对乡长、副乡长、镇长、副镇长的罢免案。

1986年《地方组织法》的修改，使候选人的产生和选举范围更加明确、具体，可操作性更强，从而把我国农村基层政权建设大大向前推进了一步。但随着我国社会主义市场经济体制的确立和深入发展，《地方组织法》又表现出了与经济发展要求的不相适应性。于是，1995年2月28日，八届全国人民代表大会常务委员会第十二次会议通过《关于修改〈中华人民共和国地方各级人民代表大会和地方各级人民政府组织法〉的决定》，对地方组织法进行了第三次修改。

第三次修改后的地方组织法，除了重申乡、民族乡、镇人民代表大会选举乡长、副乡长、镇长、副镇长外，增加了选举本级人民代表大会主席、副主席的内容；对候选人的提名作出更为严密的规定：乡、民族乡、镇的人民代表大会十人以上书面联名，可以提出本级人民代表大会主席、副主席和人民政府领导人员的候选人。不同选区或者选举单位选出的代表可以酝酿并联合提出候选人。主席团提名的候选人人数，每一名代表与其他代表联合提名的候选人人数，均不得超过应选名额。提名人应当如实介绍所提名的候选人的情况。在确定正式候选人的方式上，新修正的《地方组织法》恢复了预选的内容，并就乡、民族乡、镇的人民代表大会主席、副主席、人民政府正职、副职四种职务候选人的确定，作出了更为详细的规定。

（二）实践探索与发展

新修改的《地方组织法》的实行，推动了我国现行乡镇国家机关领导人员选举的改革探索。这种选举改革包括选举前的人事考察程序改为以民主评议与民主测评、民主推荐、组织考察与党委决定、酝酿协商为人事考察的主要步骤；设立大会主席团程序；通过选举办法程序；组织提名与代表提名候选人程序；确定与介绍候选人程序；投票选举程序；等等。由于各个地方政治、经济、文化发展程度的不同，一些地方在乡镇人大主席、副主席、乡长、副乡长、镇长、副镇长选举中，并非完全固守这种已有的选举模式，而是结合本地的实际情况进行改革与探索，采取一些新的做法。诸如四川绵阳市进行的乡镇人大代表提名选举乡镇长的改革探索，其中心内容是将乡镇长、副乡镇长候选人由主席团、代表提名两种方式改为由代表直接提名一种方式,并确定了候选人施政演讲、答辩和代表秘密画票、公开计票等程序。山西省临猗县在村民自治组织村民委员会选举的基础上,探索出了两票选任制,即在乡镇人民代表大会选举人大主席和乡镇长、乡镇党员代表大会选举党委书记之前的人事考察中,将民主评议和民主测评的范围扩大到全体选民的一种新型选举制度。其实际内容是村民投信任票推荐候选人,人大代表和党员投选举票选举人大主席、乡镇长和党委书记及党委成员。四川省遂宁市市中区改革探索出了"公选制",这是公开推荐、选拔乡镇长、乡镇党委书记的制度设计。其具体做法包括改组织提拔干部为干部自荐,在干部候选人提名方式中引入竞争机制和自我选择机制;增加了考试程序,以"考"的办法来筛选预备候选人人选;建立了通过对考试选拔之后的候选人人选进行民意测评投票的预选程序,以确定候选人选;确定公选过程的透明度,一改过去选拔干部前的人事考察的秘密状态或半秘密状态。深圳市龙岗区探索出了两票制推选乡镇领导的做法,试行群众推荐镇长预备人选。该区实行两票制中的第一票是推荐票,或叫民意票,即民意测评中的赞成票。通过这一票,由村民推荐产生镇长的初步人选,并作为确定正式候选人的依据;第二票是人大选举票,即区、镇党委对已推荐的候选人进行资格审查后,提交镇人大主席团,由镇人大作为正式候选人进行投票选举。① 1998年11月,四川省遂宁市市中区在"公选制"的基础上,进行了选民直接选举乡镇长的改革探索。直选制的实行,使选民由直接提名乡镇长候选人发展为选民直接选举乡镇长。

我国各地在以农村基层政权建设为内容的社会主义民主政治建设改革探索过程中所出现的上述做法,不论它们叫什么名称,也不论它们采取何种外在形式,在实际内容上都包含了如何产生候选人以及如何对候选人进行投票选举两个部分。因此,我们用宽泛意义上的"两票制"来概括上述的各种形式。本文正是在这种宽泛的意义上使用"两票制"的概念,而不是某个具体地方所实行的具体制度。这种"两票制"形式的出现和推行,是新时期中国农村基层民主政治建设的新尝试。"两票制"真正体现和贯穿了民主选举的基本原则。"两票制"对候选人的确定体现了由下而上的民主集中原则。"两票制"有效地体现了民主选举的量度,具有广泛性。"两票制"体

---

① 中共深圳市龙岗区委组织部:《推进基层民主政治建设的新尝试》1999年版。

现了直接民主选举。①

二、新时期农村基层民主政治建设
进程的政治学思考

"两票制"是围绕着我国乡镇国家机关领导人员候选人的产生及其选举所做的改革和探索,从整体上有利于全面加强乡镇一级党委和政权组织建设,是基层民主政治建设的又一重大突破。由选民直接投票推荐乡镇国家机关领导人员的候选人,使我党选拔干部从机关到机关的考核转变为向社会和选民进行民意测评,扩大了选拔乡镇国家机关领导人员民意测验的范围,将人选直接交给选民选择,这正是"两票制"所蕴含的民主选举精神。无疑地,这必将对当代中国农村基层民主政治建设的发展与推动,产生非常深远的影响。对此,下面试做三方面的政治学分析。

(一) 农村基层政权建设的性质定位分析

农村基层政权建设是农村基层民主政治建设的重要内容,属于我国社会主义民主政治建设的范畴。农村基层政权建设实践中创造出来的"两票制"及其所蕴含的民主选举精神,既有利于加强和完善基层政权建设,又推动着我国农村基层民主政治建设的发展。因此,正是这种民主选举的精神,把基层政权建设和基层民主政治建设有机地联系在一起。没有民主选举,就没有基层政权建设的加强与完善,就没有基层民主政治建设。

我们将农村基层政权建设定位于社会主义民主政治建设的范畴内,其意义并不只是对以往农村基层政权建设的经验总结,更重要的是表明了农村基层政权建设未来的发展方向。马克思主义政治学理论认为,民主是公民与政权之间的关系。这种关系表现为公民权利,主要是指公民管理国家事务的权利。一个国家的公民权利表明这个国家的民主性质和民主程度。根据马克思主义的这一民主理论,我国农村基层民主政治无疑也表明了村民与基层政权之间的关系。农村基层政权是我国社会主义政权体系的重要组成部分,村民应是农村基层政权的主人。要使村民真正成为农村基层政权的主人,就必须使村民在农村基层政权建设的过程中,充分享有民主选举、民主决策、民主管理和民主监督的民主权利。因此,农村基层民主政治是使村民真正成为农

---

① 张军:《关于村民自治的思考》,载《中国农村观察》2000年第1期。

村基层政权的主人的制度保障。我们决不能脱离民主政治来谈农村基层政权建设，或者说，农村基层政权建设决不能没有民主选举、民主决策、民主管理和民主监督的实在内容。各个地方由于政治、经济、文化发展程度不同，农村基层政权建设可以，而且应该采取不同的方式或模式，但内核只有一个，就是村民必须是基层政权的主人。

同时应当看到，农村自治组织是农村基层政权的基础。因此，我们不应该把农村基层政权狭隘化。忽视村民自治委员会的存在，忽视村民自治委员会是党和政府联系群众的桥梁和纽带，忽视村民自治委员会在我国国家政治生活中所具有的不可替代的职能，否认村民自治的民主政治属性，都是有悖于客观事实和历史发展的，在理论上是站不住脚的，在实践中是有害的。

（二）农村基层政权建设的绩效价值分析

我们认为，农村基层政权建设作为基层民主政治建设的重要内容，其所引发的理论价值和实践功效，远远超出了农村基层的范围，对整个国家的政治发展和经济、社会的全面进步都产生了积极的、深远的影响。在村民直接选举村民自治委员会领导的基础上发展成长起来的"两票制"选举乡镇国家机关领导人员，在相当程度上不只是对村民自治的拓展和提升，而且从更深的层次上促进了农村民主型政治文化的形成，从而为制度层面和行为层面的国家政治民主的发展提供了坚强的文化支撑和精神动力。中国经历了两千多年的封建专制统治。在封建专制统治的高压下，人民不敢为主人，也不能为主人。社会主义国家制度的建立，虽然解决了人民不敢为主人的问题，但人民如何才能有能力去行使主人可以行使的权利？这可以说是摆在我国政治现代化、民主化任务面前的首要问题。正是从解决这一首要问题出发，实行村民自治，并在此基础上为加强和完善乡镇政权建设所做的各种形式的改革和探索，最终把选举制度由从选民直接推荐乡镇国家机关领导人候选人发展为选民直接选举乡镇国家机关领导人，以达到在各种自治形式中、在各种形式的改革和探索中，培育和融入现代民主政治的观念的目的。

一方面，实行村民自治，村民自我教育、自我管理和自我服务，可以逐渐清除村民对强权的依赖，锻炼村民的民主管理能力，培养村民的政治素质，提高村民政治参与的积极性，使村民逐步熟悉和习惯于民主的操作规程，培育独立的政治品格。另一方面，这也有利于重构国家与村民的关系。① 在旧有的计划经济体制下，国家与村民的关系是管理与被管理、命令与服从的不平等关系；在社会主义市场经济体制下，由于生产资料所有权和使用权的分离，原有的不平等关系使国家与村民之间产生的摩擦和冲突越来越多，也越来越激烈。因此，迫切需要调整与重构国家与村民的关系，"需要解决的核心问题被认为是如何改造传统的政治结构和权威形态，使其在新的基础上重新获致合法性并转换成具有现代化导向的政治核心"②。而国家与村民关系的调整与重构，只有通过农村具有民主政治属性的基层政权建设才能完成。村民从关心与维护自身合法权益的角度参与到基层政权建设中。能否维护村民的合法权益已成为村民选举和撤换村委会成员、乡镇国家机关领导人员的重要标准；抵制上级行政的如乱摊派等不合理行为，也已成为村民对新任领导的最重要的期望。因此，正是通过这种具有民主政治性质的基层政权建设，使国家与村民的关系重构为：政治上将国家与村民的关系置于宪法、法律的规范与监督之下，国家依法对农村基层和村民实行领导，村民依法履行对国家的义务，并约束自己的行为；经济上按照市场经济的等价交换原则，处理国家与村民之间的利益问题。同时，也使村民可以有力地监督和约束上级政府的不合理收费和摊派。这种监督和约束本身必然使农村基层民主由村级扩展延伸到乡镇，乃至更高一级，并成为推动国家民主、支持国家改革的基础性工程。

（三）基层民主政治建设的动力机制分析

农村基层民主政治建设的动力机制问题，实质是农村基层民主政治建设的动力来源问题，弄清楚这个问题对于如何搞好农村基层民主政治建设具有十分重要的意义。

马克思主义关于社会物质生产方式最终决定着社会的政治、文化制度的理论，是人类社会发展过程的总结。低下的生产力水平和小农经济，对于中央集权模式的强化有着极其重要的作用，这种分散的、封闭式的自给自足的自然经济，必然要求一个强有力的中央集权的政治结构与之相适应。在这种

---

① 金太军：《从国家的视角看村委会选举的成员与效益》，载《南京师大学报》2001年第5期。

② J. C. 亚历山大：《国家与市民社会——一种社会理论的研究路径》，邓正来编，中央编译出版社2002年版，第14页。

情况下，个人依附于自然环境而存在；在社会中，则表现出对于社会团体的极大依从性。人只是作为物种的个体而非独立的个体。所以，马克思指出："我们越往前追溯历史，个体，从而也是进行生产的个体，就越表现为不独立，从属于一个较大的集体。"①

但是，随着社会生产力的发展和物质生产水平的提高，特别是进入商品经济条件后，人的依赖关系已经发展为人的独立发展形态。由于商品经济是一种以主体的平等独立和平等自由的交换为基础的经济形式，大量的经济关系和经济行为表现为独立的市场主体之间横向平等的契约关系和平等的竞争关系，以及行使约定的权利和履行约定的义务行为，市场主体为各自的利益而进行经济活动，参与市场竞争和交易。因此，这种经济形式，一方面要求具有强制力的国家制度以其内含的统治阶级所认可的价值标准对利益是否正当、合理做出权威的区分与认定，并以法定权利鼓励对正当、合理利益的追求；另一方面又内在地要求由权威化的国家制度来保护平等与自由，限制或阻止对不当的非法利益的追求，从而维护经济秩序，实现主体自身的最大化利益。由此，必然会产生这样的政治要求：第一，政府的权力和法来自个体公民的赞同，例如，在自由选举中体现了这种关系；第二，政治代议制，作为一种制度，它不是秩序、等级、社会功能和阶层的体现，而是个人的体现；第三，政府的目的在于满足个人的需要，保护个人的权力，使个人能够去追求他自身的利益。②

由此，我们可以得出这样的结论，生产力的发展和物质生产水平的提高，使人与人之间的关系改变了，社会结构也必须随之而改变。由于社会制度是社会结构的组织形式，即社会组织及其管理形式，因此，社会结构的改变也会引起社会制度的变化。马克思主义的这一理论原理为我们正确认识农村基层民主政治建设的动力来源提供了理论依据。我们可以肯定地说，农村基层民主政治建设的动力来源于生产力的发展和物质生产水平的提高及其所引起的经济形式、农村社会结构形式的变化。

因此，把农村基层民主政治建设的动力来源与如何建设基层民主政治混为一谈，误认为政府的规范和政策指导是农村基层民主政治建设的主要动力来源，这恐怕是不切合实际的。片面认为农村基层民主政治源于政府自上而

---

① 《马克思恩格斯全集》第46卷（上），人民出版社1979年版，第21页。
② 参见景天魁、杨音莱《社会学方法论与马克思》第一分册，人民出版社1993年版，第107页。

下的推动的理论观点,将会导致实践中忽视社会物质生产方式的决定作用,忽视村民的主体作用,忽视提高村民民主素质的重要性和迫切性。农村基层民主政治作为社会上层建筑的重要组成部分,它并不是任何人、任何组织和任何集团从外部强加给社会的,而是农村社会发展的必然结果。新时期的基层民主政治建设正是适应了家庭联产承包经营责任制的要求,从社会政治方面保证了村民生产经营主体地位的需要,从而实现了我国农村治理模式的创造性转换。

广大村民作为农村基层民主的主体,在基层民主政治建设中应具有主体作用。同时,我们也应当看到,基于政府的独特作用和目前我国村民素质不高、尚未养成民主习惯的现实,由政府加以规范的政策指导,是非常必要的。政府的这种规范与政策指导,从国家制度的层面上看,主要体现在对基层民主政治建设的制度供给上;从各地方实行民主政治建设的实际情况来看,则主要体现为地方政权系统的不同层级部门推行基层民主政治的意愿和行为对该地村民民主政治建设效果的直接影响上。如果没有有关基层民主政治建设的政策导向,没有地方政府的组织规范,村民所要求的民主选举、民主决策、民主管理和民主监督是不可能迅速落实到我国农村基层的。政府这只"看得见的手"在农村基层民主政治建设中具有重要的作用。但政府的这种规范与政策指导并不等于基层民主政治本身,而应是对基层民主政治的制度化、法律化和具体化。因此,强调政府的规范与政策指导,不能偏离村民的意愿与要求。加强农村基层民主政治建设,应当把充分发挥村民自下而上的主体作用和政府的规范、政策指导作用相结合,这样才能全面而有效地推动农村基层民主政治的健康发展。

论"两票制"对我国基层民主政治建设的贡献*

——以深圳市龙岗区为例

党的十五大根据我国社会主义市场经济体制深入发展的实际需要,把扩大基层民主作为政治体制改革和民主法制建设的重要内容。江泽民同志《在学习邓小平理论工作会议上的讲话》在报告中指出:"扩大基层民主,保证人民群众直接行使民主权利,依法管理自己的事情,创造自己幸福生活,是社会主义民主最广泛的实践。"深圳市龙岗区积极落实十五大"扩大基层民主"的精神,以"两票制"的形式推选农村党支部负责人和镇长的做法,拓宽了基层民主的实践渠道,对我国基层民主政治建设做出了有益的探索和尝试。

这里所说的"两票制",包括推选农村党支部负责人和推选镇长两部分。就推选农村党支部班子这方面而言,"两票制"中的第一票是推荐票,或叫民意票,即民意测评中的赞成票。这一票包括下列内容:先经过村民代表、党员和党组织推荐产生党支部班子候选人初步人选;然后召开党员、村民大会,让候选人初步人选进行竞选演讲、答辩和在此基础之上的民意测评;最后组织党员、村民或村民代表按照不少于20%的差额原则,投票选出党支部书记、副书记和委员等正式候选人,报镇党委审批而告完成。这一票主要是测评初步人选在人民评价中的公认程度,是党委确定正式候选人的依据。第二票是正式选举时的正式投票。这一票是按常规程序进行的,即召开党员大会,由党员从正式候选人中选举党支部委员,再由委员选举党支部书记、副书记。这一票是党内的选举票。[①]

就"两票制"推选镇长这方面而言,第一票也是民意测评中的赞成票,由全体有选举权的村民参加推荐镇长候选人,并以其结果作为确定正式候选人的依据。第二票是人大代表选举票,即区、镇党委对已推荐的候选人进行

---

* 本文原载于《中山大学党报(社会科学版)》2004年第5期。

① 中共深圳市龙岗区委组织部:《推进基层民主政治建设的新尝试》,1999年。

资格审查后，提交镇人大作为正式候选人，按法定程序，由人大代表进行选举。①

"两票制"推荐农村党支部负责人和推荐镇长的基本概念和程序，蕴含了扩大农村基层民主，实行村民自治和建设中国特色社会主义民主政治的内涵；蕴含了在总结村民委员会民主选举制度经验的基础上，把民主选举、民主决策、民主管理和民主监督提高到乡镇一级的新意。在一定意义上说，这是一次完善我国民主选举制度、提高直接选举层次的制度创新，为我国基层民主政治建设做出了宝贵的贡献。

"两票制"对基层民主政治建设的主要贡献有下面几个方面。

一、贯穿了民主选举的基本原则

在我国，社会主义制度的建立，确立了人民在国家和社会生活中的主人地位。一切权力属于人民，人民是国家和社会最高的和最根本的权力主体。因此，人民享有管理国家的权力，是一切权力属于人民的社会主义本质和人民民主权利的宪法精神的生动体现。要"充分发扬人民民主，保证全体人民真正享有通过各种有效形式管理国家，特别是管理基层地方政权和各项企业事业的权力，享有各项公民权利"②。但是，由于我们的国家还只是处于社会主义的初级阶段，人民的权力还不可能在全社会范围内由人民群众自己直接行使，只能通过人民中的先进阶级的先进分子组成的政党——中国共产党来实现；通过人民选举出来的代表以一定的组织方式和活动形式来实现。从国家制度类型来分析，这里体现的是一种代议制民主政治的根本特征。

代议制民主决定了人民行使管理国家权力的主要方式是通过选举来实现的，即选出自己的代表来管理国家和社会的事务，没有选举就没有代议制的民主存在，人民享有管理国家的权力就无法实现。可见，选举制度是社会主义民主政治的一项极为重要的内容，是国家生活民主化发展程度的重要标志。民主选举是民主决策、民主管理和民主监督的前提，没有民主选举，也就谈不上民主决策、民主管理和民主监督。江泽民同志在党的十五大报告中指出"城乡基层政权机关和基层群众性自治组织，都要健全民主选举制度，

---

① 中共深圳市龙岗区委组织部：《推进基层民主政治建设的新尝试》，1999年。
② 邓小平：《党和国家领导制度的改革》，载《邓小平文选》第3卷，人民出版社1993年版。

实行政务和财务公开,让群众参与讨论和决定基层公共事务和公益事业,对干部实行民主监督。"这再次表明了民主选举对民主决策、民主管理和民主监督的实质意义。

"两票制"正是抓住了问题的实质,无论是从其基本概念的内涵上,还是从其具体的操作程序上,"两票"都是以民主选举为基本原则的,它不再带有任何"人治""钦定""委派"的成分。"两票制"中的民主选举,无疑是我国社会主义民主政治的组成部分,也是村民实现民主权利的一种重要的方式。农村基层党支部是农村两个文明建设的核心,担负着对农村经济建设和社会发展全面领导的责任,乡、镇是我国法定行政区划的最底层,在国家的政权体系中处于最基层,村民自治委员会是乡镇基层政权的基础。它们都是党和政府联系群众的桥梁和纽带,在密切党和政府与群众的关系、化解各种矛盾、促进城乡政治稳定和社会治安等方面起着重要的作用。村民自治委员会的状况关系到国家政权的巩固。农村党支部班子和镇领导都是村民的带头人。因此,能否选出既为党员所拥戴,又为广大群众所信赖的带头人,便成为基层民主政治建设、扩大基层民主和实现人民当家作主权利的核心问题。因为人民行使当家作主这种民主权利的原则规定,就是要通过"自己的带头人自己选"这类具体形式来直接或间接地参与管理国家事务。没有村民自己的带头人自己选,就做不到村民自己的事情自己办、自己的事情自己管。"两票制"正是对村民"自己的带头人自己选"这个重要原则提供了制度保障,保障了村民进一步享有选举权和被选举权,创造了能者上、庸者下的平等竞争环境,较好地做到了参与选举和被选举的村民的广泛性、选举的公正性和选举结果的合法性三者的统一。

二、体现了由下而上的民主集中制原则

民主选举的实质是人民通过选举,选出自己的代表去管理国家事务和社会事务,因而它是实现人民自己管理国家和社会的权利的方式,是人民充分行使当家作主权利的保障,也是人民群众真正选出代表自己利益和意愿的人的保证。民主选举的这一实质告诉我们,民主选举主要不在于形式上的人民群众有没有参加选举,而在于所选举的候选人是不是人民群众自己的代表。也就是说,如果候选人不是由人民群众依法通过一定的方式产生的,即使有人民群众参加选举,那也不是真正意义上的民主。如简单地由领导提名经过协商确定而产生候选人的方式,就不能很好地体现选举制度的民主原则,容

易导致少数人决定,甚至由某一个人说了算的结果。长期以来"领导定名单,群众画圈圈"的现象就是这样形成的。在这种候选人的确定、产生方式下,选民不知道代表是谁,更说不上了解,代表也不了解选民,这种选举流于形式,使人民当家作主的权利落空。因此,如何确定候选人成为民主选举的核心环节,是民主选举的实质体现。改进和完善候选人的产生方式,必定会对健全和完善民主选举制度的改革有重要的影响。

毫无疑问,"两票制"的实施,在候选人的产生方式上,就成为健全完善我国基层民主选举制度的一项重要的民主程序和方法,它较好地解决了候选人产生程序的这个民主选举的核心问题。深圳市龙岗区"两票制"中的第一票是民意票,是通过民意票测评初步候选人在人民群众中的公认程度,并且是确定正式候选人的依据。"两票制"推选农村党支部负责人和推选镇长,其正式选举的候选人就是在这种民意中产生的。

"两票制"通过民意测评产生候选人后,以镇党委的名义推荐并经新一届镇人大主席团研究后,再作为人大主席团提名,交由代表选举。这个做法将原来仅由党委组织部门考察镇长人选,变成由村民直接推荐,将党委组织部门的小圈子考察变成了全面的民意测评,将镇长候选人的提名权、推荐权交给了广大群众和村民,而不再是简单地由上而下的"党委提名""代表选举"了。

"两票制"通过自下而上的民意测评产生候选人的程序与方法,保证了村党支部负责人和镇长候选人真正在民主的基础上产生,是村民自己的带头人自己选的真实体现,也是我国民主选举制度的一项重要改革。这样做,有利于人民的选举权真正地得到实现。

三、体现了民主选举的量度,具有广泛性

民主是指公民的权利,主要是指公民管理国家的权利。公民享有权利的大小与多少,表明了民主的程度。任何一种性质的民主都有一个从不发达到发达,从不完善到完善的发展过程。民主程度包括民主选举的量度,具体表现为选民选举权和被选举权的大小与多少,而民主选举的广泛性则是选举权和被选举权的大小与多少的集中反映。

民主选举的广泛性也就是民主选举的量度,它表现在两个方面:一方面是指参与选举、享有选举权和被选举权的人的广泛程度;另一方面是候选人名额与应选人名额之间有无差额及其差额的大小。参与选举的人越多,享有

选举权和被选举权的人越多，候选人名额多于应选人名额而且差距越大，选举就越具广泛性。只有具有广泛性的选举，选民才能根据自己的意愿对候选人进行自由选举，选出自己满意的代表，才能体现民主原则。也只有实行广泛性的民主选举，才能提高选举的民主程度，调动人民群众参加选举的积极性，激励人民群众参政议政的政治热情；对当选人来说，也能增强他们的群众观点和政治责任感。因此，民主选举量的规定性，不仅会影响选举的结果，而且是民主程度、民主完善与不完善的重要标志。

我们说，"两票制"体现了民主选举的量度，具有广泛性，就在于参与人数的范围大和实行了候选人多于应选人的差额选举。因为，从目的来看，实施"两票制"推选办法，就是为了通过畅通的民主渠道，充分了解民意，真正地发现人才、选好人才、用好人才；从实施过程来看，最大限度地发动全体村民和党员参加民主推荐、民主测评和民主选举，是推荐、审定（候选人）、选举三个环节协调统一的过程，使组织考察与走群众路线有机地结合起来。就深圳市龙岗区而言，从参与的人数和差额情况来看，每一个程序和环节，群众的参与率都达到60%，党员的参与率超过90%，候选人比应选人多20%。龙岗区实行的"两票制"推选办法，是该区落实党的十五大精神，进行基层民主政治建设、扩大基层民主的客观需要，同时，也是该区基层经济发展的结果，反映了民主政治发展的客观过程。随着该地区的经济发展，农村城市化步伐的不断加快，人们生活水平和文明程度的大大提高，民主意识、法制意识和参与管理公共事务的意识和能力，也都得到了进一步的加强。基层经济的发展，内生了一种民主结构。村民从关心自身利益的角度去关心社会、参与社会事务，渴望选出德才兼备的人作为他们的带头人。因此，在社会经济发展内生出一种民主结构的时候，人民群众就会要求实实在在地成为民主选举的主体，去行使自己的民主权利。"两票制"的实施，实现了在社会主义市场经济体制这种新的经营方式下，把人民更好地组合起来的目的，提高了人民群众的组织化程度和参与各项事业的积极性，有力地推动了基层民主政治建设和社会各项事业更快、更协调地发展。

四、体现了直接民主选举的方向

直接民主选举就是由选民直接推选和确定选举结果的民主选举。民主选举由不发达到发达、由不完善到完善的发展过程，在某种程度上也可以说是由间接民主选举到直接民主选举的过程。因此，直接民主选举是一种完善的民主选举,也是一种彻底的民主选举。直接与间接的选举方式是民主成熟度在质的方面的差别体现。

社会主义民主是真实的民主,是比资本主义的民主高千百万倍的民主,因此,也是一种完善的民主,它可以而且应该实行直接民主选举。但是由于我国的社会主义是在落后的、不发达的社会生产力的基础上建立起来的,现在还处于社会主义的初级阶段,社会主义初级阶段的民主还不是一种完善的民主,还不可能在全社会范围内实行直接民主选举制。尽管如此,也并不能否定直接民主的社会主义民主发展方向,不能否定直接民主选举的伟大意义。而且,要创造条件,逐步发展直接民主。实行直接选举制,是体现人民当家作主的具体形式,人民群众通过直接选举产生的代表组成国家机关,实际上是直接参与国家政治生活和社会公共事务的管理,直接体现了人民当家作主的社会主义民主的本质。

随着社会主义民主政治的发展与进一步完善,特别是随着经济的发展,基层民主政治建设实行直接民主选举就成为可能。"两票制"正是适应了我国社会发展的趋势,在总结了村直接选举的经验的基础上,把直接选举提高到乡镇一级。在这个过程中,把镇级党政机关、镇属企事业单位和各村划分为若干个推选区域,由各推选区域的干部、群众采取无记名推荐的方式推荐镇长候选人,根据民主推荐和民主测评来确定正式的候选人,是"两票制"直接民主的体现,从而把村民推荐由间接变为直接,使党组织的决定真正体现民情、反映民意、集中民智,扩大了基层民主,这一举措不仅具有重大的现实意义,而且还有深远的历史意义,不可低估。

综观全国,类似的"两票制"探索不只深圳市龙岗区一家,有的地方起步还早些,也有不少独到的实践经验。我们在充分肯定其积极贡献的同时,也应该看到需要注意的问题。

一是恐怕不宜把某一模式的具体做法绝对化。如除了"两票制"外,也有"三票制"的做法。重在实质,至于具体形式,还是因地制宜、因时制宜为好。二是如何实现两票之间的更好衔接问题。"两票制"是在特定条件下产生的,选镇长中的两票,第一票全体村民参与,第二票则限于人民代表,这是根据《中华人民共和国地方各级人民代表大会和地方各级人民政府组织法》而进行的制度设计,该组织法第二十四条规定:"地方各级人民代表大会选举本级国家领导人员",如果不经人民代表大会的选举,是没有法律效力的。因此,实现两票之间的更好衔接还需要在制度上予以完善。三是要秉持辩证的态度。在我国基层民主政治建设的长河中,"两票制"是其中的一个发展模式或阶段,我们既要揭示其积极的意义,又要研究解决前进中的具体问题。只有这样,我们才能脚踏实地、一步一个脚印地迈向美好的未来。

珠江三角洲乡镇公共决策体制转型探索[*]

一、对珠江三角洲乡镇公共决策体制研究的必要性

(一) 新时期乡镇公共决策功能的凸显

改革开放之前,珠江三角洲乡镇政权的任务主要是进行社会改革,搞政治运动,抓阶级斗争。由于实行高度集权的计划经济体制,乡镇政权在经济上主要是通过行政命令和强制手段来完成上收下达的任务(收钱、收粮、组织生产),乡镇自己没有多少财力和权力,只是一个上传下达的中转机构;有时乡镇政府实质上变成了县政府的派出机构。从政策运行的实际过程看,当时珠三角乡镇一般不具有政策制定的功能,而主要是执行上级下达的指示和命令。在执行的过程中,针对不同的情况,乡镇政权仍需要作出决策。只不过由于乡镇任务简单,几件工作年年做,乡镇的决策过程相对县、市、省的决策就显得很简单了。乡镇的决策程序和相应的机构设置都很不完善。常规型的、经验性的决策已经大致上可以适应当时的要求了。这种情况,普遍存在于当时全国的乡镇管理活动之中。

经过二十几年的改革开放,珠江三角洲乡镇呈现出一种崭新的面貌。它的发展已超前于内地广大的乡镇,农村经济体制、经济方式、乡镇结构和格局都发生了根本的变化。在这个改革的过程中,乡镇政权起到了重要的主导作用。乡村经济力量的壮大,增强了乡镇政权的凝聚力、号召力和活力,为乡镇政权的动作提供了一个强有力的经济基础。更重要的是,乡镇政权成为组织地方经济活动的主体,所承担的任务更加复杂。比如,随着市场经济改革的深入,乡镇管理经济的手段由微观转向了宏观,乡镇政权必须制定宏观经济规划,确定区域经济发展战略,大力培育市场,投资基础设施和公共事业,为乡镇经济发展提供良好的外部环境等。要完成这些任务,首先要求乡

---

* 本文原载于《中国行政管理》1997年学术专辑,原作者为李联、王乐夫。

镇政权对本区域的发展目标、途径等作出正确的决策。乡镇公共决策是乡镇政权为了有效行使自己的权力,在中央及上级宏观政策的指导下,对有关本地域内全局性行动因地制宜地确定行动目标及采取一系列策略措施和政治手段的过程。乡镇政权所采取的措施正确与否直接关系着本区域经济的发展,乡镇的决策功能因而凸显出来。

例如,东莞市虎门镇在1996年独立举办了一次国际服装交易会,效果出人意料的好。当时,由镇来主办大规模的国际交易会在我国尚属首次。这对虎门镇的领导班子是一个重大的考验。在作出决策之前,镇领导班子通过各种途径,对本地生产能力、市场辐射能力等做了周密的调查、论证。镇长还带队考察了全国各地的服装批发市场。在此基础上,对虎门镇经济进行了定位,把服装作为虎门的龙头产业,并由此确定以后的一系列发展计划。

由于乡镇正处于一个激烈变动的环境中,乡镇政策已不可能单纯依靠经验进行。战略性的、非常规性的决策受到了高度重视,相应地,要求乡镇决策程序和机构逐步规范化。这也体现着公共决策功能在乡镇的发展中起到越来越重要的作用。

(二) 探索新的决策体制是实现乡镇决策科学化的保证

(1) 乡镇决策必须由经验决策转向科学决策。经验决策又称直观决策,这种决策主要依靠决策者或其参谋的个人阅历、知识、能力、智慧和经验,对未来的目标及行动方案做出决定性选择,是一种适应小生产方式的决策活动。珠江三角洲乡镇在改革开放初期,自然经济和半自然经济的历史状况使经验决策成为必然的选择。这并不意味着经验决策毫无可取之处。不过,随着珠江三角洲乡镇由农业社会向工业社会的迅速迈进,生产方式发生了巨大变化,在现代社会化大生产的条件下,决策对象日益复杂,联系越来越紧密,决策难度越来越大,决策影响也越来越深远,单纯依靠个人经验进行的经验决策,由于缺少科学理论指导,又无严格的决策程序,其失误的可能性也就越来越大。这就要求必须实现决策形态的转型。科学决策是由经验决策升华发展而来的,它是在决策科学理论和思维方法指导下按照科学的决策程序,运用科学的决策技术,选择和决定未来目标和行动方案的选择活动。它能适应现代社会大生产的要求,是保证乡镇公共决策获得成功的重要因素。

(2) 要实现决策科学化,必须建立科学的决策体制。公共决策体制是以制度化为特征的决策权限、决策行为主体和机构相结合的组织体系。其中包括五个相互联系、相互制约的组成部分,即情报信息系统、参谋咨询系统、决策中枢系统、执行系统、监督反馈系统。科学决策具有系统化、综合化、程序化、定理化、多元化的特点。现代决策体制在机构上形成了由决策、咨询和信息等方面组成的统一体。只有这几方面的工作密切配合、协调一致，充分发挥各自的作用，才能从组织上保证决策的顺利进行。在这种情况下，任何决策要实现科学化，都必须在它的每个环节上有其运作的载体和渠道。从决策的提出、咨询到确定、执行、反馈，这些环节都必须借助于按科学组织原则建立起来的规范化机构。科学决策和经验决策的根本区别之一就是：科学决策由一个现代决策体制提供制度上的支持与保证。在珠江三角洲，乡镇政府由于管理事务增多，为适应工作需要，很多乡镇政府在内部设立了很多新的工作机构，一些旧的机构职能也有了很大的改变，这些都标志着乡镇政府在更高层次上的组织进化。相应地，这也带来了政府在组织功能上的变化。在这种情况下，科学决策体制的建立已经成为一种必需，而且它的建立也具备了良好的条件。因此，乡镇要实现公共决策的科学化，必须建立健全一个由决策中枢系统、参谋咨询系统和情报信息系统、评价监督与反馈系统组成的协作决策体制，做到上下结合、职责分明、协调有序。改变经验决策中参谋、决策、执行、反馈等功能混合，机构合一的状况，实现决策体制的科学化，只有这样才有可能进行科学的决策。

（3）决策民主制度化是科学决策的要求。经过二十多年的改革，珠江三角洲各乡镇人民的生活、观念、思想都发生了很大的变化。人民群众的民主、平等意识增强，对紧密联系自身利益的乡镇公共决策表现出前所未有的参与热情。市场经济使各种利益主体分化，多元的利益主体在政治上会有不同的要求，因此，在乡镇决策中，必然以各种途径表达他们的愿望。在决策中枢内部，各决策主体的相互关系、决策权分配、职能分工等方面都发生了很大变化。因此，必须建立一种决策机制，使各种主体之间的冲突和矛盾保持在秩序的范围之内，并且有效地运用各种参政渠道，调动各方面的积极性，协调各方面的利益，使各主体在决策过程中能沿着合法有序的轨道表达其要求。党的十一届三中全会公报中指出，坚持从群众中来到群众中去，建立健全民主的科学的决策和决策执行程序，保证决策和决策的执行符合人民的利益。党的十四届四中全会通过的《中共中央关于加强党的建设几个重大问题的决定》指出，决策民主化是发展党内民主的重要内容，也是实现决策科学化的前提。珠江三角洲乡镇经济、政治、社会的进一步发展，形成了一种对民主决策内在的自觉的要求及制度化的体现。这较之内地很多乡镇更为迫切，实践使得这种要求具有了现实和理论上的意义。

列宁曾经指出,"应当懂得,现在一切都在于实践,现在已经到了这样一个历史关头:理论正在变为实践,理论由实践赋予活力,由实践来修正,由实践来检验"①。因此,对珠江三角洲乡镇公共决策体制的过去、现状及未来进行总结、比较、研究和展望,不仅有助于推动目前正处于转型期的珠三角的乡镇经济、政治、行政改革,而且可以为其他地区提供可借鉴的经验。

二、传统时期的一元化决策模式

(一) 一元化决策体制的内容

公共决策体制指的是承担公共决策的机构和人员所组成的组织体制,在宏观上由决策中枢系统、参谋咨询的情报信息系统和情报信息系统组成。我国社会主义国家政治权力的实际运作是:在中国共产党的领导下,从全国人民代表大会这个最高权力机关,经过各级人大、法院和检察院,逐级向下贯彻。运行的实质,是人民群众自己管理自己。人民群众在党的领导下,通过人民代表大会参与国家事务,给国家制定方向,确定国家活动的形式、任务和内容。我国的地方司法部门,很少参与公共政策的制定过程,主要是通过审理各种行政诉讼、刑事、民事案件对地方行政实行法律监督,为地方行政提供法律保护。而且,我国的地方司法部门是指省级至县级区域内的各级人民法院和人民检察院,因此在讨论乡镇决策时,它们的作用可以忽略。

由于改革开放之前及其初期乡镇决策大部分是经验型的、执行型的,参谋咨询和信息系统极不完善而且不能正常发挥作用,所以,这里重点论述在珠江三角洲乡镇公共决策中枢里所包括的党委、人大、政府、政协四个决策主体及其相互关系。党委集中了其他决策主体的权力,代替、超越了它们,对本区域内事务进行决策和直接的管理。这是我国高度集权的政治体制在决策体制上的反映。邓小平在《党和国家领导制度的改革》一文中说:"权力过分集中的现象,就是在加强党的一元化领导的口号下,不适当地、不加分析地把一切权力集中于党委,党委的权力又往往集中于几个书记,特别是集中于第一书记,什么事都要第一书记挂帅、拍板。党的一元化领导,往往因

---

① 《列宁选集》第3卷,人民出版社1995年版,第381页。

此而变成了个人领导。"① 从旧的体制看，在乡镇，往往是党委把本该由政府、人大、政协行使的权力集中起来，领导人又不适当地把自己的权力摆到了整个领导集体之上。这些权力之中，当然也包括了决策权。在决策中枢内形成了以一个主体代替其他主体，以"一"压制"多"的局面，破坏了各主体之间互相制衡、监督的动态平衡。党委单方面权力的膨胀，使党委与人大、政府、政协成了命令与服从的行政式领导与被领导的关系。其他决策主体成了党委的延伸机构，其职能难以有效地、正常地发挥。信息咨询系统薄弱，缺乏监督，权力高度集中的决策体制，难以杜绝"拍脑袋"决策的现象。这也使得个人说了算，家长意志型的传统决式策方式大行其道，极大地破坏了民主集中制。

有人认为，我国政治决策体制可理解为"中国共产党和中华人民共和国国家政权的各类领导者和领导部门组成的二元决策体制"。我们认为在改革前，县以上的公共决策形式上具有二元的特征。因为县级以上政府毕竟承担着大量的具体的技术性管理工作。行政首长作为二把手还能表达自己的意见。但由于党在权力资源方面占有的优势，使得党、政二者的地位和作用严重失衡，形式上的党政二元决策体制实际上变成以党为核心的一元决策体制。而在农村，连这种形式也不存在了，因为各个乡镇绝大多数以农业为中心。党委书记通常将自己的大部分时间花在农业工作上，决策任务简单，并不需要专门的、精深的技术，因此，党委书记可以直接越过行政首长进行各方面的管理。加之农村的封闭、封建主义的影响等因素，在乡镇公共决策中一元化的特征尤其突出。

（二）一元化决策体制的特色

（1）建立于党委高度集权之上的决策体制。一元化决策体制的最基本特点是党委高度集权，政府成为党委的执行机构和附属组织，人大、政协不能正常发挥作用。这种体制以社会、政治、经济、文化高度统一的结构为基础，党对社会事务——上至社会的政治、经济活动，下至人民的日常生活——实行直接的统一管理，因此具有全能主义特征。这种全能模式设想全体人民的利益是一致的，需求统一，而且全体公民思想境界高尚，各级权力中心对安排生产计划、政治运作所需的一切信息都能充分而正确地把握。因此，在决策时，否认不同利益主体的存在，否认它们在政治上、思想上不同

---

① 《邓小平文选》第 2 卷，人民出版社 1994 年版，第 328－329 页。

的要求，决策就不可能反映它们各个有别的意愿，以一种绝对统一的意志否定了多元化存在的活的事实。而且，它设想决策中枢能够得到所需的一切信息，并正确地把握，因此，能够充分地考虑一切可能的情况，作出的决策自然就全面而正确了，这与已经受到西蒙批评的全面理性的决策理论有相似之处。这种决策理论认为：决策者知道所有同具体问题相关的目标，所有有关问题的信息都是可得的，决策者一一考虑了所有可能的方案及其后果才作出决定。其实，现实生活不可能提供对这种设想的支持。这是因为，决策中枢对信息的把握是有限的，不可能完全考虑所有的可能性。因此，决策理性是有限的，只能追求满意的决策，而不可能达到最佳决策。由于一元化决策体制建立在全能主义的设想之上，前提发生了偏差，因而决策中的一些重大失误也就不可避免了。

（2）由上级党组织到下级党组织的单向性决策。由于强调权力的高度统一，反对、压制和取消多元的存在，在决策中只承认一个绝对利益、一个权威中心、一个信息来源的存在，所以，整个体系基本上还是以单向沟通为主。乡镇的决策多是由上而下层层传达下来的指标，经过乡镇党委这一层级，再直接向下面的村、区党支部传达。决策者听不到也听不进不同的声音，增强了对上级的依赖心理，自身毫无创造性、主动性。对下级、群众的正确意见置之不理，独立决策使得决策与现实脱节的情况屡屡发生。

（三）一元化决策体制形成的历史原因

一元化决策体制形成的基础在于高度集权的政治体制和经济体制。最主要的原因有以下几点。

（1）借鉴了当时苏联的计划经济体制和政治模式的实践。列宁关于共产党领导国家政权的思想，关于党政关系的论述，以及斯大林的高度集权的计划管理模式，对于当代中国政治体制的形成和发展，产生了重大的影响。

（2）高度集权的计划经济体制。新中国成立以后的经济管理体制，主要是从苏联模式照搬而来的。同时，由于新中国要优先发展重工业，客观要求高度集权的计划经济体制，这是我国最高度集权的政治体制形成的基础。中华人民共和国成立后，有一段时间闭门排外，工作重心放在内陆。为了平衡全国的发展，要求各个地方采取一致的政策。珠江三角洲虽有沿海并毗邻港澳的优势，但资源大量被调拨用于内地建设，自身没有获得充分的发展，所需要的资源要由政府进行统一调拨。经济上的集权要求政治上的集权与之相适应，这样，一元化决策体制的形成就不可避免了。

（3）巩固农村政权的需要。中华人民共和国成立后，由于自然经济和半自然经济还占有相当的比重，尤其在农村，封建主义残余和小生产习惯势力还有广泛的影响，传统的宗族、大家庭的势力，阻碍了个人对一个统一政权的认同，党必须依靠自己的组织，摧毁各种权威。在这个过程中，党组织的权力极大地得到了加强。农村中残存的宗法观念、等级观念、集权的家长制等也对各种体制产生很大的影响。基层政权巩固后，党树立了作为唯一权威的形象，一元化决策体制是它在制度上的体现和保证。

（四）一元化决策体制的历史作用及局限

一元化决策体制的形成有其历史的必然性和必要性。在历史上也产生了一定的作用。

第一，中华人民共和国的成立，使中国共产党取得了公认的领导核心地位。那时各级政权尚处在初创阶段，对于十分迫切的恢复经济、民主改革事务的领导和管理，通过在形式上和组织上更为健全的各级组织机构来实现是形势的需要，一个高度集权并拥有巨大权威的政党，有利于社会的稳定、政权的巩固，也更有利于政令的贯彻、执行。

第二，中国广大的农村，经济发展缓慢，是封建势力、封建思想的盘踞之地。党的基层组织作为基层政权的核心，为了与当时的国民党残余势力、地主、土匪作斗争，保护土地改革的顺利进行，巩固新生的基层政权，不能不集中一切力量于党委手中，以领导当地的政治、经济建设。党坚强有力的领导以及从中央到乡村的严密组织机构，使得党的力量和影响真正深入到了中国的每一个地方，从而建立了广泛的群众基础，这也有利于消除地方的离心倾向，维护国家的统一，实行对全国的统一管理。

第三，当时我国为了优先发展重工业，不能不集中所有可能集中的经济力量，使国家形成坚实的现代工业基础，并为初步建成一个独立的工业体系提供保障。这在客观上要求一个强大的集权政府，动员全部社会资源，并把它纳入有利于实现这一重大目标的秩序之中，为实现这一重大目标服务。当时，中国农民作出了很大的牺牲，如果没有农村基层党组织的带领和组织管理，这个"原始积累"的过程不可能那么顺利地完成。

当然，随着经济的发展和经济体制的变革，原有的一元化决策体制赖以存在的客观基础发生了变化，一元化决策体制逐步显露出局限性和弊端，并丧失了存在的必然性。

第一，弱化了其他决策主体。由于高度集权的领导体制的影响，乡镇党委的决策权力得到强化，从而直接弱化了其他决策主体的活动。乡镇党政不分的现象极为严重，党委代替政府，成为乡镇社会公共事务的管理主体，并且在很大程度上取代了政府的行政职能。党委书记处于行政首长的位置，直接管理一切具体事务，乡镇长的法定职权难以有效地行使。这种党政不分、以党代政的高度集权的一元化决策化体制，一方面，使得法定的行政首长无法独立行使宪法所赋予的决策权力，不能对本区域内的行政事务实行统一的、强有力的领导；另一方面，党委虽然越过政府取得行政决策权，却又不必在宪法和法律上承担任何责任，这就造成了决策权力和责任的分离，严重影响了决策效能。

党委直接管理、包揽一切事务的领导方向，也使得乡镇人民代表大会难以发挥法定功能，难以对政府进行监督。乡镇人民代表大会是基层国家权力机关。但按我国宪法，乡一级人民代表大会不设常务委员会。大会闭会期间，只有一个人民代表大会主席团的虚位存在。它只在会议期间实质性运作，闭会期间几乎不处理事务。人大代表因此很难起到沟通民众、反映民众愿望、代表人民群众行使决策权的作用。而且乡镇政府代行乡镇人民代表大会常设机构的职能，担负着组织乡镇人大代表直接选举、召集乡镇人大会议、选举和罢免乡镇长、创制项目、复决要案等直接行使民权的工作。乡镇政府应是乡镇人大的执行机构，但由于党政不分，以党代政，政府成为党委的执行机构，人民代表大会的权力被架空，不能实质性地行使其法定的立法决策权。这样，决策领导程序中的党委制定大政方针、人民代表大会通过立法使之转化为国家意志、政府执行具体部署这三个相对分离的环节就变成了一个环节。现代决策体制所要求的结构分化、决策功能分化当然也就达不到了。

第二，沟通渠道单一，人民群众的意愿不能充分表达。人民代表大会、政府、政协作为乡镇公共决策的主体，有权参与决策过程，从自己的角度提出决策建议，并对本乡镇的决策进行监督。因此，它们都应各自建立一套联系群众，收集群众意见与各方面信息的方法、程序。比如人民代表大会主要是通过人大代表与选民的联系制度，及时了解群众的意愿和要求。政府通过在执行决策过程中不断收集反馈信息，与人民进行沟通。政协则面对党外民主人士，总结党外民主人士对政策方案的评议，以政治协商的方法向党委反映其要求。这三种渠道使乡镇公共决策能够充分反映各方面的合理要求，使社会的各阶层都能有表达愿望的机会和途径。但在一元化决策体制中，由于乡镇党委第一书记实际上独揽大权，使得作为整体一个组成部分的党委却膨胀为唯一存在的主体。决策整体在抽象的层面上虽然得到了高度强调，但在具体的操作层面上却被抹杀，还堵塞了各阶层群众参与决策过程的渠道，极大地压抑了他们的参政热情。整个决策系统的创造性被窒息，和外界的交流能力退化，政治参与的渠道萎缩，信息渠道不畅通。决策只有从上级到下级在党内单向进行，而且决策系统只有政策输出，得到的反馈不真实、不充分。因此，决策者也就越来越走向了封闭和僵化。人民群众的意愿如果被压抑得太久，他们的不满就要以种种方式表达，甚至用激烈的方式爆发出来，以期通过超常规的手段引起决策者的注意，从而将自己的要求列入当地的政策议程。这种表达愿望的方式常常会给社会带来一定的危害。

第三，决策信息泛政治化，信息不能有效交流。决策过程其实即是一个信息搜索、归纳、整理、比较、选择和转化的过程。我国政府改革前所具有的全能主义特征，使社会政治、经济、文化高度一体化，政治行为与其他行为尤其是与经济行为不分，结果使政治目标成为整个社会压倒一切的终极目标。社会的其他行为都被视为政治行为的延伸，一切活动都被赋予了政治的意义。所有的信息都被政治化了，决策主体因此无法判断什么才是真正的政治信息。这样，决策出现判断失误也就不可避免了。

由于决策权力过分集中于党委和党委第一书记，其余决策主体作用发挥不充分，四个决策主体之间职责不明，权力移位，互相扯皮，沟通难以有效进行，相互之间的信息交流也没有规范化、制度化。在珠三角乡镇公共决策的信息沟通网络还没能建立起来的时候，能够通过党组织这条渠道反映到决策主体的信息量少而且失真的程度高。即使在这条沟通渠道中也是以单向性沟通和垂直性沟通为主，而且这种信息沟通渠道经常受阻。一方面，党委的决策不能得到有效的执行；另一方面，决策执行中的反馈信息不能及时掌握，真实地反映给决策主体。由于决策主体难以预先控制和跟踪，进而修正决策，因而只好等到出了问题再进行补救，这就造成了社会资源的浪费。

除了以上所列的三点之外，乡镇一元外决策体制还导致了独断专行的决策方式，决策效能低下、无法对决策权的行使进行监督等弊端。这一切都表明，一元化决策体制虽产生过一定的历史作用，但随着社会的进步，已经到了非改不可的时候了。

三、一体化多元化决策模式的新选择

（一）乡镇公共决策体制处于转型期

（1）经济体制改革推动政治体制、行政体制改革。以中共十一届三中全会为标志的改革开放，推动着珠江三角洲进入一个新的转型时期。经过二十几年的发展，珠江三角洲正在经历着从传统的计划经济体制向社会主义市场经济体制的转变。这是珠江三角洲的社会重大变革。珠江三角洲的农村经济结构发生了根本性的改变，第二、第三产业比重大幅度提高，乡镇经济格局由过去单一的纯农业经济迈向高度工业化。社会经济学者们评价：这些集区域性政治、经济、教育、文化、科技、信息、金融于一身的现代经济小城镇，已将珠江三角洲连成了一个黄金三角区，成为我国目前经济基础最发达、市场最繁荣的城市化地区。珠江三角洲市场化改革所带来的不仅仅是经济上的巨大收获，由市场经济所启动的政治体制改革、行政体制改革也一直在进行着。上层建筑必须适应经济基础，经济基础改变了，作为上层建筑的政治体制、行政体制也要相应地进行改革。我国的政治体制改革相对滞后于经济体制改革，随着社会主义市场经济体制的逐步建立，现行的政治体制对于经济体制改革的制约性已变得十分突出。邓小平同志指出："我们所有的改革最终能不能成功，还是决定于政治体制的改革。"[1] 他又指出："现在政治体制改革每前进一步，都深深感到政治体制改革的必要性。"[2]

旧的僵化经济体制不是孤立地存在着，它与权力高度集中的政治体制相互影响、相互制约，二者有着密不可分的联系。不进行政治体制改革，已经取得的成果就难以巩固。所以，政治体制改革是经济体制改革的迫切需要。

珠江三洲乡镇由于在乡镇经济起飞中担任主导作用，经济发展与政治体制之间的矛盾也就更加突出。首先，以单一的行政手段来指导经济，容易忽视经济杠杆的作用，不能适应市场经济的发展。其次，政府的角色错位、政企不分的体制，使政府一方面作为企业的所有者、经营者，要追求经济效益的最大化，是微观经济主体；另一方面，作为社会管理者，除了经济外，还要管理政治、教育、文化等社会各个领域，是宏观调控主体。这两方面的矛

---

[1] 《邓小平文选》第 3 卷，人民出版社 1993 年版，第 164 页。
[2] 《邓小平文选》第 3 卷，人民出版社 1993 年版，第 176 页。

盾使政府不能有效行使宏观调控职能，甚至有些乡镇政府以牺牲社会效益为代价追求经济效益，还滥用行政权力来保护本地的经济。地方保护主义已经严重阻碍了统一市场的形成，这是政府的短期行为所造成的。同时，这也说明乡镇政府如果不进行政治体制改革和行政体制改革，就不能公正、有效地进行宏观调控。

（2）乡镇决策体制改革是政治体制、行政体制改革的重要内容。珠江三角洲的政治体制、行政体制改革也如同经济改革一样，在全国先行一步。并在党政分开、政企分开等领导体制改革方面积累了不少经验和行之有效的做法。

实现决策的科学化和民主化是行政体制改革的重大课题，因此，公共决策体制改革被包含于行政体制改革之中提上议事日程，同样面临着一个转型期。一元化决策体制、经验决策已经和珠江三角洲建立社会主义市场经济体制的客观要求格格不入了。从决策和管理角度来看，市场体制本质上是一种分散决策机制。如果商品生产者不能根据市场要素及其价格的变动自主地进行生产、变换和投资决策，就谈不上高效进行市场资源配置。权力过分集中必然会排斥、削弱市场机制的作用。市场经济要求实现等价交换的平等原则和按劳分配的公平原则，允许多个利益主体的存在。这逐渐培养了人民的民主平等意识。各种经济利益主体在政治上会有不同的要求，它们积极介入政治，促进了政治参与的不断发展。加速建立科学的决策体制既是实现政治民主化基础的保障，又是关乎珠江三角洲乡镇现代化建设事业前途的根本性问题。

在长期的改革过程中，珠江三角洲人民的生活方式、生产方式、价值观念发生了深刻的变化。人民参政热情高涨，各种社区组织代表不同的利益主体进行活动，参与乡镇公共决策，决策中枢内几个主体之间职权的相互关系、工作方式都有了各种变化，信息咨询机构也初步健全，这一切都推动了乡镇公共决策体制的转变，也为这个转变创造了条件。现在，有必要对改革所积累的经验、做法进行总结，突破旧体制的局限性，探讨建立一种新型决策体制以容纳、规范和指导乡镇决策过程中各种主体的运作。我们把这一新型的决策体制称之为一体化多元化决策体制。

（二）一体化多元化决策体制形成的过程

（1）由十一届三中全会启动的改革。党的十一届三中全会，不仅开始了对传统经济体制的改革，而且开创了行政体制改革的新纪元。农村实行家庭联产承包责任制,既是经济体制改革的重大步骤,也是政治权力的重大调整。这必然触动人民公社政社合一的体制,人民公社不能再直接干预生产经营。自1979年起,珠江三角洲乡镇管理体制进行了大的调整,乡镇政府几经改革,工作开始走上正轨。1983年秋,广东实行政社分开,由过去的"政社合一"的公社、生产大队、生产小队高度集中的垂直管理体制改变为政社分设的乡、村、组的相对独立和集中的管理体制。自主权力在基层政权体制中的比重日益增加,农村基层政权建设也得到了加强,为日后党政分开、加强人民代表大会的作用等打下了基础。

(2) 决策体制转轨的摸索和积累经验时期。从20世纪80年代初到1992年,是珠江三角洲乡镇公共决策体制的转轨探索期。乡镇企业的异军突起,对乡镇决策体制的改进是一个重要的契机。1991年,广东省乡镇企业的总收入突破1000亿元大关,占农村社会总产值的60%,成为农村的支柱产业。在这一时期中,乡镇政府充分发挥了主导作用,促进了当地乡镇企业的兴起和经济起飞。世界银行中国局经济学家威廉·伯德、世界银行国别经济局财政政策处高级经济学家艾伦·盖尔伯对我国东部沿海地区乡镇企业的起步与发展进行了多年研究后,认为各级地方政府、乡镇、村,有时也包括生产队,在支持和促进中国乡镇企业的迅速发展方面起着决定性的作用。当时乡镇政府在许多方面参与乡镇企业管理事务,以帮助乡镇企业进入市场。从乡镇企业的产品开发、生产、经销以及扩大再生产,到投资、贷款、雇工、紧张物资调拨,乡镇政府都直接或间接地参与管理。尽管有些做法现在看来不符合政企分开的原则,但在当时不仅推动了乡镇企业的发展,而且大大提高了乡镇政权决策的能力,拓宽了决策范围。

这时,我国的政治体制朝着建设中国特色社会主义民主政治这个目标,逐步进行了改革。机构改革随后进行。1990年行政体制改革被正式提出,其中当然包括对决策体制的改革。党中央也多次提出要建立健全民主的科学的决策和决策执行机制,指出决策民主化和科学化是政治体制改革、行政管理体制改革的一个重要课题。在这样的大环境下,珠江三角洲乡镇各自根据实际情况进行了改革,完善相关规章制度,以党代政、政企不分的状况得以改善,人大、政府、政协的决策权力得到了加强。由于经营企业必须及时了解技术、信息和市场变化,乡镇领导日渐重视决策前的信息收集、分析、咨询。一些乡镇领导甚至聘请省、市和县有关部门的专家和一些研究机构作为他们的顾问,提供对预算、税收、市场预测等方面的咨询。这样,各乡镇的信息咨询系统逐渐建立起来了。乡镇领导们的视野开阔了,在吃透中央和上级政策精神的同时,更注重结合本地的优势选择自己的发展道路,而不再是单纯地照章执行。这表明,乡镇决策中枢的政策水平有了提高。随着经济体制、政治体制、行政体制改革的逐步深入,基层民主政治建设也逐步深入,珠江三角洲决策体制的改革也逐步突破了一元化决策体制的局限,进入转型的实质性阶段。

(3) 新体制的初步确立。1992年党的十四大正式确定了由计划经济体制向社会主义市场经济体制转轨的目标。邓小平的南方谈话和党的十四大的召开,标志着我国政治体制、行政体制进入了一个真正深入改革的新阶段。珠江三角洲乡镇决策体制的转型也进入了实质性阶段。党的十四届四中全会提出"建立健全领导、专家、群众相结合的民主化科学化决策机制"。这是与两个根本转变息息相关的改革。珠江三角洲各乡镇都按照实现两个转变的要求进行了调整,对政府职能、机构设置、基层政权建设等方面进行总结和重新定位,巩固了前些年所取得的改革成果,制定了一套行之有效的措施和办法,这样,新型的一体化多元决策体制就初步确立起来了。

(三) 一体化多元化决策体制的基本内容与特色

国家与国家间的公共决策模式往往存在着很大差别,而在同一国家内的不同地区,差别也同样存在。这种差别主要是由经济结构、文化结构、历史习俗等因素决定的。珠江三角洲乡镇的一体化多元化决策体制是:以党委为乡镇决策的核心,党委、人大、政府、政协四个决策主体相互联系、共同决定乡镇政治、经济、文化等发展战略的决策、执行、监督、调整,社会各方面通过多种形式参与决策过程,从而形成有机的、良性的循环系统。一体化是指决策中枢内党委、人大、政府、政协四个决策主体之间相互联系、不可分割的关系,它们共同构成一个统一的政策主体。在决策过程中,在党委的领导下,各党派、群众团体和广大人民均可按照有关规定,可通过自己的代表以政治协商会、人民代表大会等组织形式参与政策制定,也可通过大众传播媒介和信访以及固定的接待日等途径参与决策过程。因此,这个决策体制具有多元的参与渠道。多元化是指社会各方以各种形式参与决策,有意识地影响决策结果的元素增多。除了公民、工会、共青团、妇联等传统的参与元素外,近年来,大众传媒、咨询机构、各种社团组织、中介组织等的兴起,对乡镇的公共决策也产生了重要的影响。

这种决策体制有三个方面的特色。

(1) 确立了党委在决策中的核心领导地位。一体化多元化决策体制,坚持以党委为决策主体的核心。党委的领导权是整个体系有效运行的保证，但党委的领导是政治领导、思想领导和组织领导，不再直接对政府发号施令，不再干预行政事务。

人民代表大会通过法律程序，把党委的领导权具体化为政府的行政权。乡镇政府作为基层国家行政机关，在执行职权的过程中，其行政决策是乡镇公共决策的一个重要组成部分。政协行使监督权、参政议政权。决策中枢里这三个决策主体职权的充分行使，是对党委领导权的有力支持。各阶层人民群众、大众媒介，社团协会、中介组织等通过信息咨询机构以及党委、人大、政府、政协独有的信息沟通渠道参与决策过程。决策中枢以法定的程序、方式了解信息，倾听民众声音，履行决策职责。这几个层次的相互关系可用一个同心圆来表示，越往外层，权力则越具体越细化，但任何外层都必须服从里层，是紧紧绕一个核心——党委而有序地运作的。

（2）体现了决策中"一"与"多"、"民主"与"集中"的辩证统一。在一体化的决策中枢中，要突出和坚持"一"个主导核心，但决策时，又要广泛地听取人大、政府、政协的提议、意见。以"一"领导"多"，以"多"支持"一"。这是在一体化决策中枢内的民主与集中。而在整个一体化多元化决策体制中，决策中内的四个决策主体是一个整体。它的正常运作，也必须依靠多元的支持。社会各阶层是决策中枢赖以生存的外部环境，外部环境的要求是决策中枢的决策内容。因此，在整个一体化多元化决策体制中也存在着"一"和"多"的统一。尤其是乡镇政府转变职能后，要建设强有力的市场经济管理部门和综合部门，减少专业管理部门，将行业性、社会性和公益性事务尽可能转向中介组织，作为政府和公众或企业联系的纽带。一些部门要转向商业性服务实体，介于政府与社会之间的中介组织将有很大发展，如行业管理、劳动就业、合同仲裁、外贸代理、律师会计、消费者权益保护及种种咨询服务等。

企业之间联合的企业集团将会发展。随着市场经济的发展，协调和组织经济，社会事务的政府及非政府组织将呈现多样化、多渠道的新格局。原有的在计划经济体制中形成的以政府为主体的官本位、等级制金字塔的垂直隶属关系的组织结构将逐渐弱化，代之而起的横向或多向交往的组织结构将会有大的发展。这些中介组织、企业集团会不会成为利益集团，现在还不能断言，但无疑它们对政府的决策是敏感的。对某些涉及自身利益的政策，它们也会努力争取有利于自己的结果。这是一件好事，表明这一类的主体开始具有自身地位的觉悟并开始运用自己的力量来影响决策。

乡镇决策的多元化是以一体化为前提的，而一体化又以多元化为基础，虽然决策中枢里的决策主体以及力图影响决策的元素都有多个，但彼此之间不存在根本价值、利益的分离和冲突。同时，由于一个领导核心的存在并处于某种特殊的地位，因此能够对多元起领导、指导作用，保证了多元活动能够有序地进行。

"一体"和"多元"的紧密结合，使一体化多元化决策与精英决策有着本质上的不同。精英决策理论认为，决策是由为数不多的掌权人物作出的，公共政策并不反映人民的要求，而是反映了极少数决策者的利益、感情和价值观。精英决策理论从本质上否定了群众的参政能力，夸大了杰出人物的作用。我国是人民群众当家作主的社会主义国家，人民群众参政议政就是行使自己的应有权利。决策中枢有着广泛的群众基础，它是从人民群众的根本利益出发来制定政策的。因此，精英决策理论不能用来解释珠江三角洲乡镇公共决策的过程。

多元化决策认为，决策过程是社会上各种力量相互作用的结果，只有很少人能够直接参与决策，但人们可以通过各种渠道迫使决策者接受其要求。在一个多结构存在的社会中，各种力量，甚至包括人民的力量，都会对决策者的政策产生影响，这是由社会特点决定的。多元化决策理论较能反映决策过程参与者的作用与影响。但是这种理论的前提是多党制的政治多元化。现代政治本质上是一种政党政治。政党在政治决策过程中发挥着重要作用。在不同国家的政治系统中，由于政党制度的不同，政党在政策决策过程中所发挥的作用也不同，因此，各国的公共决策模式存在着很大差别。在美国这样的多党制国家里，在政策制定的过程中政党更多的是作为各种特定利益的经纪人而非倡导者而存在。我国实行的中国共产党领导下的多党合作的政治协商制度，与西方的多党制、两党制有着本质的不同。中国共产党代表的不是某一利益集团的利益，而是全体人民的利益。我国的政党组织以参与者的身份在决策过程中发挥作用，而并非以利益集团代表的身份进行竞争。我们不能简单地把多元化等同于民主。多元化只是实现民主的一种手段而非目的。因此，不能把单纯地追求多元化当作是我国乡镇决策的民主体现。

此外，由多元论而推导出的渐进决策认为，决策过程只是决策者基于过去的经验对现行政策稍加修改而已。决策者在决策过程中，由于受到各种力量的牵制，他们只能对现行政策进行修正，不能做彻底改变。渐进决策论注重事物变化量的积累，以量变导致质变，这是它的合理之处。但它把这一点绝对化了，一旦社会条件和环境发生巨大变化，需要彻底改变以往的政策时，渐进决策就不适用了。而一体化多元化决策就保证了政策中枢能以国家、集体的利益为重，根据广大人民群众的要求果断抛弃旧的政策，以促进社会主义社会的发展，因此，一体化多元化决策体制，体现了决策过程中的"一"与"多"、民主与集中的辩证统一。

（3）一体化多元化决策体制是一个开放的体制。这是一个开放的、交流的决策体制，它保证了政策的输入与输出实现动态平衡。处于这个体系内不同地位的主体具有不同的职责，有不同的子目标，这就需要在系统内部通过信息的改变而造成信念和态度的变化，并进而在此基础上运用权威进行集中的协调。

通过近年来不断完善的各种制度，人大、政府组织的调查制度，信息咨询机构对民意的收集研究，领导干部的接待、调查，等等，都为社会参加决策体系提供了多种渠道。输入输出机制的完善，满足了社会各界参与决策的要求，社会对决策体系的目的、意向有宏观了解，激发了他们的主动性、权利意识和创造性，进而促使他们积极参与决策过程。

几乎没有一项决策是由某一个人制定出来的。即使某项决定的最后制定是由某个人完成的，但该决策各组成部分的内容仍是从参与前提形成的很多人里经过正式的或非正式的信息沟通渠道传递而来的，几乎一切决策都是经过这样一个复合过程制定出来的。

（四）一体化多元化决策体制在实际运作中的体现

在珠江三角洲，乡镇党委根据中央、上级的政策指示和本地区实际情况提出决策构想，然后通过咨询机构，工、青、妇等群众组织进行民意调查，广泛征求意见，对决策构想修改完善，并通过政协组织专门班子进行调查研究，评议献策，再放手让咨询部门科学论证，形成决策意向后，交人大或其常委会讨论决定，最后由政府组织实施。在这个决策过程中，领导联席会议（由党委委员、人大常委会委员、政府主要负责人、政协负责人参加）是四套班子沟通联系的经常性制度，共同对本地区重大事务进行决策。

在乡镇的政治环境当中，党委同政府的关系是第一位的。珠江三角洲乡镇由于政府管理社会事务的能力已有了很大提高，在党政关系上较早突破了过去的以党代政的形式。各乡镇根据本地经济发展对领导班子结构的要求和当地党委政府干部素质能力的状况，结合本乡镇党政领导体制历史发展中形成的某些优势，在不同的地方采取了不同的运作方式，主要分为以下三种类型。

第一，岗位分设，交叉任职。乡镇党委书记、乡镇长职位分设，但党政领导班子成员交叉任职。

第二，岗位分设，综合工作。党政虽然分设，但在运作过程中把党委、政府两套班子的成员合起来，按各人所长，分成三组：一组抓规划和新项目工程；一组负责与上级有关部门联系，落实全乡镇经济管理措施；一组抓精神文明建设和机关内部各项行政事务。

第三，党政合一。乡镇党委书记、乡镇长由一人担任。党委、政府两块牌子，一套人马。但这种合一，不是职能的混合，而是党政职能的发挥落实到同一个人或同一个班子身上。

上述三种类型虽然各有利弊，但至少说明乡镇长们在决策体制中已取得了独立的发言权，乡镇行政决策是公共决策的一个重要组成部分。乡镇行政首长的决策建议对人大、党委的决策都有重要的影响。

乡镇人民代表大会主要是通过集中民意，形成议案，监督政府工作等方式参与公共决策过程。人民代表大会制度是我国的根本政治制度，实行这一制度保证广大人民享有管理国家事务、社会事务的权利和民主权利。以前由于乡镇人大没有常设机构，影响了其职权的正常发挥。现已有人提议建立乡镇人大常设机构，配备专职工作人员，可以由乡镇党委书记兼任常设机构的领导人，使党对乡镇政府的领导通过程序实施，也可以此保证人民群众对乡镇工作的参与监督。珠江三角洲各乡镇的解决途径是扩大乡镇人大主席团的职能。从1988年起，各镇设立了人大主席团及专职常务主席。主席团向本级人民代表大会负责并报告代表大会闭会期间的工作，接受代表和选民的监督。人大主席团常务主席参与乡镇党政领导班子的重大活动，建立乡镇政府首先定期向主席团汇报工作的制度。主席团评议乡镇人民政府及其工作部门的工作，反映民情，组织代表视察、检查、调查、监督乡镇人民政府及有关部门办理代表提出的意见及建议，受理群众对本级政府和国家工作人员的申诉和意见。如台山市那扶镇建立了两个接待制度（人大主席团接待代表，代表每半年接待一次选民），解决了很多群众反映的问题。实践证明，乡镇人大主席团常务主席的设立更加有利于乡镇人大工作的开展和进一步完善人民代表大会制度。乡镇人大主席团常务主席参加乡镇党政领导联席会议，参与乡镇重大事项的决策，在决策中枢里树立起人大的权威，并通过制定、巩固主席团议事制度、代表小组活动制度、主席团联系代表制度、代表联系选民制度、代表视察制度、办理议案制度、建议制度、评议政府工作制度等，保证了基层人民群众参与决策渠道的畅顺，促进了基层民主建设。例如，

1996年12月，乐昌市坪石镇某管理区未经村民选举，就由管理区任命了3名村干部，该镇人大常委会主任于1997年1月底接到群众投诉后，立即进行调查核实，纠正了这种非法行为，并组织村民依法选举产生了村干部。这一做法受到群众的一致好评。

珠江三角洲乡镇政协形成的重要提案、议案对公共决策有重要参考作用。珠江三角洲各乡镇都很重视政协工作，各民主党派的代表人物以及其他各界爱国人士以一定的比例进入国家机关和政府主管部门的领导班子，发挥了很大的作用。各地的政协也积极献计献策，利用自身的智力、人才优势，向人大提出了各种意见和提案，有些被采纳实施后，取得了良好效果，有力地促进了当地经济的发展。政协成为各民主党派和各阶层人民群众参政、议政、民主监督的重要形式，成为党和政府沟通、联络海内外爱国力量和各界人士的重要桥梁和纽带。

（五）信息咨询机构是决策中枢的参谋和助手

人民群众、社团组织相对于决策中枢，属于决策体制的外部环境。他们与决策中枢的交流主要通过信息咨询机构、大众媒介和各种联系制度进行。他们的意愿是公共决策的基础，如果没有民众的积极参与，一体化多元化决策体制的民主性将不能体现。

因此，沟通民众与决策中枢联系的信息咨询机构具有非常重要的作用。它的建立与健全，不仅体现着决策过程中"谋""断"机构和功能的分化，而且成为信息输入和政策输出的枢纽。因为获取信息、设计方案以及评价比较方案的大部分都是由咨询机构来完成的。信息咨询机构的有效工作，保证了决策的科学性。现在珠江三角洲乡镇的重大决策已经离不开咨询机构和专家的调查论证了。

中共十四届五中全会提出要加快国民经济信息化进程，积极发展信息咨询服务业，培育规范信息市场。珠江三角洲的信息基础设施建设起步较早，使它成为我国最早的乡镇信息咨询业的兴盛之地。东莞的长安镇基础设施已具中等城市构架，是东莞市的第一个电话镇。1996年9月，南海市建立了城市综合信息网络，成为全国第一个全面开通电脑信息网络的县级市。在作出这个决策之前，南海市政府、科委与南海各镇政府组成领导小组，经过充分讨论，达成共识，认为南海已有建立信息网络的群众基础和经济能力。他们从市、镇的调研市中抽调人员，组成调查小组对拥有电脑的居民进行调查，征询意见，并邀请清华大学、华南理工大学的专家教授参与规划设计。

这个信息网联合了中央国家机关，省、市政府机构，省内外及港澳地区科研机构，大专院校等的专用数据库和信息网，将分布在各地的信息源有机地组织起来，统一向各镇（区）提供开放的全方位的信息服务，信息内容涉及政治、经济、法律、教育、科技、工商等各个方面。

珠江三角洲各乡镇对信息业的重视，对咨询机构工作的开展是个很大的支持。目前，珠江三角洲各乡镇的咨询系统主要由政策研究室、各办公室和一些专业机构组成。它们一般是根据领导提出的决策意向，布置调研任务。由于乡镇的政策研究力量较为薄弱，它们一般采用内联外引的做法。通常是邻近的乡镇互相援助，或依靠上级政研室，或邀请专家学者协助开展研讨、咨询，或与一些专职研究部门、大专院校挂钩，建立长期的合作关系，比较好地完成了一些重大课题的决策调研咨询任务。

中山市沙朗镇，1992年请来了广州市社科院的一批专家，就当地经济建设的历史、现状、优劣势、经验等教训等做了详细的探讨，最终确立了第三产业立镇的战略。南海市大沥、和顺、里水、小塘等11个镇由南海市政研室牵头，各镇联合开展调查，并邀请专家为各镇1992—2010年的区域、镇域社会、经济发展制定战略规划，为镇领导提供了科学的决策依据，也为镇内各部门进行各专项规划提供了指导。

商品经济的发展，突破了地域的限制，乡镇决策也必须立足于整体，面向整个珠江三角洲甚至全省、全国。一些跨地域的协会组织在交流信息、促进决策科学化方面起了很好的作用，因此也可视为乡镇决策咨询体系的一部分。1996年底成立的广东省乡镇长科学决策促进协会，其宗旨是加强乡镇之间跨市的横向交流与合作，给乡镇经济发展提供各类信息和决策咨询服务；团结全省乡镇长、乡镇党委书记，开展科技、经济、文化协作与交流，促进乡镇领导决策的科学化。

虽然珠江三角洲的乡镇决策咨询体系尚未完善，所发挥的作用还未能达到应达到的目标，但它正在合作、交流与实践中成长，影响着乡镇领导决策的成效。

珠江三角洲乡镇整体化多元决策体制，体现在各决策主体之间分工、合作、相互制约、相互促进的关系，也体现在人民群众自觉地运用各决策主体提供的沟通渠道参与决策过程，以及决策程序的划分、咨询体系的健全之中。

四、完善一体化多元化决策体制的若干思考

一体化多元化决策体制已在珠江三角洲各乡镇初步确定,可考虑从以下几方面去保证和增强它的有效性。

(一) 要坚持党委的核心地位

党的领导首先是政治领导。乡镇党委的领导主要职责是贯彻党的路线、方针、政策,制定本乡镇发展的长远规划,而不能代替行政首长做具体工作的布置与执行。近年来,珠江三角洲各乡镇的行政事务增多,政府的机构增设了不少,行政首长的职权也增强了,这时就要注意保持党委和政府工作的独立性。在对重大事务的处理上,党政应从各自的职能出发,运用不同的手段、方法,从不同的层次切入问题的不同方面去发挥各自的作用,以最终达到解决问题的同一目标。不能搞以党代政,同时也要警惕以政代党的另一个极端的产生。党与政的工作形式是不同的,党的根本组织原则是民主集中制,行政管理强调实行首长负责制。如果党政的权力都集中于行政首长或某一机构之上,将不利于党委对政府的监督,也不利于党自身的建设和社会主义精神文明的建设,最终将会破坏一体化多元化决策体制的良性运作。因为如果没有党委强有力的领导,一体化将不存在,只剩下单纯的多元化,权力会呈高度分化状态。这不利于民主的建设。对珠江三角洲各乡镇中出现的新型党政关系,应注意加以引导,以坚持维护党的核心领导地位。

(二) 正确引导人民群众参与基层决策,维护地区政治稳定

政治参与的途径、参与层次与方式是多样的。乡镇是我国政权组织的最基层一级,是国家行政管理的终端,也是党的路线、方针、政策贯彻的终端。乡镇决策直接联系着基层千家万户的切身利益。因此,参与乡镇公共决策是人民群众行使当家作主权利的最直接体现。但是,由于以往乡镇政权建设不够完善,条块分割严重,乡镇职能受到了严重的削弱,很多事情无力解决,造成了人民群众对基层政权普遍的不信任。所以,有些明明属于乡镇职能范围内的事情,人民群众不向乡镇机构反映,却越级上访,给上级领导部门增加了负担;而很多问题虽由上级批示,但最终还是由乡镇组织解决,这样既拖延了解决问题的时间,降低了行政效率,也在一定程度上造成了乡镇决策的被动。

现在人民群众对乡镇政权的信任度增强。乡镇决策中枢更应积极利用多种渠道，宣传乡镇的各项规章制度，公开党委、政府、人大、政协各机构办事的程序，让人民群众了解乡镇政策和工作范围，鼓励群众参与本单位、本基层社区的决策过程。这样不但能锻炼人民群众的参政能力，提高其民主意识，而且能够及时就地解决问题，把冲突消灭于萌芽状态，从而维护当地的政治稳定。

例如，化州市合江镇近年大面积连片开发山地，涉及山头、坡地 60 多个，管理区 19 个，农户 3000 多户。该镇在制定开发调整方针前后，注意深入调查，收集意见，开展广泛的宣传。该镇注意发现问题并立即解决，及时消除了部分农民的顾虑，使这项工作顺利进行，未遇到一宗有关山地种果权属利益纠纷的投诉，促进了农村经济的健康稳定发展。

（三）发挥社区组织的正面作用

珠江三角洲经济的迅猛发展，使各种组织、社区纷纷兴起。从前的一些团体，如工作、共青团、妇联等，也更活跃了。它们为人民群众的意见表达开辟了一条新路，这是值得肯定的。决策主体要善于运用各种组织的参政热情，利用它们所具有的技术、专业优势，听取它们对于决策的意见。它们的领袖是决策过程的积极参与者，是掌有实权的直接决策者的信息和分析的主要来源。甚至有一种集团理论认为，公共政策是在某一特定时间里，集团之间的斗争达到的某种均衡，体现了那些试图取得优势的相互冲突的集团之间的均势或妥协。这种理论的形成是基于多党制的，与我国情况并不相符，因此不能照搬。但它也合理地看到了人们之间利益关系对公共政策的影响。我们要公开合理地利用这种影响，创造一个良好公平的竞争环境，使经济健康、有序地发展。当然，也要注意根据实际需要，给予某些高新技术企业、规模企业或外资企业以地方优惠政策，以便培育龙头产品，这也是乡镇政府的宏观调控手段之一。

一体化多元化决策体制是在珠江三角洲乡镇建设中形成和发展起来的。相对于全国大多数的乡镇而言，珠江三角洲乡镇的发展无论在经济、政治上还是文化、科技上都先行了一步，因此，行政体制改革、党政分开、政企分开的改革进行得较早，步子较快，对民主化科学化决策体制的需求也更加迫切。虽然各乡镇由于历史状况和当前经济发展模式的不同，导致决策中各种关系以及决策各系统的动作方式稍有差异，但一体化多元化决策体制概括了它们建立的决策体制的共同特征，并显示出初步的威力，应该具有较为普遍的意义。应当指出,这种体制也还很不成熟,很多相应的制度还不够完善,各个系统间的合作还存在着缺陷。因此,在今后的发展中,应抓紧建立完善的决策中枢系统、执行系统、咨询系统、评价系统、监督反馈系统,以及一整套法制化的科学决策约束机制,使民主化、科学化决策不仅是一种自愿性行为,更是一种规定行为。这是珠江三角洲乡镇一体化多元化决策体制完善的方向。

珠江三角洲社会保障制度与
公共管理体制的改革*

珠江三角洲是广东经济发展的前沿地区，位于广东省的中南部，濒临南海，其范围包括广州、深圳、珠海、佛山、江门、中山、东莞等地级市，还有惠州市的城区、惠东、博罗，肇庆市的端州区、鼎湖区以及四会、高要等县市，总面积为 41596 平方千米，占广东省总面积的 23.4%，总人口（1993 年）为 2056 万人，占广东省总人口的 31.2%。1994 年 10 月广东省政府决定设立珠江三角洲经济区，按照"大市场"的发展方向进行规划和建设。

改革开放以来，为适应本地区经济社会的发展，珠江三角洲地区对社会保障制度进行了不断的改革，逐步建立了适合社会主义市场经济运行机制的社会保障机制。珠江三角洲社会保障制度改革的实践经验，对于我们深入认识市场经济形势下的政府职能转变、公共管理机制的建立等问题，有一定的启发。本部分主要通过对珠江三角洲社会保障制度改革经验的分析，探索公共管理机制的建构问题。

一、珠江三角洲社会保障制度的创新

珠江三角洲地区的社会保障制度创新，主要体现在政策、机制和观念三个方面。

（一）政策创新

社会保障制度的改革是市场经济发展的必然要求和组成部分。社会保障是一种强制性的社会互助行为，必须具备法律保障和政策支持。因此，社会保障制度的改革创新首先就是政策的创新，而珠江三角洲社会保障体系的建立和发展是政策推动的结果。

---

* 本文原载于《中国行政管理》1997 年学术专辑，原作者为王乐夫、郭正林。

深圳市从1982年率先改革劳动用工制度，打破"铁饭碗"，实行劳动合同制，市政府颁布了《深圳市实行社会劳动保险暂行规定》（1983年），对全市各类用人单位招用的劳动合同工人全面实行劳动保险，实施了《深圳市全民所有制单位退休基金统筹试行办法》（1985年），为企业转换经营机制、增强竞争实力提供了有力的保障，1987年开始建立待业保险制度，1990年实施了《深圳经济特区工伤保险暂行规定》，建立起工伤保险制度。进入20世纪90年代以后，深圳市的社会保障改革进入综合配套阶段，相应地制定了一系列的政策法规。1992年深圳市制定并实施了《深圳市社会保险暂行规定》，同时还颁布了《职工养老保险及住房公积金实施细则》和《职工医疗保险实施细则》。1995年，深圳市的社会保障进入深化改革的阶段，首先进行了社会统筹和个人账户相结合的社会保险改革试点工作，通过和实施了《深圳市社会保障制度改革方案》和《深圳市基本养老保险制度深化改革方案》。1996年又以行政规章形式颁布了《深圳经济特区失业保险条例》等一系列政策、法规，为深圳特区的社会保障制度改革提供了政策依据和保障，形成了职工养老、医疗和住房三大保险"三位一体"的格局。

珠海市在总结本市社会保障改革经验的基础上，于1993年制定和实施了《珠海经济特区职工社会保险条例》《珠海经济特区职工社会保险条例实施办法》及其说明，统一规范全市的社会保险事业，使养老、失业、工伤三大保险由旧制度向新制度平稳过渡。

改革开放以来，广州市的社会保障地方立法工作取得了一系列的成果，推动了本市社会保障事业的发展。1985年广州市政府发布了《广州市全民所有制单位职工退休基金统筹暂行办法》，对原有的退休保险制度进行了改革。1988年发布了《广州市关于对职工伤病劳动能力鉴定暂行办法》，完善了工伤保险制度。1989年发布了《广州市中外合资经营企业劳动管理实施办法》，对这类企业职工的退休养老、医疗保险和工伤保险做出了明确的政策规定。进入20世纪90年代以后，广州市的社会保险改革工作向纵深发展，1990年发布了《广州市区街集体单位职工退休养老保险试行办法》，1993年发布了《广州市企业职工基本养老金计发办法》，等等。这些政策、法规的制定和实施，保证了广州市社会保障制度社会化程度和法制化水平的提高。在此期间，中山、东莞、顺德等市也出台和实施了适合本地经济社会发展情况的社会保障政策和地方制度。

（二）机制创新

改革以前，我国的社会保障制度实际上是"单位保障"或"单位福利制度"，这种保障制度的机制，概括来说就是"国家统一保障政策，企业承担保险责任"。在市场经济的新形势下，企业、单位保障机制的缺陷逐步为人所识：一是社会覆盖面不大，受益者主要是国有企业和国家单位的职工、干部；二是多头管理，政出多门，关系不顺；三是负担不公平，待遇差别大；四是缺乏责任感，政府和企业担负了无限责任；五是城乡分割，农民被排除在城市社会保障体系之外，没有建立一个农村社会保障网络。

上述问题的实质是，原有的社会保障制度不适合社会主义市场经济发展的需要。要建立适合我国现实国情国力的社会保障制度，关键是要选择一个良好的社会保障机制，特别是要建立一个高效率的社会保障管理体制。劳动部门有领导在1994年的一篇文章中说："中国社会保险管理体制从建国初期到现在，一直处于不断改革演变之中……从中国社会保险管理体制的现状来看，仍然存在着许多弊端。首先，从领导关系上，呈现一种无序状态，社会保险宏观管理化，社会保险的各个项目没有实行统一项目的管理，而由各个部门分而治之这种分散的管理格局，在客观上造成了各个项目难以协调发展。其次，对会保障同一项目的管理，也是政出多门。"① 这些问题在珠江三角洲也是存在的，但改革开放以来所采取的一些改革措施能够对这些问题加以解决，并取得了一些有益的经验。

总的来看，广东省及珠江三角洲各市、县社会保障管理机制通过改革创新，逐步实现从分散化到集中化的转变。在社会保险管理机构建设的新举措下，概括来说就是"设委强局"。"设委"就是设立各级政府领导下的"社会保险委员会"（社保委），"强局"就是强化"社会保险管理局"（社保局）的机构和政策执行能力，实行能归口统一管理的机制。

广东省社会保障管理机制在1992年进行了一次较大的改革调整：一是成立省社会保险委员会，同时撤销省社会保险制度改革领导小组。这个委员会的主任、副主任均由副省长兼任，主要职责是在省政府领导下，研究拟定省、市社会保险事业发展的规划和政策；协调社会保险事业发展的规划、政策和重要问题；对社会保险基金管理实施监督，审批社会保险基金的年度预决算。二是建立社会保险事业局，将原来分散在劳动、人事、民政等部门的社会保险职能集中统一，归其管理，这在全国当属首创。1995年省社会保险事业局更名为省社会保险管理局，突出其职能统一、集中管理的要求。

---

① 程乐华：《认真贯彻劳动法，推进社会保险制度改革步伐》，载《当代社会保障》1994年第1期。

1993—1994年珠江三角洲各市、县先后按照省社会保障管理机制的框架，建立市、县"社保委"和"社保局"，市辖区设"社保局"分局，在街道、镇设立社会保险办事处。到1995年，珠江三角洲地区社会保险机构的改制工作基本完成，初步形成了覆盖全省的地方性的社会保障体系。

珠江三角洲各市、县社会保险管理机构的改革步伐基本上与省保持一致，同时各地又按照因地制宜的原则搞了一些创新。以深圳市为例，1995年以前，深圳市的社会保险职能也是分别由劳动、人事、医疗、民政等机构多头管理，政出多门，争权争利、扯皮推诿等组织内耗，降低了各职能部门政策执行的效率和能力。1995年深圳市按照"统一、精简、高效"的政府机构改革总原则，为适应社会保险的行政管理与基金管理、执行机构与监督机构分设的要求，对全市的社会保障管理体制进行了一次大调整。主要做法是：首先，成立深圳市社会保险管理监督委员会。委员会由常务副市长任主任，分管劳动、卫生的副市长任副主任，委员由市政府有关部门、工会、企业和职工代表以及社会中介组织人员组成。其基本性质是全市社会保险工作的议事协调和监督机构，主要职责是审议社会保险的政策、法规，讨论决定有关重大事项，监督基金的管理和运作，领导社会保险局，协调各部门的关系。然后，将原来的"医疗保险管理局"合并到社会保险管理局，使社会保险管理局成为综合统一地管理养老保险、医疗保险、工伤保险和住房公积金等业务的政策执行机构。接着，市社会保险管理局在各区设分局，分局作为派出机构，具体负责辖区内社会保险金的筹集和支付、服务和管理工作，市局对分局实行垂直领导的体制。最后，开展基层小区的社会保服务工作，在市、区由社会保险和民政部门牵头成立小区服务中心，街道、镇建立小区服务管理机构（办公室），统一规划，管理小区服务事业。

（三）观念更新

政策创新和机制创新促进了人们对社会保障的观念更新，而观念更新对社会保障的深化改革又有重大的推动作用。从珠江三角洲社会保障制度改革实践来看，人们的社会保障观念发生了一系列的变化。

（1）变企业、单位保险观念为社会保险观念。在计划经济时代，"单位"是中国社会组织的细胞，个人首先不是社会的一分子，而是单位的一分子。单位对其职工公干部负有无限责任，生、老、病、死全部依托单位，人们习惯在位内部寻求"组织"或"领导"解决实际问题和困难，单位成了阻隔个人与社会联系的藩篱，因此，人们的单位意识根深蒂固，而社会公共意识比较薄弱。社会保障制度的改革政策把个人的退休、养老、医疗和再就业等保障服务，开始从各种单位中剥离出去，交由社会公共部门进行管理，实行社会化服务。这一变化必然冲击原有单位保险观念，使人们逐步接受和增强社会公共意识和互助保险观念。

（2）变政府统包保险的观念为政府、企业和个人共担福利保险的观念。过去，职工、干部的福利保险全部由国家负担，而国家又"委托"企事业单位具体负责。个人既无须对自己的生存风险操心，也没有能力去操心。因此，弱化了人们的社会保险责任感。社会保障制度的改革，要求国家、集体和个人共担保险的责任，个人负责一部分社会保险费用，鼓励个人多劳动、多贡献、多积累和多保障，从而强化了人们的社会保险意识。例如，深圳实行养老基金社会共济与个人账户相结合的管理方式，把受保者享受社会保险的权利与缴纳社会保险金的义务密切结合起来，把养老保险待遇由过去的"最后薪金决定制"转变为个人专户"最终储蓄决定制"，从而强化了人们的自我保险意识，减轻了国家和企业的负担。

（3）变政府直接的行政管理为公共管理，实行政事分开。过去政府对社会保险的管理体制是政、事、企不分的，一切事务都由政府亲力亲为，直接操办，制约了社会保障公共性和社会化程度的提高。珠江三角洲社会保障管理机制的改革，开始表现出政、事、企分开的发展方向，反映了决策者对社会保障管理机制的新认识。例如，广东省、市两级的"社保委"管"政"，具有政策制定、组织协调和监督基金的职能；"社保局"管"事"，实际上就是执行政府政策的一个公共管理部门。社会保险基金按照金融企业的经营原则运营，使基金在无风险投资中（如购买国家债券）保值增值。不少专家认为，基金应该实行企业化经营，基金应该交由一个独立于下放之外的基金会经营，限制政府对保险基金的随意动用，加强政府对基金运营机构的监督，以提高基金的安全性。[①]

[①] 如果基金这笔钱交给政府直接控制，假设政府的权力太大，同时又缺乏有效的权力约束机制，那么谁也不能保证政府领导动用基金以为他用。参见高尚全、迟福林《稳定的基础——中国新型社会保障制度的建立》，海南出版社1993年版，第184页。

二、社会保障管理机制要向公共管理机制转变

珠江三角洲的社会保障机制目前仍然存在某些深层次的问题,影响其作用的进一步发挥。社会保障管理体制的完善,应该在现有机构框架的基础上,进一步明确"社保委"和"社保局"各自的职权配置。总的原则是社会保障管理机制由现在的政府行政管理型,转变为政府领导下的公共部门管理型。按照这样的原则、思路重新界定"社保委"和"社保局"的职权配置和组织关系。为此,我们有必要先对公共管理机制以及改革的思路做一些解释。

(一) 建立健全公共管理机制,促进政事分开的改革过程

公共部门(public sector)在不同的国家具有不同的性质、地位和特征。在美国,公共部门称独立机构,具有准政府(quango)的性质,有人甚至称其为"第四政府"。美国的公共部门以独立管理机构、行政和事务性独立机构为主,这些机构的一般特征是依法设立和相对独立,是公共政策的执行机构,担负社会公共管理和公共服务等职能。在英国,公共部门不仅包括社会公共事务的管理和服务机构(如英国邮政局),还包括公共企业部门,即涉及铁路运输、市内公共交通和政策性银行(如英格兰银行)等领域的国有企业。对某些企业经营性的公共部门,1993年以来英国政府提出了以"公有私营"为特色的改革方案,将私营企业经营的方式引入公共部门的管理和经营,提高了公共部门的服务质量和经营效益。在新加坡,所有公共部门都依法而立,成为"法定机构",独立负责地处理某项社会公共事务。

在我国的政府机构中,没有对政府职能机构与公共管理部门做出区分,两者都归属于政府机构的范畴,这是行政管理与事业管理不分(政事职能不分)的表现。由于政事不分,行政职能与事务职能混淆的问题没有得到根本解决,因而制约了政府职能的转变。为了加快政府职能的转变,实现政事分开,政府应该主要抓政策制定、抓制度管理,从而强化政府的宏观调控能力,提高政府对人、财、物等行政资源的控制能力和管理水平;应该把大量的公共管理职能(主要事务性职能)从政府职能中分离出去,经过再整合,分由不同的公共管理部门负责落实,使公共管理部门成为政府政策的执行机构。公共部门与政府部门的关系如下图所示。

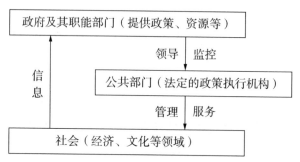

公共部门与政府部门的关系

转变职能、精简机构的政府体制改革,应该同建立健全公共管理体制结合起来,具体来说有以下几点。

第一,政府职能要分流。目前由政府机构承担的那些事务性、执行性、服务性的职能要分流出去,交由相对独立的公共管理部门具体负责,政府要通过政策法规、资源控制、监督管理等行政方式领导公共管理部门的运行,但不直接干预其日常动作。

第二,政府机构要精简。可以将一些现有的政府职能机构,特别是那些负责事务性、执行性、服务性职能的机构,转变成公共管理部门,按照公共管理的机制运行。

第三,公共管理部门要依法而立。由法律明确规定其性质、职权和运行机制。

第四,公共部门具有政策执行和社会化管理服务的双重性质,因此可并行两套人事管理制度。对于公共管理部门的管理层人员,实行公务员制度,人员编制由政府严格控制或法定;对一般性工作人员,可采取合同雇用制,由公共管理部门根据实际需要灵活掌握。

(二)按照公共管理机制进一步完善社会保障的管理体制

珠江三角洲地区的社会保障管理体制,经过不断的改革创新,形成了"委、局结构",初步理顺了社会保障的制度框架。但其问题是"委虚局实",管理机制中有许多方面需要进一步完善。"委虚"的问题,就是社保委在设置上比较"虚",是一个非常设机构,其主任、副主任均由政府领导人员兼任,许多职权不能真正到位,限制了社保委对社会保险工作协调和监控能力的发挥。而所谓的"局实"是指社保局的管理机制,没有按照政事分开的原则运作,社保局将养老、失业、医疗等保险职能统起来之后,应该按照行政管理与事务管理分开的机制运行,但是在社保局仍然作为政府的一个职能管理机构的情况下,是很难将行政管理与事务管理分开的,从而不利于社会保险工作的深入发展。

为了完善社会保障管理机制,应该把社会保障管理界定为社会公共管理的范畴,按照政、事、企三者分开的原则,对目前的社会保障管理机制进行第一步的改革完善。具体的思路是:充实社会保险委员会,明确其"管政职能";把社会保险管理局转变成社会保险的公共管理部门,明确其"管事职能";依法设立社会保险基金管理委员会,委托国家金融机构实行无风险经营投资,确保基金的保值和增值。在组织关系上,社保局和基金委员会归社保委领导。

第一,社会保险委员会性质、地位和基本职能。社保委是政府管理社会保险事业的行政机构,由于社会保障工作涉及面广、政策性强、组织协调工作的难度比较大,因此,我们认为社保委的地位应该与目前的"经委""计委"平行。其基本职能一是社会保险的政策制定和发展规划,二是社会保障制度建设和改革完善,三是有关社会保险的组织协调。社会保险政策的执行职能归社保局,社保委无须承担大量的日常事务性工作。所以,社保委的人员机构设置应该少而精干,但必须作为一个常设机构来设置。

第二,社会保险管理的基本职能和运行机制。我们主张将现有的社会保管理局从政府机构中分离出来,转变成社会保险的公共管理部门,其职权和运行机制均受法律保护,具有相对独立的地位。按照公共管理机制的一般特征,社保局是政府社会保险政策的执行者,具体负责社会保险的日常工作,这些工作包括养老、医疗、工伤、失业等保险费用的收取和发放,保险对象的资格审查,社会保险服务等。随着社会保险覆盖面的进一步扩大,社会保险服务工作的深入展开,必然要求大量的工作人员充实到社保局,才能满足实际工作的需要。① 要解决这个问题,作为公共管理部门的社保局,可以利用公共管理部门双重人事管理机制的灵活性,除属于政府公务员系列的主管或骨干外,其他实际工作人员可以通过合同招聘制从社会上加以吸纳,由他们从事具体业务工作,如计算机数据管理、资格审核、护理服务等。

第三,加强社会保险基金管理,保证社会保险事业的健康发展。加强社会保险基金的管理是保证社会保险事业健康发展的经济条件。珠江三角洲各

---

① 据有关学者估计,我国的社会保障管理人员只有3万人(1993年),而实际至少需要100万人。

市县根据社会保险制度的不同特点和要求，分别建立起养老、工伤、失业、医疗等项社会保险基金，按照国家法律和有关规定，制定了基金管理和营运的办法。1993 年养老基金实行了累积率在 20% 以上的部分累积方式，建立起可供支付 20 个月退休金的养老保险金。工伤保险按照保证支付、留有储备、预防重大事故的原则，形成了具有一定保障功能的工伤储备金，全省达 2000 万元。全省 1995 年回收到期营运社会保险基金 2.8 亿元，纯增值 9000 万元，征集各项保险基金 58.4 亿元，历年累积 77.41 亿元，五年平均年递增 38%。为了完善社会险基金的管理，政府采取了提升基金管理的核算层级和建立全省调剂制度的办法，扩大了社会保险基金管理的社会化程度。1995 年全省共收缴各项调剂金、工伤储备金 10176 万元，下拨 10045 万元。① 目前，广东省政府将养老保险中的基础养老金（约占社会养老基金收支总额的 45%）实行全省统一核算，附加养老金保持市面上为核算单位。工伤与失业的社会保险基金，仍然以市、县为核算单位，同时也建立了相应的全省统一调剂制度，从而使基金管理更为完善。实践表明，这套基金管理办法基本上是成功的。

社会保障行政管理和社会保险基金经营要分开，这是中央对社会保险基金管理的基本原则。而基金主要委托银行投资运营，使基金保值增值。为了加强对基金运营的监督管理，珠江三角洲各市县按照中央的原则要求，加强了社会保险委员会对基金运营的监督管理。例如在深圳市，社会保险监督委员会委托审计机构定期审计基金运营情况，社会保险经办机构定期向监督委员会报告基金收支、管理和运营情况，并向社会公布，接受社会监督。

---

① 参见王乐夫《经济发展与地方政府——对珠江三角洲地区的一项研究》，中山大学出版社 1997 年版，第 165–166 页。

从"公有"到"共有"*

——对深圳市万丰村共有制模式的公共管理分析

一、"公有"与"共有":问题的提出与解决

深圳市万丰村,毗邻香港,最早受到改革开放的影响。然而,与全国其他地方相似,万丰人也受到"姓资"与"姓社"之争及对马克思主义教条式理解所带来的困扰,在改革开放的大潮中一度固守贫困。随着改革的深入,在村党支部的领导下,万丰人认识到,社会主义公有制的出现有其历史必然性,它对社会发展的贡献不可磨灭。然而,随着各国实践中遇到的新情况、新问题,公有制也暴露出其矛盾的一面。例如事实所有权与名义所有权的背离,所有权与经营权的集中与重合,国家所有权的代理人不能正确行使代理权,等等。公有制的不足表明它需要在实现形式上加以完善和改进。以此为契机,万丰人对马克思主义经典理论特别是马克思关于"重建个人所有制"理论进行了深入细致的钻研,由此提出了既能体现公有制性质,又具有灵活性和兼容性的生产资料"共有制"理论。

按照万丰人的理解,所谓"共有制",就是以财产社会化为特征,具有多元化产权主体的一种新型公有制模式。这种新的模式的具体内容有:①共有制包含了包括公有制在内的多种经济成分,在共有制条件下,公有制的性质没有改变,改变的是其内部组成部分;②人人占有生产资料;③化公为私,本质是一种重新组合了的公有制;④剩余价值合理分配;⑤既是一种经济形态,又是一种社会形态;⑥实现了财产最大社会化。① 由于"共有制"的这些内涵,使它具备多元化主体、开发性体系和灵活多样的适应性等不同于传统"公有制"的基本特征,也保证了它能够克服在

---

* 本文原载于《中国行政管理》2003 年第 5 期,原作者为王乐夫、陈干全。
① 共有制课题研究组:《共有制论》,中共中央党校出版社 1996 年版;潘强恩:《论共有制与私有制》,中华工商联合出版社 1995 年版。

"公有制"下不能实现的诸如所有权、经营权、利益分配权明晰化等弊端,尽可能使公有制的优越性发挥出来。共有制建立在公有制的基础上,又不断超越公有制。它通过将公有制单一的所有关系改变为多元成分的所有关系,使共有制在实践中更体现出公平和效率,更适应社会化大生产的客观需要。

从"公有制"到"共有制"的转变,建立在万丰人对社会主义所有制本质的科学认识的基础上。万丰村党支部认为,公有制的本质特征和公有制的实现形式,是一个问题的两个方面。前者是内涵,后者是表现形式。社会主义所有制的公有制本质不能变,但其具体的实现形式却是多样化的。"共有"与"公有",虽然都表明非私有、非独有,但二者的差异也泾渭分明。"公有"按其实际意义是对"私有"的否定,是排斥私有的。而"共有"按其本意是排斥"独有"的多元占有,各自拥有一份自己支配的份额。这一系列关系在所有制上表现为以下形式:

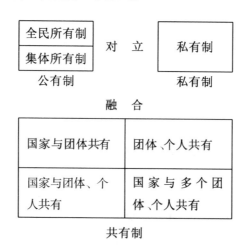

二、从"公有"到"共有":转变的基本内容及对公共管理的启示

万丰的改革实践,实现了从公有制到共有制的转变。这一转变既表明在实践中人们对公有制实现形式的开拓性探索,也孕育着深刻的内涵嬗变,背后存在着深厚的理论与实践依据。我们认为,从"公有"到"共有"的转变,实质上是万丰人积极探索一种社会主义生产资料公有制实现的最佳形式

的过程。这种有益的探索，不仅在政治经济学领域具有重要的实践意义，对其他学科理论的钻研也有启发作用。当前，公共管理特别是政府公共管理如何更好地寻求多样化、社会化的治理模式，构筑新型的社会治理框架，是摆在学术界和实务界面前的共同课题。对此，万丰人的探索成果提供了多方面的宝贵借鉴。

（一）真正实现所有权

尽管在公有制和共有制下，都同样强调全体成员享有对生产资料的共同占有，即人人都是所有者，共同拥有所有权。但是，由于财产的所有权只有通过占有权、支配权、分配权和受益权的具体运作，才有实际意义，离开具体的所有权的实现方式，无视实际上的差异性，只会导致事实所有权与名义所有权的分离。共有制通过具体的体制安排恰当地实现每一个共同所有权者的愿望和利益，使生产资料更加体现出共同占有的性质。共有制通过实行股份制，以集体股、实物股、"干股"等形式，实现人人都是股东，人人享有对生产资料的所有权、处置权和受益权。同时，通过具体的投资方式，也使个人对集体财产的使用密切关注，改变了在公有制虚幻的所有权下对国家或集体财产的漠视和浪费的状况。

在公共管理领域，实际上也有一个委托—代理关系，在一定程度上体现了所有权与使用权分离的状况。由于政府是公众利益的二次代理人（由于人民与主权国家的代理关系为第一层次的代理，故这里把国家与政府的代理关系称为第二层次代理），与公众之间形成了委托代理关系。对公众而言，共同利益是个虚幻的概念，如果无视这一现实，实现公共利益的方式可能是高成本的，无法真正使所有人获得利益。这时候政府就应该承担起代理人角色，为公众提供优质服务，满足各种需求。这样，公众成功实现所有权与经营权的分离。对政府而言，从公众那里取得了经营公共物品的权利（力），并不意味着就是垄断了公共服务。相反，取得公众参与和支持是公共管理的有效途径。在传统公共行政那里，由于政府的行为出发点是自上而下的，缺少参与和来自公众的积极认同，公共管理变成政府内部事务管理，与公共部门目标的本质根本相悖。现代公共管理把公共服务看成是公众导向和结果取向的统一，在坚持公众利益的基础上，积极寻求实现公共利益的最佳形式，如公共物品的私人供给、社会供给等等，都显示出它的开放式姿态。

（二）全部过程的社会化

共有制所反映出的所有制社会化的特征，不是单一的，而是全方位的。

首先，它突出了所有者社会化。共有制面向社会，容纳了公、私两类经济成分，所有者的主体不仅有国家、集体、个人，还兼公私两大领域，是典型的多元主体混合制。其次，它表现了生产资料占有、处置上的社会化。生产资料的共同占有建立在固定的契约之上，任何单个所有者都无法直接或随意处置，而必须得到共同制定的规则的许可，这就意味着在所有权问题上，既要承认其多元化，又必须保证其社会化的运作。最后，生产社会化的基础是市场化，它改变了过去政企不分、政社合一的运行机制，在经营体制上主要由市场起引导作用。

共有制反映出来的社会化特征，实质上有更深的上层建筑意义。无论是西方国家流行的以放权和财富再分配为内容的"共有主义"，还是我国兴起的政府治理理论，都强调了社会力量的作用和还权于社会的重要性。因此，社会化在经济所有制上的表现与政治领域的要求是一致与同步的。

在公共管理领域，社会化也已经是一种最新的趋势。所谓公共管理社会化，是指在社会管理和公共服务领域，要改变传统的由政府大包大揽的做法，将一些政府职能通过向社会转移或委托代理等方式，转移出政府，以达到提高行政效率，节约财政开支的目的。其本质是要运用市场机制的作用，推动政府管理现代化。① 可以说，社会化贯穿公共管理整个活动的始终。首先，从公共管理的起源看，它是具有社会属性的。笔者认为，国家或政府不是从外部强加给社会的力量，而是社会矛盾运动的结果，社会是国家或政府产生、存在的基础。其次，从公共管理的过程看，国家根据社会发展的不同情况，对社会也发生不同的作用。也就是说，国家对社会的作用并不是一成不变的。就整体发展趋势和规律而言，社会越向前发展，社会自我管理、自我调节的能力越强，国家对社会发生作用的领域就越小，作用的强度也越弱。② 最后，从公共管理的发展趋势看，现代公共管理要求政府不仅要下放权力，更多的是要认真考虑还权于社会、还权于公民。要不断深入强化公共管理理念，推进公共管理的社会化。③

---

① 汪玉凯：《公共管理趋向社会化》，载《管理科学》1999年第6期。
② 王乐夫：《论公共管理的社会性内涵及其他》，载《政治学研究》2001年第3期。
③ 陈庆云：《强化公共管理理念，推进公共管理社会化》，载《中国行政管理》2001年第12期。

（三）所有制主体的多元化

共有制的第三个转变是变公有制单一的主体为多元的主体。在传统公有制下，不论是国家所有制还是集体所有制，其所有者主体都是单一的或比较单一的。以国有制为例，其所有者主体就是一个笼统的"国家"，既单一，又不分层次。而在共有制下，其共有者主体不仅是多元的，而且分为不同的类型和层次。它可以是国家、集体或个人，也可以是代表公有的单位和个人、代表私有的企业和个人，还可以是法人与自然人，等等。共有制下主体多元化的实质意义在于，正视客观存在的差异性和多样性，使所有者分层次与多元化，从而具有更大的灵活性和适应性。在实践上，这种做法可以根据市场发展的需要及时做出形式上的调整与改变，从长远目标看，更有利于公有制的最终实现。

尽管在所有制实现形式问题上的争论已经尘埃落定，但在公共管理领域，这种艰难的转变还有待时日。一方面，在新公共管理大张旗鼓的市场化和顾客取向的理念影响下，我们可能已经认识到传统公共行政以政府管理为核心的治理方式可能存在的低效，以及官僚制度下的效率悖论。因此，现代公共管理就是要在打破政府一元垄断的基础上，大力提倡公共事务管理的多元化，寻找一种真正有利于公共利益实现的治理模式。在这种模式下，公共管理不是政府管理，而是对社会事务的管理，政府需要来自市场与社会中介组织的协助与参与，政府同时又必须做好属于自己的分内事务。因此，多元化治理既是灵活的形式，又是系统的责任关联机制。另一方面，公共管理主体多元化受到当前社会条件的制约。具体而言，在市场经济体制建立与完善的初期，市场与社会力量还没有强大到足以独立承担公共治理任务，因此在现阶段，政府仍然是公共利益的最大维护者，而市场化与社会化也只能作为一种手段在有限的范围内发挥作用。这就要求现代公共管理在构建公共治理的模式时，既要从根本上保持公共管理的公共性，又要在具体实践中尽量社会化与市场化，凸显公共管理的管理性，做到二者的辩证统一。

（四）实现兼容与互补

共有制理论认为，在传统公有制下，无论是国家所有还是集体所有，都具有封闭性和排他性。由于对公有制的过分强调，使公私对立严重，几乎到了"不是我吃掉你，就是你吃掉我"的地步。这在一定程度上损害了合理正当的私人利益而影响了劳动者的积极性。而"共有"本质上不排斥"个有"，相反，能容纳许多"个有"。共有制的这种容纳不是简单地组合各种"个有"，而是一种兼容互利的机制。它保证了各种所有者主体之间的优势互补，运作体制上的灵活多样，是单纯公有制无法比拟的。例如，在共有制生产关系中，多元产权主体、多种分配方式、多层合作关系、多种融资渠道并存，各要素共同形成一个有机系统，彼此相互区别又相互依存，相互制约又相互贯通和促进，共同维持系统的良性运行。当然，兼容与互补必须建立在以公有制为主体的前提之下，不是公私趋同论，更不是私有化。共有制能够成功实现公有制，最根本的原因就在于它用公有制这张大网，容纳了各具优势的不同经济形式，从而能自如应对各种复杂的环境，不断向伟大目标迈进。

作为有着多元主体的公共管理活动，同样存在着各个主体间的兼容与互补问题。国外主张政府与私营部门合作，吸收私营部门的长处以克服公共部门的不足。这与国内改革提出的政府放权让利，培植社会力量的主张是一致的。以公共物品或服务的供给为例，过去一直以来都认为政府是公共物品或服务的当然供给者，理由是公共物品或服务自身在消费上的非竞争性和在使用上的排他成本高的特性。然而这种单一的供给模式最终将导致效率低下甚至产生腐败。在现代经济学的努力下，人们认识到有些公共物品或服务可以通过私人渠道供给，比如付费的"俱乐部产品"，更进一步提出公共物品或服务的生产与供给可以分离，主张构建由私人生产而由公共部门供给的模式，譬如政府采购等。

而现实的状况是，政府与市场都是不完善的物品供给渠道，二者的结合可能弥补这些不足。由于公共部门与私人部门的博弈并非零的结果，未来公共治理中仍然期待更多的公私合营。此外，随着社会力量的壮大，社会自治组织的参与能力凸显，如何把新兴的社会力量纳入治理体系，在更大范围内实现合作，是公共管理者最为紧迫的任务。而实际上，随着公共治理主体多元化的形成，多中心治理模式已经成为各国达到善治的理想途径。由此，我们不是在完善的政府与完善的市场中选择，而是"在不完善的市场和不完善的政府之中"[①] 选择的悲观观点，可以改变为：尽管有不完善的政府、不完善的市场和不完善的社会，但我们是在完善的多中心治理模式中做出选择。

---

① 查尔斯·沃尔夫：《市场或政府》，谢旭译，中国发展出版社1994年版，第5页。

通过上述分析可以看出，万丰"共有制"模式之所以能够成功，关键在于创新；现代公共管理之所以能成为继传统公共行政之后的新治理形式，关键也是创新与发展。江泽民同志在党的十六大上所作的报告中指出："创新是一个民族进步的灵魂，是一个国家兴旺发达的不竭动力……，创新就要不断解放思想、实事求是、与时俱进。实践没有止境，创新也没有止境。"这是我们国家总结多年经验得出的科学论断，也为我们构筑现代公共管理理论指明了方向。正如万丰人在实践马克思主义政治经济学时大胆提出马克思主义政治经济学不是封闭的体系一样，现代公共管理也是可以和必须创新与发展的，任何理论的重要价值都在于它既源于实践又指导实践，并且在实践的推动下创新，永无止境。现代公共管理理论作为新的公共部门治理形式已经为各国实践所采纳，显示出强大的生命力。可以预见的是，作为公共行政百年历史发展的继续和创新，现代公共管理必然也会随着公共部门改革的不断深入而向前发展，保持与时俱进的品质。

第三编 公共领导

管理、领导概念异同辨析*

——一对核心概念的基础研究

管理、领导是管理科学、领导科学的核心范畴。然而，恰恰在这两个关系学科整体架构的概念表述上，存在种种矛盾的说法。最突出的表现是，有的人提出"领导是管理"，也有人反其道曰"管理是领导"，有人肯定地论断"管理就是决策"，又有人明确强调"领导就是决策"。有关管理、领导二者关系的文章发表不少，但似尚未做概念的"ABC"研究，故言欠及义，不能达到释疑的目的。拙文拟在这方面做些尝试，就教行家学者。

一、现行管理与领导概念表述的逻辑分析

笔者认为，对以上种种矛盾的说法，要做两方面的分析，一是学者们在概念使用上的混乱，二是广大读者理解上的困难和误会。首先要指出的是，这里有一个概念使用上违反同一律的逻辑原则问题。逻辑学上的同一律告诉我们，在同一思维过程中，每一思想的自身都具有同一性，基本公式为"A是A"。如果概念和判断变换和转移了，即"A不是A"了，那么就不能得出正确的结论。以上的种种思维表述不能得出正确的结论，就源出于此。

根据笔者的理解，在领导与管理的概念上，二者都有狭义和广义的两种不同含义和范围。当我们仅把管理理解为对决策的执行而不包括决策制订时，这种管理属于狭义的管理；而当我们不仅把管理看作决策的执行，还包括决策的制订，那么这种意义上的管理则为广义的管理。同理，当我们仅把领导看作决策制订而不包括决策的实施时，这种领导只是狭义的领导；而当我们把领导扩大到既包括决策的制订又包括对决策的实施时，这时的领导则变成广义的领导。因而"领导是管理"的提法，实质是"领导是高层次的管理"的简写。这里的"领导"只是指担负决策制订职责的领导，因而是狭义的领导；这里的"管理"是包括了高层的决策及中、下层组织与执行

---

* 本文原载于《中山大学学报（社会科学版）》1999年第3期。

的整个组织系统,因而是广义的管理。因此,"领导是管理"这样的表达是合乎"个别是一般"的辩证法原则的,是正确的。而"管理是领导"的提法,则是"管理是低层次的领导"的简写。这里的"管理"只是指担负执行决策职责的管理,因而是狭义的"管理";这里的领导是包括了中、下层组织与执行职责和高层决策职责的整个组织系统,因而是广义的"领导"。因此,"领导是管理"这样的命题也是合乎"个别是一般"的辩证法原则的,因而也是正确的。综合而论,我们把以上两个命题分别独立进行逻辑分析时,二者都合乎逻辑,其命题均具有真理性。

而问题在于,当我们把它们变成同一思维活动过程进行判断时,就不能得出正确的结论了。其原因就在于违反同一律原则。请看命题一:"领导是管理"。这个命题中的"领导"是狭义的"领导"(即只指决策,不含执行),"管理"则为广义的"管理"(既指执行又包括决策)。而命题二:"管理是领导"。这个命题中"管理"却变换成狭义的"管理"(即只指执行,不含决策),"领导"变换成广义的"领导"(既有决策,又内含执行)。因此,两个命题陷入了不可解决的逻辑矛盾之中,不能靠矛盾律或排中律求得正确的判断。

再看"管理就是决策"和"领导就是决策"的说法。"管理就是决策"是美国著名管理学家、诺贝尔奖获得者西蒙,针对长期以来政治与行政分离的问题而提出的,旨在强调整个管理过程都是决策的过程。他的"管理"概念囊括了高层、中层和基层的整个组织系统,是地道的广义的"管理";他讲的"决策"是属于"不仅指各种方案的最后选择行为,而且是指决策制定的全过程"的广义的"决策"。强调"管理不是决策,领导才是决策",而批评西蒙的质疑论文所讲的"领导"都是仅指高层决策的狭义的"领导";他们所讲的"决策"也是仅指战略决策的狭义的决策,不包含战术性、战役性的具体决策。由此对照可以看到,西蒙的"管理就是决策"是广义对广义,而质疑论文的"领导就是决策"却变换为狭义对狭义。根据逻辑的同一性原则,由于两者有着不同的含义范围,故不能相提并论,不能采用矛盾律或排中律而由质疑论文之正推论出西蒙之误。

从以上的分析可知,"管理"和"领导"两个范畴各自有其丰富的内涵,相互之间又呈现复杂的关系。我们不仅要做管理学、领导学的学理分析,而且还要遵循正确的逻辑原则,针对不同情况,做出不同的逻辑判断,才有可能获得正确的认识。

二、管理与领导概念关系面面观

笔者认为,在探索"管理"和"领导"的范畴关系时,起码要从三个基本方面去做认真的区别研究。

首先,从广义或外延层次看二者的相等性。根据1933年出版的牛津英语字典注明,英语单词当中"领导者"(leader)一词最早在1300年才出现,而"领导"(leadership)一字直至1800年都尚未见到。我国"领导"一词何时出现,迄今未可查考。领导与管理二者比较而言,"管理"历史更长。"管理"与"领导"在使用中长期"合二而一",在"领导"一词出现之前,其涵义包括在"管理"之中。中国的"经世治国"以及"修身、齐家、治国、平天下"之说中的"治国"就包含了"领导"。"领导"一词出现后,人们还往往把二者当作同义语来使用。如列宁在其名篇《什么是苏维埃政权?》中,就把苏维埃政权的实质概括为:"从前管理国家的总是富人或资本家,而现在第一次是由遭受资本主义压迫而且人数最多的阶级来管理国家。"① 我国宪法第一条明确规定:"中华人民共和国是工人阶级领导的,以工农联盟为基础的人民民主专政的社会主义国家。"这里,列宁讲的"人数最多的阶级来管理国家"和我国宪法强调的"工人阶级领导",其"管理"和"领导"是一脉相承的同义语。在现实活动中,存在着包括决策及实施的领导,即广义的领导;也存在包括决策执行与决策制订的管理,即广义的管理。很清楚,这里广义的"领导"与广义的"管理"是一回事。换言之,在广义层面上做比较时,领导与管理是等同的,是一回事。长期以来,人们就是在这样的"大而同"的层面上使用这两个概念的,有的"领导"可以理解为"管理",有的"管理"也可以理解为"领导",有的甚至将"领导"与"管理"并列连用,如有的书名就定为"领导管理干部素质修养"。这种现象依然常常能见到,对此必须加以注意。

其次,从狭义角度看二者的本质差异性。认识事物时,异中求同是重要的一方面,然而同中求异,揭示事物的特殊矛盾性,找出事物质的区别,才是认识的更重要任务。从历史来说,管理与领导的分化及人们对其本质的认识是一个自然历史过程。随着社会活动规模扩大和社会分工的发展,19世纪中期发生了所有权与经营权的分离。20世纪初,泰罗提出计划(管理)

---

① 《列宁全集》第36卷,人民出版社1985年版,第285页。

职能与执行职能分开的科学管理理论，开创了人类社会管理的新纪元。随着决策现象凸现，领导、管理、决策与执行四者相互关系的研究愈发突出。人们在归纳研究中，将领导与决策联系在一起，管理与执行联系在一起，逐渐形成了领导就是决策，管理就是对决策的执行的观念，从而开始认识到领导与管理各有不同的本质内涵，只有把它们相互区别开来，对"领导"和"管理"的认识才能进一步得到深化。处在现时代的人们，不能只停留在"管理"与"领导"相同的认识上，而应认识到不同的行为主体有不同的职责，从而把"管理"与"领导"区分开来。我国宪法对国务院18项职权规定中，"领导"与"管理"使用时，就有对"领导"、"领导和管理"和"管理"的不同规定，这应视为是区别、求异科学精神的体现。

最后，从广义和狭义看二者的混合关系。如上所述，"领导是管理"和"管理是领导"是矛盾表述，二者连在一起进行思维判断是不妥的，因为违反同一律，容易产生逻辑混乱。可是分别作为独立的命题，采取广狭组合模式，不仅是正确的，而且是下定义的重要方法。一般来说，人们通过揭示邻近的属的种差来下定义。什么是种差？种差就是指被定义的概念和同一个属概念下的其他种概念之间的差别。用公式表示：被定义概念＝种差＋邻近的属概念。其规则有三：一是定义概念和被定义概念的外延必须相等；二是定义概念不能直接或间接地包含被定义概念；三是定义一般用肯定形式和科学术语。我们试以此规则来分析上述的"领导是管理"和"管理是领导"这两个命题是否符合下定义的规则。命题"领导是管理"里的"领导"是属于狭义的领导涵义，因为仅指决策而言；而"管理"则为广义的管理涵义，因为它包含执行决策和决策的制订。一般管理组织分为高、中、下三个层次，"领导是管理"的展开解释则变成领导也是管理，不过不是一般的管理，而只是高层次的管理。同理，说"管理是领导"时，"管理"仅指执行而不包括决策制订，所以是狭义的管理，"领导"则是包括高层、中层、下层的整个组织系统，既有上层的决策制订，也有中、下层的组织与执行，所以属于广义的范畴。所以"管理"也是"领导"，只不过不是一般的领导，而只是低层次的领导罢了。这样的具体分析，不仅深化了管理与领导的具体关系，而且也合乎逻辑原则。首先看"领导是高层次的管理"。这里的"领导"是被定义概念，"高层次的管理"是定义概念，"领导"是"管理"之下的种概念。"领导是高层次的管理"揭示出二者的本质差异："领导"具有高层次的特点，使人们的认识从粗放的"大而同"向具体细微方面深化了一大步。同理，"管理是低层次的领导"中的"管理"是被定义概念，

"低层次的领导"是定义概念,"管理"成为"领导"之下的种概念。这一定义从另一方面又揭示"管理"区别于"领导"的本质内涵:"管理"具有低层次的特点。列宁说:"范畴是区分过程中的一些小阶段,即认识世界的过程中的一些小阶段,是帮助我们认识和掌握自然现象之网的网上的纽结。"① 一定的范畴、概念反映着人类对客观世界认识的一定阶段。每一个科学的概念、范畴是整个无限大的认识之网上的一个纽结,每增加一个范畴都标志着人们由必然向自由迈进的一小步,体现着认识之网的扩大和充实。而这种认识的进步,正是通过这种在形而上学看来貌似荒唐的"矛盾"或"不相容"的辩证思维中得以突破和实现的。

我们认识范畴、概念,既要注意它们在外延上的相等,找到它们的共同点;也要注意找到它们在内涵上的区别,使彼此泾渭分明;还要注意找到二者你中有我、我中有你的交叉渗透,这样才算得上是全面而深刻的认识。而把握"领导"与"管理"二者的广义和狭义的混合关系和组合模式,正是这种努力的一种表现。

以上从三个基本方面去探讨"管理"和"领导"的范畴关系,辨析二者的异同,对于准确地界定各自的本质内涵,确定管理科学、领导科学的研究对象,切实做好各有特色的学科建设和有效地实现领导与管理的专业化、科学化,以及提高领导与管理效率都是十分有意义的。

---

① 《列宁全集》第38卷,人民出版社1985年版,第90页。

论公共领导*

——兼议公共领导与公共管理的关系及其研究意义

一、公共领导：一个不应忽视与扭曲的领域

在1997年国务院学位委员会颁布的全国研究生专业目录修订方案中，"公共管理"这样一个全新的专业名称被列为管理学门类的第3个一级学科，令人刮目相看！由于它切合了中国社会主义现代化改革开放尤其是公共领域方方面面改革的需要，修订方案一出炉就掀起了"公共管理热"，至今方兴未艾。其教育与研究广及各个学科、专业、方向与领域，发展形势喜人。然而，一个特别的现象令笔者久思不得其解，即至今未见到"公共领导"方面的文章，连"公共领导"这一名词、概念也未曾出现；同时，对领导与管理的错误理解却十分普遍，比如忽视领导在企业管理中的核心与实质作用，把领导看成是脱离管理的高高在上的虚影幻象，等等。正如没有领导的管理是不可想象的一样，没有"公共领导"的公共管理同样是不可想象的。对此，拙文冒昧地进行开拓性的探讨，就教专家与学者。

二、"公共领导"的含义分析

"公共领导"是"公共"与"领导"两个概念组合而成的。要对"公共领导"有全面的认识，就不能不从这两个概念开始。

（一）"公共"概念分析

"公共"是"公共领导"的重要概念，它是区别于其他领导（一般领导、私人领导、企业领导等）的根本标志。那么，什么是"公共"？迄今不论国内还是国外，它仍是一个争论不休的话题。美国学者本（Stanley

---

* 本文原载于《管理世界》2003年第12期。

L. Benn)和高斯(Gerald Gaus)从社会领域的基本构成要素入手,认为公域和私域由机构、利益和参与3个元素构成,公共部门在这3个方面所表现出来的与市场部门的异质性,就是公共性。二者的根本区别在于机构成员的行为是因私(即为自己考虑)还是为公(为所有社会成员提供服务)。罗森布鲁姆与克拉夫丘克在《公共行政学:管理、政治和法律的途径》一书中则从如下几个方面强调了公共行政之公共性:①以宪法为基础;②增进社会的公共利益;③公共部门各项业务运作的价格标签,均是经由预算程序而非通过买卖双方在市场上的交易所决定的;④主权属于全体国民,人民主权的行使则是通过代议机关;⑤国家为公众提供公共服务的同时,也对社会活动实施管制。①

综合而言,有关"公共性"内涵的观点主要集中在这些方面:在伦理价值层面上,"公共性"必须体现公共部门的公正和正义;在公共权力的运用上,"公共性"要体现人民主权和政府行为的合法性;在公共部门的运作过程中,"公共性"体现为公开和参与;在利益争取上,"公共性"表明公共利益是公共部门一切活动的最终目的,必须克服私人或部门利益的缺陷;在理念表达上,"公共性"是一种理性与道德,它支撑公民社会及其公众舆论的监督作用。总之,笔者倾向于把"公共性"作为公共部门管理活动的最终价值观,在此之下,才有公正、公平、公开、平等、自由、民主、正义和责任等一系列的价值体系。②

以上所言的公共行政的公共性,也是公共领导的公共性。领导要在以上诸方面表现出来,才是完整的、公共的领导。

应当进一步指出,尽管在私营部门管理中,可以对领导和管理在整个经营活动中的紧密联系做出充分的阐释,但把这种方法运用到公共部门管理时,则可能导致错误。即使在一般管理中,领导也是管理中的高层次部分和核心实质,对于公共管理而言,这种定位就更有其必要性和必然性。公共管理是公共组织以实现公共利益为根本目标的,运用公共权力对公共事务进行管理的社会管理活动。③ 它是以"公共性"的价值取向为基本标志的管理活

---

① 戴维·H.罗森布罗姆、罗伯特·S.克拉夫丘克:《公共行政学——管理、政治和法律的途径》,张成福等译,中国人民大学出版社2002年版,第6—16页。

② 王乐夫、陈干全:《公共管理研究的基础与核心》,载《社会科学》2003年第4期。

③ 王乐夫:《论公共管理的社会性内涵及其他》,载《政治学研究》2001年第3期。

动,因而公共管理中的领导必然是带有"公共性"实质的公共领导。随着公共管理研究的进一步深入,在一般管理中领导与管理相互关系中存在的问题,必然会深入并影响到公共管理领域。因此,展开对公共领导及其在公共管理中的特殊性的研究,确是当前理论探讨中不可回避的重大问题。

(二)"领导"概念分析

领导与管理问题始终是个复杂的、困扰公共行政与公共管理研究者的根本性问题。笔者曾在一篇文章中指出,对二者区别与联系的把握必须建立在遵循逻辑同一性的基础上。① 具体而言,领导和管理都有广义和狭义两方面的含义。在广义或外延上,领导与管理都具有最宽泛的相同外延;在狭义或功能上,领导是高层次的管理,管理是低层次的领导。② 领导是制订战略、推动变革的;管理则是制订计划、维持稳定的。③ 必须把领导与管理二者联系起来进行下定义的逻辑分析,方可求得对概念正确的认识。一般来说,人们通过揭示邻近的属和种差来下定义。种差就是指被定义的概念和同一个属概念下的其他种概念之间的差别。在"领导是高层次的管理"这一定义中,"领导"是被定义的概念,"管理"是定义概念,是"领导"邻近下的属概念,"高层次"为种差。其"种差"揭示了领导与管理二者的本质差异,即"高层次"揭示了领导区别于管理的本质内涵,下面阐释的"领导"的各种特征概源于此内涵。

三、公共领导的主要特征阐释

如前所述,公共领导由"公共"和"领导"两部分构成。所谓领导,就最一般的意义来说,是指领导者在一定的环境下,为实现既定目标,对被领导者进行统御和指引的行为过程。④ 公共领导特指具有"公共性"的领导,具体而言,是指公共部门在管理过程中,为了实现公共利益,体现公共精神而进行的高层次的管理活动。公共领导与一般领导有显著的区别,主要表现在以下方面。

---

① 王乐夫:《领导与管理异同析》,载《中国行政管理》1999 年第 3 期。
② 王乐夫:《领导与管理异同析》,载《中国行政管理》1999 年第 3 期。
③ 约翰·科特:《变革的力量——领导与管理的差异》,方云军等译,华夏出版社 1997 年版,第 6 - 7 页。
④ 王乐夫:《领导学——理论实践与方法》,中山大学出版社 2002 年版,第 32 页。

(一) 公共领导是具有"公共"精神的领导

对于一般组织,领导是组织的统帅与灵魂,但对于公共管理来说,公共领导是为了实现公众利益而进行的社会活动,它应该成为组织本身与组织活动对象的公共性的领导和指引,即具备公共精神的领导。当然,这种公共精神不是虚幻的称谓,它表现为公共领导行为赖以实施的基本权力来源于公众,公共领导以实现组织的公共利益而不是单个成员的个体利益为宗旨,公共领导是公共部门的领导而不是私人部门的领导,等等。

当前,在国内公共管理改革实践中,真正具备公共精神的领导并不普遍。因为公共领导首先考虑的是为谁服务的问题,其次才是怎样做好服务。但实际上,许多领导并没真正认识到其自身权力来源于公众,也不会认真考虑为公众负责,而某些领导甚至只盯着对上级负责,其行为体现不出公共利益与公众要求,其本身远离公共精神,甚至与之背道而驰。

不论对公共领导做什么解释,公共领导的问题都不能不讲"谁的领导"的问题:是个人领导,还是组织领导?是企业领导,还是公共部门领导?这些问题只能通过领导主体体现出来。

(二) 公共领导是一种政治或政策领导

在许多传统公共管理理论流派看来,可能认为如何实现管理的效率与效益的方法是最重要的,然而现代公共管理理论却越来越重视高层次公共管理的影响与作用。这种独特的研究视角必然会使公共领导成为一个新的重要研究领域,并使公共领导更多地与高层决策及政治问题联系起来。从这一角度出发,公共领导又被看作是一种政治或政策领导。鲁克(Luke)认为,"政策领导是一个在多样化的利益中间激发公共政策制定与实施的活动,具体地说,政策领导涉及这样一些活动:激发人们对于有问题环境的注意,进而在各种竞争的多样化的利益中间就恰当的政策解决方案达成共同的认识,并能在公共政策的实施中不断地维持该公共政策"[①]。公共领导在政策制定与实施的层面上不同于一般的组织领导,相较而言,公共领导更关注外部组织之间的关系及其对重大决策的影响,而一般领导则致力于组织内部的政策目标。

越来越多的学者认为,不管是公共管理还是传统公共行政,都必须体现

---

① 马骏、叶娟丽:《公共管理中的领导——组织领导与决策领导》,未刊稿。

公共性的价值观,即公共管理要讲"政治",而不是只关注效率和管理任务的实现。事实上,在政治与行政管理"二分法"的缺陷已经显露、大量的文献也已经证明政策制定和政策执行不可分割的情况下,现代公共管理与政治在其本质上已经是密不可分的了。在美国,甚至街头工作也有决策问题,于是乎,美国出现了"街头官僚"现象。国外一些学者认为,公共管理是与传统公共行政不同的、自下而上的"政治管理",并将这种政治管理看作公共组织管理中一个极为重要的构成部分。在这种管理中,公共管理者就像院外游说者那样,会与政治家或公共政策决策者进行博弈,通过影响政策过程和内容而获得公共组织有效运作的基本资源,包括公共权力资源、人力资源、信息资源、货币和其他物品等,在此基础上创造公共价值。这里的公共管理可以理解为公共领导,因为公共领导本身就是高层公共管理,它与决策、政治的联系最为密切。所以我们说,作为公共管理高层决策者的公共领导,不仅要讲管理和效率,还要讲政治,并且公共管理的政治性特征也主要体现在公共领导身上。

(三)公共领导是一种战略型领导

战略与策略可能最早源于军事领域,但过去一直多被私人管理所大量使用。如今,现代公共管理也把它们纳入自身考虑的范畴。正如欧文·休斯指出的,"传统的行政模式因其过分关注内部问题及其短视行为而受到批判。随着新公共管理的出现,以及公共部门越来越比以往更重视长期战略,这两方面的不足已有所改善"[①]。战略问题受到重视,表明公共管理特别是公共领导比一般领导更加具有前瞻性和宏观驾驭力,它是完成公共管理重大任务不可或缺的资源条件。公共领导战略涉及如何运用智慧和指挥能力来引导公共组织去实现既定方针或目标,如何制订并控制良好政策使其达到最佳效果。国外有人认为,公共部门的战略管理或领导还包括,通过一个有意识的理性决策过程,使组织形成自己的目标,执行目标并对其进行监督,当环境和组织条件发生变化时及时进行适当调整等。

公共领导的战略管理区别于私人管理的战略性,这是由公共管理的本质特征所决定的。一般而言,公私部门的管理在管理层面和执行层面都大体相似,但在领导层面,由于公共管理是建立在公共权力强制力之上的,它受到

---

① 欧文·休斯:《公共管理导论》,彭和平等译,中国人民大学出版社2001年版,第149页。

政治权威和合法强制力的双重限制,所以公共领导的战略有其独特内涵,例如,权力(利)的不可让与性、绩效测评的困难等特点。这显然是私人部门领导在进行战略管理时无须考虑的。正如前文讨论公共性时所述及的,这种区分还提醒我们,在我国公共领导理论与实践的建构上,如何真正体现领导行为的"公共性",而不是简单地照搬私人管理的经验和做法,值得高度注意!

(四) 公共领导更关注组织外部管理而不是内部管理

最后,要提及的是,在很大程度上,传统公共行政关于领导问题的研究主要集中在组织内部的领导。对于公共管理而言,高级公共管理者即公共领导的活动不但不局限于组织内,而且包括组织之间进行的复杂多变的外部环境下的领导活动。也就是说,公共领导比一般领导更加需要关注组织内外的变化并做出与之相应的管理。这是因为公共管理的内涵在于社会性,随着经济全球化趋势的进一步加快,公共领导的社会(外部)化将日益发展,公共领导者一定要以一种开放的思维模式,走出内部管理的"禁区",关注和解决更为广阔的领导外部世界的各种问题,有效地推动公共领导向前发展。这也从另一方面证实了公共管理比公共行政更能吸引现代改革者的目光。

四、公共领导与公共管理的相互关系辨析

公共领导范畴的提出,无疑既丰富了已有的领导学理论,又加深了公共管理研究的界域,因此,它是有机地联系公共管理理论与领导理论的核心链条。既然如此,一个必须回答的问题是,公共领导与公共管理之间的关系究竟是怎样的?笔者就此问题做了如下探索。

(一) 公共领导高层次的公共管理

在前面的分析中,我们把公共领导作为公共管理体系中的最高层次部分,即承担政治管理、决策与引导重任。可见,这里的公共领导特指有着特定含义的狭义概念。至于这里的公共管理则是广义上使用的外延概念。具体来说,在最广泛的范围内,公共管理也可以分为宏观、中观和微观3个不同

的层次。① 宏观层面的公共管理，指的是政治学（价值）意义上的公共管理，即政治学所研究的国家治理或政治管理。中观层面的公共管理是我们所谓纯粹意义上的公共管理，即与政治统治相分离的公共管理活动。在政治/行政二分法下，公共行政或公共管理，都是公共部门管理的具体模式。在微观层面上，公共管理的重点是解决管理技术和方法问题，新公共管理更多地在这一范畴内体现出来。因此，公共领导是高层次的公共管理，表明公共领导既区别于一般管理的领导，又区别于公共管理的执行层面或具体的方法技术层面等。公共领导是公共管理的核心与灵魂，它起到统领全局、把握方向的作用。无论是在理论上还是在实践中，公共领导都代表着组织并使组织获得发展直至实现管理终极的目标。

无独有偶，国外学者也认同对公共管理进行层次性划分，并且更加看重对高层次公共管理的研究。伽森（Garson）和欧弗曼（Overman）指出，1975年的《政策管理协助研究委员会报告》曾把公共管理划分为3个领域：政策管理、资源管理和项目管理。政策管理涉及政策选择和资源配置方面的战略问题，包括评估、战略计划和政治协调等。资源管理涉及预算、财务管理、人事、采购和供给、财产管理和信息管理等。项目管理涉及日常执行，包括日程安排、记录保存、生产效率与监督等②。正如我们前面所论证的，公共政策管理本身就是公共领导的特征之一，因此，可以认为公共领导是高层次的公共管理。

实际上，关于领导与管理异同问题的辩论始终存在于公共行政发展的历史中。尼古拉斯·亨利在《公共行政与公共事务》一书中总结这种争论的历史时指出，早在1957年，公共行政学者就认为领导人是那些在制度层面上糅合、塑造各种社会成分的人，而行政官员从事的只是日复一日的技术性工作。到了20世纪60年代，领导研究开始把领导人和行政官员的工作与组织的层次等级对应起来，认为最高层次的领导要做出政治或战略决策，中间层次的管理者从事解释与协调工作，而在组织的基层，即行政官员面对的是既定的现实，需要去执行或掌握方法等。他认为，公共行政关于领导与管理的辨析，其基本结论是：领导与管理同样重要，领导应付的是变化，行政管

---

① 周树志：《公共行政、公共政策、公共管理》，载《中国行政管理》2001年第2期。
② 马骏、叶娟丽：《公共管理中的领导——组织领导与决策领导》，未刊稿。

理应付的是复杂性。[①]

(二) 公共管理是公共领导的基础与依托

这一问题可以从两个方面来阐释。一方面，就广义的公共管理而言，它包含公共领导这一层面，公共领导也是整个体系的有机组成部分，而非独立于公共管理之外，区别只在于它位居组织系统的高层次地位而已。也就是说，公共管理的高、中、低3个层面上的关系不是互不相干，而是一个有机联系的统一整体。这样，公共领导就必须把自己行为的基础建立在狭义的公共管理之上，即以中、下层的管理和执行的效果来体现决策与政治管理的价值。否则，决策或政治管理就是无本之木、无源之水。所以，我们强调的公共领导不是高高在上、空发议论、瞎指挥的领导，而是能够把握时代发展的方向与大局，引领公众一步一个脚印地去获取最大利益的、脚踏实地的、实干的领导。当前，在公共部门革新的进程中，公共领导者应该是既能务虚也能务实的、软硬兼备的领导英才，这样才能有效推进社会组织的前进与发展。

另一方面，公共管理是公共领导实现其目标的途径。这里的公共管理为狭义的概念，它包括中间管理层和技术执行层。显然，公共领导应该立足于公共管理，体现公共特性，这是一个问题的两个方面。公共领导的诸多目标、规划要有基本的管理方法和途径的支持，而且其行为过程也只能通过具体的公共管理活动来实现。一般意义上说领导就是管理，表明领导活动本身就是管理活动，或具有管理活动的成分，否则它不能凭空产生并达到预期目的。

我们看到，割裂领导与管理二者关系会导致理论与实践的误区。例如，新公共管理主义标榜可以离开政治与决策进行管理效率的探索，或者简单化地提倡向私营部门学习，或者私有化。显然，新公共管理的这些主张并不是公共管理的全部含义，只不过是其中的技术层面而已。但是，包括新管理主义本身在内，都无法否认公共管理的"公共性"，这种公共性当然不仅仅通过具体的执行与操作层面来体现，更主要是由高层管理即公共领导层面的能动实践来展现。因此，尽管狭义的公共管理与公共领导是异体的，但二者间更存在着彼此相互依存、相互贯通的互涵关系。

---

① 尼古拉斯·亨利：《公共行政与公共事务》，项龙译，华夏出版社2002年版，第126页。

五、公共领导与公共管理的相互关系研究的意义

公共领导这一范畴的提出,既是公共管理研究发展的必然产物,也是公共管理进一步发展的推动力。在公共行政及其向公共管理演化的过程中,就不断有关于领导与管理问题的争论。例如,20 世纪 80 年代初期在公共政策学派和公共管理内部(或者说政策学派的公共管理)之间的争论,其焦点是在政策分析、组织管理和领导三者之中,究竟谁更重要的问题。尽管早期的争论发生在公共管理内部的不同派别之间,但该争论最终导致一个重要问题的显现,那就是公共领导是否应该成为公共管理研究的一个重要部分,而不仅仅是一个组成元素。

公共领导问题的提出,不仅是对过去长期以来忽视对高层公共管理研究的呼应与升华,更重要的意义在于,它通过对公共领导概念内涵及其与公共管理之间关系的探索,可能可以为正在如火如荼进行的公共管理理论研究和实践活动提供若干方面的启示。

(一)对公共领导与公共管理辩证关系的把握有助于公共管理与公共领导沿着各自不同的领域分流开发

公共领导是高层次的公共管理,公共管理是公共领导的基础与依托。这一论断表明公共领导关注的是宏观决策与政治领导,是对公共管理行为的向上提升。公共领导应对此中心抓住不放,力求做精、做高。而公共管理则是致力于对公共事务的治理,对公共领导目标与规划的实施追求管理的绩效,为实现高层决策向下夯实基础而把"业务"做深、做实。在进行理论与实践的探索中,也应当实现领导与管理的相对分化,从各自不同的本职出发,尽可能挖掘各自更深的内涵,使二者各得其所。

从公共管理发展的前景看,公共领导是公共管理研究的一个重要发展趋势与方向,这不仅是在实践研究上不断升华的结果,也是公共管理与时俱进的需求。在公共管理改革与发展日益迅猛的当代,公共领导应该是公共管理广阔天地中新的增长点,我们应积极开发。而这种开发应以过去对领导学的研究为基础,并一定要有新的超越。

(二) 对公共领导与公共管理相互关系的研究有助于建立完整的公共管理学体系

自 20 世纪 90 年代中期我国设立公共管理一级学科以来,对于完整的公共管理学体系应该包括哪些内容,学界一直没有定论。笔者曾冒昧地提出一孔之见,即现代公共管理体系应该包含:公共管理的基本概念,公共管理的历史发展,公共管理的理论基础,公共管理的逻辑起点,公共管理的组织类别,公共管理的运作过程,公共管理的资源基础(人力、财政、信息),公共管理的核心功能,公共管理的抽象行为,公共管理的战略、策略和艺术,公共管理的行为规范,公共管理的绩效评估等专题。在笔者构建的体系中,既包含公共管理的中、下层管理要素,又力求纳入公共管理高层管理要素,如公共管理的抽象行为即公共决策,公共管理的战略、策略与艺术等。随着公共领导概念范畴的提出与深化,对高层公共管理的研究将更加受到重视和关注,这对建立相对完整的公共管理学体系也许有着开拓性意义。

(三) 正确把握公共领导与公共管理的辩证关系有利于二者的学科分化,实现公共领导与公共管理的协调发展

公共领导与公共管理二者有着对立统一的关系,这就内在地决定了它们之间有一个协调发展的问题。而"求异"是其协调发展的前提。如果无"异",就没有各自的存在,也就无所谓协调发展。公共领导与公共管理的"异"主要表现为:从结构视角看,前者属于高层次,后者属于中、下层次;从功能而论,前者为制定战略、推动"变革",后者则为管理战略规划、维持稳定。

协调发展的原则是"求同存异"。首先要研究和探索对象间的一致之处,即"同",这是协调的基础;其次是求"异",如果否定"异",也就否定了事物的存在,就否定了协调本身,因而求"异"是协调的前提。

综观时下"领导学"与"管理学"的教材与专著,可谓林林总总、丰富多彩。然而,就内容而言,层次方面上、中、下齐论;功能方面,决策、执行、监督一一不遗,看不出差别,窥不见不同。在学科的研究对象和范围、层次、重点等方面,并无明确的划分或定位,用"种了他人的田,荒了自己的地"来概括并不为过。一言以蔽之,时下的"领导学"与"管理学"并无明确的差异,甚至连存在的合理性都说不清,更谈不上什么协调发展!

根据以上公共领导与公共管理关系的探讨和"有所不为才有所为"的原则,领导学应退出当前的中、下层次,专注于"上"层次;管理学(狭义)应退出"上"层次,专注于中、下层次,各自做好各自的工作,以求"有为才有位"。只有这样,才能不但搞好各自的学科建设,而且相互间也能协调而稳定地繁荣与兴盛。领导学与管理学是这样,公共领导与公共管理的建设也同此理。这是不能不认真搞好的一项基本的学科建设工作!

现代领导与公共关系*

领导是一个领导者依据社会动态情形决定和实施某一谋划的过程。领导者握有的决策权、组织权乃至实施权等，都直接地影响整个社会行业和行为效应。在"领导—社会行为"的互动中，为了能够获得双向助推的动力，达到"共荣"而避免"共损"，领导者如何提高领导水准，自觉培养公共关系意识和能力，使之与时代要求相符，已成为一个现实而迫切的话题。

这里讲的现代领导是指由传统的计划经济过渡到社会主义市场经济，由生产管理型过渡到生产经营管理型的"转型"中的领导。突出科学决策，"创造人性化管理的环境"，保持组织内外协调发展，寻求两个效益（经济效益与社会效益）的统一等，是现代领导的重要特点。公共关系是一门关于社会组织以传播、沟通为手段，赢得公众理解和支持的科学与艺术。公共关系的基本目标是为一定的组织机构在社会公众中树立美好形象。公共关系的基本原则是真诚合作、互利互惠。公共关系的基本方针是着眼于长远打算，着手于平时的努力。公共关系的基本方法是双向沟通，内外结合。从以下四个方面可以大略看到现代领导者需要具有优异的公共关系技能的必要性和紧迫性。

首先，市场经济的运行，强化了社会分工与协作，也强化了领导决策中心与其他领导组织系统间的分工与协作。过去那种由领导决策中心兼统"谋、断、行、督"，即将筹划、决策、实施、监督集于一身的领导方式，已经不适应现代社会活动了。当代，智囊技术日益专门化，实施行为日益基层化，监督工作日益社会化。这使得现代领导体制体现出既要适应细分而又兼顾系统的特点。适应细分，要求一个领导中枢要善于处理一个集体的"内部"公共关系，实现"内求团结"，主司决策的职能，不能越俎代庖，妥善处理以单位或区域划分而出现的内部公共关系；兼顾系统，则要求领导者不仅要按不同职能要求建立各自独立的领导组织部门，而且要求领导者处理好部门间的相互关系以达到"外求发展"。努力使各种关系和谐化，尽力

---

* 本文原载于《行政人事管理》1997年第6期。

使领导运作中所要求的"谋、断、行、督"通畅化。就此而言,公共关系水平如何,不仅内在地制约着实际领导效应,而且也成为决定领导者是传统型还是现代型的分界线。

其次,从领导职能来看,市场经济导致了三大变化。从决策职能上讲,以前领导者必须承担出主意(谋划)和定主意(拍板)的繁杂事务,而现在,领导者在决策中的工作,主要的是在多种智囊机构或社会已经提出的"主意"(点子)中做出科学的抉择。"择优"的功夫要求日高。从用人方面来说,以往领导者以选择下属的个体优质为要务,以树立个体榜样为激发群体力量的主要方式;而现在,除了要想方设法选好个体,激发个体活力,更需要领导者注重群体结构优化,尽可能大地发挥群体力量,追求群体竞争之冠。为此,必须学会巧妙地处理个人间的、单位间的关系。这就少不了被美称为"人和学"的公共关系学了。再从激励方式上讲,在"政治挂帅"的时代,领导者简单地以精神带动物质,即以精神鼓励的方式去刺激下属多进行物质贡献;而现在,精神物质双刺激及其艺术化的运用,已成为能否挖掘员工潜力、激发其高昂热情的关键所在。就第一个变化来说,它需要领导者高度注重公共咨询,广开言路,以寻求广泛的智力资源。就第二个变化来说,它需要领导者在全面"知人"的基础上,实现组织优化整合,优势互补,把各人不同的聪明才智变成协调一致的组织行为,以获得最大限度的人力资源。就第三个变化来说,它需要领导者在同部属信息交流的基础上,抓住需求,用强化技巧、适量技巧、公平技巧和人际技巧等,进行综合激励,以获得最普遍的公关支持与声誉。

再次,从领导效果评论上看,市场经济已从根本上改变了过去那种单纯地以现实可见的领导效果,去衡量一个领导者水平高低、效益好坏的偏见,逐渐使人们认识到领导者的工作动机与效果的辩证联系,使人们以领导者的领导活动终了得到的有形资产(物质性效应)和无形资产(精神性或社会性效应)、眼前效果和长远效果的总和,去衡量其能力和水准。有鉴于此,就要求领导者要相应树立起以社会反应为重的观念(即"顾客第一、市场第一"),依赖公关信息,随时随地随条件依循社会大众的公正要求,来校正自己的领导行为,从而达到与社会要求相符合的公关境界。

最后,也是更重要的是,市场经济使领导环境也发生了重大的变化。一方面,市场经济劳动的社会化大生产、大流通,形成了社会的大交往;而相应的社会政治生活变迁,则形成了由集权式领导向分权式领导、过于集中的领导体制向民主集中制过渡的新的领导格局,实际存在的领导的终身制走向了任期制。这就非常现实地要求领导者响应这些变迁内蕴的公共关系要求，从舍取、升降、赞弹等方面来加强公关工作。另一方面，在组织活动日益融入社会运动大循环的情形下，领导的"环境意识"如何，不单影响他个人的社会声誉、工作条件，也影响到他所在单位（组织）的声誉和社会评价，更会影响到单位中职员的士气和工作热情。因此，当组织与环境的关系协调成为组织正常运转的至关重要的条件时，领导者要牢牢地树立环境公关形象意识，建立和完善双向的信息交流渠道，做到简单、快捷、不中断，对公众"舆论"及时监测并善加分析，择善而从，不断提高自己的知名度和美誉度，以保证适应社会变迁而不致落入劣势。

刍议领导管理工作的专业化[*]

领导管理工作的专业化,是领导管理工作科学化的一个重要内容,也是加速社会主义现代化建设的迫切要求。然而,对于什么是"领导管理工作的专业化",目前在理论上和实践上都缺乏统一的认识,本文旨在对这个问题提出一些探索性的看法,以引起深入而有益的研讨。

什么是领导管理工作专业化呢?有人认为,实现领导管理者任职单位业务知识专业化,便是领导管理工作专业化。笔者认为,这是领导管理工作专业化的其中一方面内容,不是主要的内容,更不是全部含义。

我们先回顾一下西方领导管理工作专业化的历史进程。在西方,领导管理工作专业化经历了两次专业的转型。一次是"硬专家"转行领导管理,一次是"软专家"群体的产生。在家长制行政领导管理时期,老板既是组织的所有者,也是组织的领导管理者,他是凭借着财产所有权和个人经验来领导管理组织的。随着生产劳动专业化的出现和发展,领导管理工作从没有专业知识的老板手里转到生产技术高超、具有专业知识的"硬专家"身上。发生于美国 20 世纪中期的这种领导管理体制的演变,既实现了财产所有权与领导管理权的分离,也实现了领导管理工作的专门知识化,推动了生产力和社会生活各个方面的发展。由于生产社会化程度越来越高,企业规模越来越大,就不能只靠精通某一门专业知识的"硬专家"去领导管理了,而是需要把领导管理作为相对独立的专业活动,需要具有领导管理知识专长的职业"软专家"担任领导管理。这样,以领导管理为职业的"软专家"便应运而生,实现了真正意义上的领导管理工作专业化,迎来了一个领导管理科学化的新时代。美国的泰罗和法国的法约尔,是这个时代的主要开创者。

西方经历几代人完成的两次专业化转型,现在要在中国同一代人身上实现。对此,下面试做一个简要的分析。

党的十一届三中全会后,鉴于领导管理干部的极端重要性,在总结历史经验的基础上,中央明确提出了"革命化、年轻化、知识化、专业化"的

---

[*] 本文原载于《中国行政管理》1997 年第 7 期。

干部队伍建设的指导方针。在这个方针的指引下,一大批德才兼备、学有所长的知识分子走上了领导管理工作岗位,打破了长期以来单纯以"政治挂帅"为标准选用领导管理干部而导致的"外行"领导"内行"的局面。

但是在具体执行"专业化"方针的过程中,存在着一定的局限。实际中,一般都是挑选本行业、本部门中德才兼备的业务骨干(甚至是业务尖子)来充任领导管理工作。这实际上类似于上述的西方企业行政领导体制演变中的"硬专家"转行领导管理阶段。虽然有许多具体区别,但都具备由业务内行代替业务外行这个专业化的内涵。其"业务"也有特指的内容,即任职单位的业务,并非领导管理工作业务。

领导管理工作和特殊领域的业务工作,是两种不同的专业工作。在工作的对象上,领导管理工作的对象是人,而具体业务工作的对象既可能是人,也可能是财或物,或其他。在工作的方式上,领导管理工作是组织指挥别人去实施计划目标,具体业务工作是靠躬行实践去完成的。在工作范围上,领导管理工作是总揽全局,具体业务工作是微观探秘。在思维方式上,领导管理工作多为定性判断,具体业务工作多为定量计算。其中差别不一而足。根据"一把钥匙开一把锁"的原则,具体业务尖子不等于是领导管理的行家里手,反之也一样。这里对于领导管理工作而言,具体业务的"内行"却转变为领导管理工作的"外行"。如果要把"内行领导"原则贯彻到底,势必要求走上领导管理工作岗位的原来的具体业务的"内行",再转变为领导管理工作的"内行",实现个人的第二次专业化(由领导管理者无专业业务知识到具有业务专长,再由有具体业务专长转变为有领导管理工作专长)。

准确地认识领导管理工作专业化,有着重要的实际意义和理论意义。在实际方面,首先,这是领导管理工作健康发展的需要。改革开放以前,单纯强调"政治第一",以为政治好就能解决一切问题,搞"外行领导内行"那种排斥具体业务要求的领导管理工作带来的损失、教训至为深刻,我们不能让其重演。我们一定要坚决贯彻"四化"方针,继续把合乎条件的业务人才吸纳进领导管理队伍,提高领导管理队伍的业务素质。但是,如果以为这样做就等于领导管理工作专业化了,则会导致一种新型的"外行领导"结果。正如毛泽东同志在《矛盾论》中所说的:"不同质的矛盾,只有用不同质的方法才能解决。"套用解决具体业务问题的方法去解决领导管理工作中遇到的问题,肯定不得要领,变成放空炮,那还有什么领导管理效能可言呢?再说,这种新"外行"是在"专业化"的美名下产生的,因而还会造成新的不良影响。其次,领导管理工作专业化是纠正被扭曲的领导管理工作专业化标准，科学选才用人的需要。按照领导管理工作专业化等同于具体业务专业化的思路，会把领导管理专业人才等同于专门业务人才，在选才用人标准上，难免出现"唯业务人才是举"的片面性，导致业务专业水平越高的人，选用的概率越大。按这样的思路去选用领导管理人才，其结果是不言自明的。另一个由此而来的延伸问题便是，用业务专门人才等于领导管理人才的"公式"去组建班子，可能会出现孤立考虑班子成员的具体业务知识的结构优化，而忽视了领导管理专项职能人员的专业素质的优化搭配的结果，到头来，组建起来的是一个单纯的具体业务结构优化的班子，而不是兼顾（更说不上突出）领导管理专业的优化群体。这两种不同类型的班子对于领导管理效能的制约性也是不言而喻的。最后，领导管理工作专业化有利于"岗上"的领导管理者专业素质的提高。如果认可具体业务的专业化等于领导管理工作专业化，那么，一些以具体业务优势登上领导管理岗位的业务人才，对自身可能做出欠正确的评价。缺乏在专业知识和能力方面的"换血"和"脱毛"的压力，将有碍于成为一个完全的领导管理者。

在理论方面，领导管理工作专业化有利于领导管理学科的建设和发展。从泰罗、法约尔创建科学管理伊始，领导管理科学迄今还不到一个世纪的历史，在我国兴起还不到20年。相对于传统学科来说，她还年轻，学科基础建设和全面繁荣的任务还很重，路子还长。而学科产生和发展的原动力在于社会领导管理实践。毛泽东同志说："科学研究的区分，就是根据科学对象所具有的特殊矛盾性。因此，对于某一现象的领域所特有的某一种矛盾的研究，就构成某一门科学的对象。"① 专业化是科学化的基础和前提，如果领导管理工作与其他具体业务工作是相等的，没有什么专业特色和专业要求，它也不可能成为具有特殊性的特殊领域，领导管理科学也会因为失去特定的研究对象而不复存在。即是说，如果人们把各种具体知识简单地等同于领导管理专业知识，或是用各种具体知识机械相加拼凑成一个体系，勉强维持存在，也终将因失去客观特定对象而"寿终正寝"。

实现领导管理工作专业化之路是一定要走的，但是途径是多样的。这里讲的专业化，既不等同于任职单位业务知识的专业化，也不等同于领导管理学专业文凭化。关键是各级干部要树立起实现第二个专业化的转型意识，抓紧自学，接受各种培训、进修，自觉地掌握领导管理理论与方法，注意总结提高，探求领导管理工作的固有规律，较快、较好地实现由具有某门知识与

---

① 《毛泽东选集》第1卷，人民出版社1991年版，第309页。

技术的"硬专家"领导管理,向具有战略决策能力、组织指挥能力、教育与激励能力及协调与控制能力等的"软专家"领导管理的转变,成为"双内行"(具体业务内行、领导管理内行)的新型专业人才,以出色地完成所担负的领导管理工作任务。

转型期中国公共领导体制
变革与廉政建设*

　　腐败被称为"政治之癌",是人类社会健康肌体上的毒瘤,是国家行政管理实践中既重要又难以解决的课题,也是全球性的普遍问题。在中国现实中,腐败现象已达到触目惊心、令人发指的地步,成为妨碍社会进步、经济发展和政治稳定的公害。有理由认为,如今对我国改革开放进程威胁最大的暗礁就是腐败。党的十六大报告指出:"坚决反对和防止腐败,是全党一项重大的政治任务。……对任何腐败分子都必须彻底查处、严惩不贷。"腐败的本质是以公共权力为资本,背离公共利益目标,为个人或小集团谋取私利。简而言之,即以公权谋私利。腐败现象的产生有着社会经济结构、政治体制、文化背景等各方面的原因,如何清除腐败、保证政治清廉是一个非常复杂的任务。

　　对于政府官员滥用职权、贪赃枉法的腐败现象,人们深恶痛绝是理所当然的,但我们决不能仅仅停留于感情上的愤慨和道义上的谴责,也决不能期望只开几个会、做做思想工作就能解决问题。我们认为,腐败虽然与个别政府官员的思想、道德有关,但当前的腐败主要是结构性腐败,它根源于社会转型时期的制度缺陷。因而在分析腐败问题时,不能将一切都简单地归结为"世风日下""人心不古",而回避对深层次制度层面问题的探讨。显然,这样得出的结论将永远只是表面的、不可靠的。在学术研究中,必须严格地对约束个人活动的不同制度环境进行比较,真正地探讨人们行为动机一致时不同制度约束的区别,把个人行为结果的差异归因于不同制度的结构差异,从而将研究的重点转移到制度上来。我们应该把腐败当作一种社会病态,科学地探索腐败的深层次问题,分析其产生的现实基础和社会根源,充分认识反腐败斗争的长期性、艰巨性和复杂性,从而采取相应的制度化对策,才能收到切实有效的成果。

　　反腐兴廉是社会热点问题,也是学术界研究的重要课题。围绕这一课

---

* 本文原载于《公共管理学报》2004年第2期,原作者为王乐夫、倪星。

题，国内外的政治学、行政学、法学、经济学和社会学学者都进行了广泛、深入的探讨，取得了相当大的成就，对社会实践产生了重大影响。本文则试图另辟蹊径，从领导学的视角出发，对转型期中国公共领导体制变革与廉政建设之间的关联进行分析和探讨，揭示腐败的制度性机理，并提出相应的反腐败对策建议。这一研究，对于改进我国公共领导体制，维护改革开放成果，促进全面建设小康社会战略的顺利推行，具有重大理论和现实意义。

一、公共权力与腐败的一般关系分析

腐败与反腐败是人类政治生活中永恒的主题之一。伴随着公共权力的出现，不正当运用公共权力以谋取私人利益的可能性也产生了，腐败由此萌发。显然，腐败与公共权力休戚相关。腐败的发生以公共权力的存在为前提，腐败的恶化以公共权力的滥用为标志，腐败的遏制也必然要以公共权力的制衡为基础。公共权力是腐败的载体，没有公共权力就谈不上腐败。所以，要透彻研究腐败问题，必须首先剖析公共权力与腐败之间的关系。

从历史发展的角度考察，为了生存和发展，人类需要彼此合作、共同行动，通过集体的努力来实现目标，达到单个个人所无法企及的结果。这样，各个孤立的个人就联系在一起，纳入群体网络中，共同组成了人类社会。在社会生活中，自由交换和市场体制可以协调、解决基本的资源配置问题，而在市场失灵的地方，公共权力必须发挥应有的作用。公共权力是一种合法的强制权力，它源自社会公众的授予和认可，是社会公共利益的代表，具有强制性和普遍性。公共权力通过许可、禁止、征税和罚款等形式，鼓励或限制某种行为，其管辖范围是整个国家，能够有效地遏制"搭便车"现象，节约交易成本和组织成本。现实中公共权力的具体行使者是各种形式的政府。政府是国家表示意志、发布命令和处理事务的机关，实际上是公共权力代理组织及其官吏的总称。洛克认为，政府是人民通过协议自愿联合的共同体中和平、安全和公众福利的保护者，是人民一致同意让渡的立法、司法和行政权力的执行者。从公共权力的运作机理来看，它在本质上应该是公众意志的反映，但在现实中却由政府官员执掌和运用，因而产生了公共权力运作的两重性：一方面，公共权力与社会整体利益和人民群众的共同需要相关，它可以而且应当用来为广大人民服务，这要求政府官员勤政廉政；另一方面，公共权力与掌权者的集团利益和个人利益相关，它很可能被用来谋取私利、践踏公共利益，即产生腐败。我们并不认为公共权力天生就是万恶之源，但权力的两重性使之成为一柄"双刃剑"。公共权力的运作过程实际上就是社会利益的分配过程,这为一些人利用权力谋取私利提供了便利条件。公共权力的行使能给掌权的政府官员带来金钱、名望和地位等利益,对之具有天然的腐蚀性,容易诱使其做出损公肥私的行为,腐败活动便由此产生。腐败对社会产生了巨大的破坏作用,这种破坏作用的程度与公共权力的大小呈正比关系。如果权力成了腐败的工具,那么,某人拥有的权力越大,给社会带来的灾难则越多。

在现代社会中,政府必须服务和服从于人民利益的观念已经深入人心,民主政治体制已经牢固地建立起来。由公众授予的公共权力,应该是,而且也只能是服务和服从于公众的利益,除此之外,不应有任何其他的目的。但在腐败的社会中,公共权力发生了异化,它不再服从于公众的利益,而是效力于金钱,蜕变成为掌权者谋取个人私利的得力工具,从而使公共权力的本质有了根本的改变,公共权力逐步被私有化、商品化、资本化。统治国家的目的是增进整个社会的共同利益,而非统治阶层小集团的利益,政府的目的与合法性都来自对社会利益的忠实维护。当统治阶层滥用职权、营私舞弊时,其公益心丧失,道德堕落,统治的合法性亦随之失去。

在分析广大发展中国家的腐败问题时,很多学者认为,缺乏适应国情的民主制度,不能有效制约国家公共权力的行使是腐败现象蔓延的重要原因;在新旧体制交替过程中,政治系统调控机制的紊乱为腐败现象的蔓延创造了机会;有限的合法政治参与途径限制了新的财富和权力阶层利益表达的机会,于是贿赂成为他们政治参与的手段;监督体制不健全,监督机关缺乏必要的权限与独立性,使腐败现象得不到及时遏制;政治系统缺乏合理的利益机制,腐败行为的利益动力强劲;缺乏法治传统,法制观念淡漠助长了公共权力行使的随意性;等等。凡此种种,都说明了同一个道理:公共权力的两重性,使腐败活动的发生成为可能。如果公共权力的运作缺乏监督和制约,成为绝对的权力,腐败则难以避免。

孟德斯鸠认为:"一切有权力的人都容易滥用权力,这是万古不易的一条经验。有权力的人们使用权力一直到遇有界限的地方才休止。"[①] 洛克指出:"谁认为绝对权力能纯洁人们的气质和纠正人性的劣根性,只要读一下当代或其他任何时代的历史,就会相信适得其反。"[②] 阿克顿的说法更为直

---

① 孟德斯鸠:《论法的精神》上册,张雁深译,商务印书馆1961年版,第154页。
② 洛克:《政府论》下册,叶启芳、瞿菊农译,商务印书馆1964年版,第56页。

接:"权力导致腐败,绝对权力导致绝对腐败。"① 没有制约的绝对权力容易产生腐败,而要防止腐败,就必须加强对公共权力的制约,建立、健全对公共权力的监督和制约机制。正如孟德斯鸠所言,对公共权力的运行划定"界限"。在中西方政治实践中,用于制约公共权力、防范腐败的一般机制包括:加强民主政治,强化公众监督;权力分立,用立法权和司法权制衡行政权;设置独立监察机关,严惩官员的腐败行为;等等。

二、社会变迁与中国公共领导体制的演化

日常社会管理中,公共权力是由各级政府机关具体担负和行使的。在政府内部,对于公共权力的运作有着严格的制度规范,这就涉及公共领导体制的内容。从一定意义上讲,公共领导体制乃是公共权力运作的核心性制度框架。体制,一般是指某一个组织的制度及运行方式,其实质是权力关系的制度化、程序化。政府是行使国家公共权力,对社会公共事务进行管理的机构。在它代表国家对社会事务进行管理的时候,首先要将公共权力在自身组织内部进行分配,划分职权,明确责任,分级而治,从而形成政府内部各个层级、各个部门之间的权力分配关系。在人类历史上,各个政府组织层级、部门之间的权力关系有多种形式,于是产生了不同的权力分配关系。这种权力关系的制度化,就形成了各种各样的政治体制和政府体制。其中,由于领导处于统帅、引领、指导、控制整个组织前进方向的核心地位,所以,公共领导体制自然成为各种政府体制中最为关键的部分,成为公共权力运作的核心性规范。

理论上,公共领导体制主要可以按照权力的集中程度划分为集权制与分权制,按照享有最高决策权人数的多寡划分为首长制与委员会制。集权制,是指决策权主要集中于上级,上级对下级享有完全的指挥、监督之权力,下级只能接受上级命令和指挥的一种领导体制。其基本特征是上级高度集权,严格控制所有行政事务,下级没有或极少有自主权。集权制有着自身的优越性:能够做到政令统一,统筹全局,防止政出多门;层级节制,指挥灵便,令行禁止,有利于提高效率;集中资源用于重点建设,避免人财物分散、盲目建设及资源浪费。但集权制的主要缺点是:上级操控一切,易导致专制和个人独裁;层次繁多,事事层层汇报,易费时误事,不能及时、果断地处理

---

① 阿克顿:《自由与权力》,侯健、范亚峰译,商务印书馆2001年版,第342页。

行政事务；压抑下级的积极性，不利于下级因地制宜处理自身事务；下级对上级唯命是从，过分依赖，不利于下级人员工作责任心及工作能力的培养。与集权制不同，分权制明确划分上级和下级的管辖权限，下级在自身职权范围内独立活动，上级不加干涉，其优缺点恰恰与之相反。

首长制，又称一长制或独任制，是指组织的法定最高决策权由某一个人独立执掌的领导体制，其基本特征是最高首长对各种事务拥有最终决定权，一人决定一切行政措施，其他领导成员均为最高首长的幕僚，只有建议权，而无决定权。首长制的优点是：事权集中，办事果断，指挥统一，行动迅速，有利于行政效率的提高；责任明确，权责统一，可避免职责不清、互相推诿、无人负责等弊端的产生。首长制的缺点是：首长个人独揽全权，易形成个人专制；首长易滥用职权，拉帮结派，营私舞弊；首长一人的智力、精力有限，对问题的考虑难以周详，难免出现"智者千虑，必有一失"之弊。与此相反，委员会制则是最高决策权由两个以上的领导者集体共同执掌的一种领导体制，其特点也与首长制截然不同。

实践上，各种公共领导体制各有利弊，并无绝对优劣之分，应视具体情况的不同而灵活运用。明代政治家张居正在《陈六事疏》一文中指出："天下之事，虑之贵详，行之贵力，谋在于众，断在于独。"他认为，决策要深思熟虑，集思广益，应该广泛征求众人意见；执行则要行动迅速，应该由个人负责。美国行政学家怀特也主张：执行与指挥的事务应采用首长制，制定政策法令宜采用委员会制，因为集体的智慧往往高于个人的智慧。

我国具有悠久的历史文化传统，在历史发展长河中，中华民族创造出各种文明成果，形成了一套完整的社会管理制度，其中也包括领导体制。中国传统的领导体制，具有鲜明的集权特色。在古代，国家的所有权力属于皇帝，"普天之下，莫非王土；率土之滨，莫非王臣"，皇帝是国家一切资源和权力的垄断者。虽然国家也设置各种机构和人员，进行适当的专业化分工，以协助皇帝管理国家，但是所有权力的最终归属，毫无疑问都属于皇帝。在此意义上，中国古代是不存在所谓"公共领导"这一概念的，整个历史充斥的都是当权者在"家天下"的旗号下，为了一己私欲，对权力毫无节制地滥用，对社会肆无忌惮地掠夺，对民众无以复加地压榨。

以君主专制为核心的集权领导体制，一直贯穿于古代中国社会。直到20世纪初，辛亥革命推翻帝制，民主共和的理念深入人心，中国开始了向现代社会的艰难转型。中华人民共和国的成立，标志着真正的现代公共领导体制建设时期的开始。

党的十一届三中全会的召开，宣告中国进入了社会主义现代化建设的新征程。伴随着自 1978 年开始的改革开放，中国社会各方面发生了深刻变化，公共领导体制也经历了从小到大、由表及里的改革历程。改革开放是一项前无古人的事业，需要摆脱旧势力的束缚，打破旧思维的惯性，克服各种不可预知的障碍，披荆斩棘，探索新路。因此，必须要有一个高瞻远瞩的领导者，以强烈的历史使命感和大无畏的精神，强力发动改革，并不断使之向纵深推进。这样，在改革开放初期，维持甚至强化公共领导的权力集中度和权威性，是十分必要的。至今，通过 20 多年的努力，中国改革已经取得阶段性成果，社会主义市场经济体制初步建立起来，人民生活水平得到切实提高，民主理念和社会自治能力大幅度提升。与之相伴的，公共领导体制的现代化转型也逐渐深化，按照马克斯·韦伯的理论，这是一个从传统型权威和个人魅力型权威向法理型权威的转换过程，主要表现在以下几个方面。

（一）反对领导者个人独断专行，恢复和完善民主集中制

为了吸取"文化大革命"的教训，中共党内进行了深刻反思，认识到反对个人崇拜、健全民主集中制的必要性。邓小平指出："民主集中制是党和国家的最根本的制度，也是我们传统的制度，坚持这个传统的制度，并且使它更加完善起来，是一个十分重要的事情，凡是违反这个制度的，都要纠正过来。"[①] 因此，新修改通过的《中国共产党章程》规定：党的各级委员会实行集体领导和个人分工负责相结合的制度。凡属重大问题都要按照集体领导、民主集中、个别酝酿、会议决定的原则，由党的委员会集体讨论，作出决定。党禁止任何形式的个人崇拜。要保证党的领导人的活动处于党和人民的监督之下，同时维护一切代表党和人民利益的领导人的威信。不允许任何领导人实行个人专断和把个人凌驾于组织之上。1982 年宪法第三条也明确规定："中华人民共和国的国家机构实行民主集中制的原则。"

（二）强调制度建设，依法治国，将公共领导活动纳入法治化轨道

从某种意义上说，制度是更带有根本性的问题。如果离开制度，就会变成无法可依的人治。对于制度的重要性，邓小平说得很透彻，"我们过去发

---

① 邓小平：《在扩大的中央工作会议上的讲话》，载《邓小平文选》第 1 卷，人民出版社 1994 年版，第 312 页。

生的各种错误,固然与某些领导人的思想、作风有关,但是组织制度、工作制度方面的问题更重要。这些方面的制度好,可以使坏人无法任意横行,制度不好可以使好人无法充分做好事,甚至会走向反面……这个教训是极其深刻的。不是说个人没责任,而是说领导制度、组织制度问题更带有根本性、全局性、稳定性和长期性"[①]。沿着这一思路,以江泽民为首的第三代领导集体明确提出:"依法治国,建设社会主义法治国家。"这要求将党和国家的一切活动纳入法治化轨道,其中最重要的就是对公共领导活动的法治化规范。

(三) 适当下放权力,充分发挥各方面的积极性

由于人类生产、生活的社会化程度日益加深,各项社会事务相互依存、相互制约,任何人都无法摆脱社会的影响而孤立地存在和发展。现代社会的这种特性要求各种事务之间必须保持高度的协调性、一致性,要求政府在宏观层次上进行统一的协调和控制。从这个意义上说,适当的中央集权是必要的,有利于维护全国政令的统一、社会公平和稳定。但是,现代行政管理既讲求组织的整体效能,也重视组织中每一层级、单位、成员效能的发挥,忌讳上级机构和领导者包揽一切。鉴于此,我国出现了一种纵向分权的趋势,即让地方和下级在统一法制规范下充分享有管理自身事务的自主权,充分调动各方面的积极性和能动性。

三、公共领导体制视角下的腐败与反腐败

公共领导体制是规范公共权力运作的核心性制度框架,传统型领导体制与现代型领导体制各自关于公共权力运作的制度安排迥然不同,导致公共权力运作的特征各异,由此出现的腐败与反腐败活动也具有不同的特点。

在中华人民共和国成立初期,公共领导者的个人品质,与相对集权的领导体制相配合,共同保证了相当长时期的政治清明。一方面,早期的领导者绝大多数是革命者出身,他们具有崇高的革命理想和坚强的革命意志,经历过艰苦卓绝的战争年代,经受过各种生与死的考验和洗礼。大浪淘沙,去伪存真。从个人品质来看,他们人格高尚,胸怀宽广,目标远大,具有献身精

---

① 邓小平:《党和国家领导制度的改革》,载《邓小平文选》第 2 卷,人民出版社 1994 年版,第 333 页。

神，能够做到以身作则，严于律己。所以，这些领导者一般都能够恪守原则，艰苦朴素，体恤民情。另一方面，当时的集权型公共领导体制，能够做到令行禁止，使最高领导者的意志和政策能够得到雷厉风行的贯彻执行。在这种情况下，高层领导者的个人意志和作风就直接左右着全国范围内的政治风气。高层领导者个人的严谨态度和相对清贫的生活，对党内外起到了良好的示范作用，再加上严格的组织纪律，使得腐败现象较为少见。

当然，任何社会中的腐败都是不可彻底避免的。对于腐败，早期的领导者采取了两种主要方法进行惩治：一是思想教育，二是社会运动。

从反腐败的角度来看，思想教育本来就是一种治本的方法。试想，如果所有的政府官员都能够自觉地做到"拒腐蚀、永不沾"，所有的社会公众都拒绝拉拢和腐蚀当权者，那么腐败自然丧失了存在的基础。事实上，正是因为人性中自利的一面战胜了利他的一面，才导致腐败的恶化。"权力弊病的根源，它的实质存在于人的生命中的恶性。它是善性的对立面。……解决这一问题惟一有效的方法是，在个人行为上要使利己主义即贪欲，服从利他主义即爱。"① 个人的觉悟和自我克制能力，是可以通过思想教育来提高的。在过去相对长的一个历史时期，中国共产党依靠强有力的思想教育保持了整体廉洁的形象。毛泽东强调"改造人的灵魂"的必要性，要"培养出有高度政治觉悟的、全面发展的亿万共产主义新人"②，从灵魂深处消灭人的自利本性，从而消除腐败产生的思想根源。实践证明，这套思想教育和理论灌输的方法是行之有效的，中华人民共和国成立初期，腐败的确较为轻微。而当前我国腐败问题的加剧在一定程度上是与思想教育的弱化相关的。

在理想状态下，思想教育式反腐败方略的成本最小、收益最大。因而，在任何时候都应该强调思想教育。特别是在当代中国，重建中华民族的道德观念已经成为当务之急。然而，在社会实践中，思想教育式反腐败方略的实际效果难以保证，结果很不可靠。思想教育是通过意识形态和道德观念起作用的，它毕竟只是一种内在的和无形的力量，只能够潜移默化地规范人们的行为。如果缺乏外部监督和正式的法律制度，人们经常会放纵自己，即使违背了道德准则也会原谅自己。事实上，道德的感召力往往比不上金钱的诱

---

① 池田大作、汤因比：《展望二十一世纪——汤因比与池田大作对话录》，荀春生译，国际文化出版公司1985年版，第264页。
② 《人民日报》社论：《全国都应该成为毛泽东思想的大学校——纪念中国人民解放军建军39周年》，载《人民日报》1966年8月1日。

惑，难怪马克思不无遗憾地指出："惟一比爱情更令人发狂的东西就是货币。"① 当道德对人们心灵深处阴暗的东西不构成压力时，这种阴暗的东西就会堂而皇之地走出来，自觉不自觉地纵容了腐败。因此，长期坚持对政府官员进行反腐败的思想教育，固然能够帮助他们从主观上增强对腐败诱惑的抵制，但实事求是地讲，很难指望通过教育使得所有的（或者绝大多数）干部成为"道德超人"。如果我们承认现实，把政府官员看作是具有七情六欲的正常人，就应该在教育他们从主观上消除腐败内因的同时，在客观上减少诱使他们腐败的外因。一种有效的反腐败方略，应该是一个复杂的系统工程，既要尽可能消除腐败诱因，减少腐败的可能性，又要坚决惩治腐败分子，还要配以正面的思想教育。

至于社会运动式反腐败，是指通过广泛的宣传动员和大规模的群众参与，对腐败分子形成强有力的压力，从而达到反腐败的目的。通过社会运动来反腐败，往往能够收到立竿见影的效果，在短期内效率非常高。动员群众参与，实行广泛的群众监督，腐败分子将无处藏身，大大提高腐败被揭发的概率，增加腐败的风险成本。这样，敢于以身试法的腐败者大幅度减少，便能有效地遏制腐败现象的发生。

在实践中，20世纪50年代之后，中国曾经开展过无数次群众运动。其中规模较大的有1951年的"三反""五反"运动，1957年的整风运动，1963年的"四清"和社会主义教育运动，1966—1976年的"文化大革命"。虽然这些运动的具体背景和目标各异，但贯穿其中的一个共同主题之一，就是通过群众运动来反对在各级党政机关、公有经济中发生的大大小小的腐败，清除党内的腐败分子。社会运动式反腐败在短期内也许会有较大的成效，其发动群众、重视社会监督的方法也很值得我们借鉴。但是，如果放在较长的时期中，该方法的有效性就值得怀疑了。总之，社会运动式反腐败方略的收益并不稳定，而且，其社会代价是如此之高，以致丧失了推广的价值。

1978年以后，中国进行改革开放，社会开始转型，传统型领导体制也逐渐向现代型领导体制转型。在社会转型过程中，旧的社会规范尚未完全退出历史舞台，新的社会规范还没有彻底确立，不可避免地出现了二元社会结构。当公共权力面对两套截然不同、但都不违法的体制和规则时（如价格

---

① 马克思：《1844年经济学哲学手稿》，刘丕坤译，人民出版社1979年版，第108页。

双轨制），往往采取于己有利的方式，从而滑向腐败的泥沼。正如亨廷顿所言："按照传统的准则是合法的、可以接受的行为，在现代人的眼中却成为腐化的和不可接受的。因此，在一定程度上，现代化中社会的腐化与其说是行为背离了公认的准则，不如说是准则背离了现实的行为模式。"① 同时，社会转型也是从单一同质社会到多元异质社会的转化过程，社会日趋多元化，不同特殊利益集团纷纷崛起，他们对政府施加影响，这容易腐蚀公共权力。此外，新体制的发育和旧体制的式微引发了既定社会角色格局的变动，对于政府官员而言，过去拥有极高的经济、政治地位和社会声望，而现在仅仅被视为服务于社会的普通公职人员，其工资收入也变成社会中下层水平。这种角色转变使很多官员难以适应，导致心理失衡，容易滥用权力，通过权钱交易进行"补偿"。在转型期社会所面临的众多矛盾之中，腐败是影响最为严重的问题之一。现代社会的环境发生了重大变化，社会基本结构相应变动，公共领导体制的构架和运作模式也迥然不同。在这种全新的局势之下，要彻底地遏制腐败，就必须采取全新的反腐败思路。

四、深化公共领导体制改革，推动廉政建设

当今中国困惑于这样一种政治现实：政府反腐败的力度逐年加大，而腐败的烈度却不见消减。如果还相信人为的努力可以控制腐败的发展，那么我们有必要反思一下既有的思路与对策。社会腐败之风，固然与某些政府官员的思想、道德和作风有关。然而，如果仅在道义上反腐败是远远不够的。实际上，当前的腐败主要是结构性腐败。腐败现象的产生主要根源于制度缺陷，即市场经济转型期的制度缺陷。因此，在反腐败对策上，我们必须将大方向相应地转向制度建设。同时，从公共领导体制的角度来看，现代公共领导体制是一种法理型权威，建立在对法律和制度的尊重之上。因此，我们主张，中国的反腐败斗争应该以制度约束为主，适当吸收、借鉴思想教育和社会运动的优点，通过制度创新，制订一个合乎国情和针对腐败根源的系统化反腐败方略。

具体的制度设计，可以改变个人的成本——收益核算模式，从而最终决定其行为取向。一方面，制度确定了公共权力的运行规则，影响着资源配置

---

① 亨廷顿：《变革社会中的政治秩序》，李盛平译，华夏出版社1988年版，第60页。

方式，公共权力通过创造差价来牟利的空间大小不一，官员腐败的预期收益值就发生了变化；另一方面，制度规定了合法与非法的界限，使官员腐败的成本产生波动。基于此，制度约束式反腐败方略认为，虽然官员的自利动机不可能根除，但可以通过制度创新和加强制度约束来规范公共权力，规范官员行为，减少信息成本和不确定性，并能给当事人以恰当的惩罚，从而降低腐败的成本——收益比率，使之成为一种不合算的行为，以最大限度地遏制腐败的发生。

在实践中，制度约束式反腐败方略得到广泛运用，取得了良好的效果。从动态的角度讲，制度约束包括事前预防、事中监督和事后惩罚三大机制。事前预防是指建立严格的法律、制度，堵住制度漏洞，减少政府对经济生活的干预，规范政府及其官员的行为，从而消除贪污、贿赂的空间；事中监督是指在政府及其官员行使职权的过程中，通过专门的监督机关、新闻舆论和社会公众，实施全方位的及时监督，使其行为完全暴露于阳光之下，彻底丧失徇私的可能性；事后惩罚是指对政府及官员行为的结果进行严格的考核，使每个人都得到与其行为相符合的报偿，依法对勤政廉政者给予奖励，对腐败者给予惩罚，不存在漏网之鱼，彻底消除其侥幸心理。

目前，越来越多的人开始认识到以制度约束遏制腐败的重要性，但反腐败制度本身也必须建立起有效的实施机制。如制度应该注意可行性、可操作性及运行的成本；制度应该尽量减少实施人的人为可改变余地；保障制度的权威性和严肃性；提高违约成本；任何人不能凌驾在法律和制度之上；等等。[①] 实践证明，在各种反腐败方略中还是制度约束式反腐败方略的效果最好。良好的制度不以个人意志为转移，避免了"人存政兴、人亡政息"的局限；它为所有人提供了一个相对固定的行为准则，能够稳定其行为预期，有效地引导个人活动。与思想教育相比，制度是一种硬约束，其实际效果以奖惩手段作保障，十分可靠。与社会运动相比，制度发挥作用的过程长期而稳定，总成本不高，总收益很大。综合各种考虑，制度约束式反腐败方略的长期收益稳定，长期成本适中，经济效率是最大的。因此，它成为现实中最具有可行性的反腐败方略。正是在这一意义上，党的十六届三中全会明确提出了建立健全教育、制度、监督并重的惩治和预防腐败体系的目标，这是我们党对社会主义市场经济条件下深入开展党风廉政建设和反腐败斗争提出的

---

① 卢现祥：《我国转型时期腐败问题的制度经济学思考》，载《湖北行政学院学报》2002年第1期。

新要求，是加大从源头上防治腐败的根本举措。胡锦涛同志在中纪委第三次全体会议上进一步强调指出："推进反腐倡廉工作，要继续坚持标本兼治、惩防并举。……加强党风廉政制度建设，建设反腐倡廉的制度体系；加强监督制约，形成权力正确行使的有效机制。"这一系列论述，标示着我国反腐败战略的彻底转型，标志着我国制度化反腐败战略的初步成形。

如前所述，公共权力的存在是产生腐败的物质前提，公共领导体制是公共权力运作的核心性规范。因此，从公共领导学的视角出发，深化公共领导体制改革，约束公共权力，尤其是高层领导者使用公共权力的方式，是反腐败廉政建设中的重要环节。2004年，《中国共产党党内监督条例（试行）》《中国共产党纪律处分条例》相继出台，标志着党内监督和纪律工作从此进入规范化、制度化的新阶段。《中国共产党党内监督条例（试行）》以党内民主为主线，规定了发展党内民主的具体措施和要求，规定凡属方针政策性的大事，凡属全局性的问题，凡属重要干部的推荐、任免和奖惩，都要按照集体领导、民主集中、个别酝酿、会议决定的原则，由党的委员会集体讨论做出决定。条例强调，党内监督重在制度建设，分别对集体领导和分工负责、重要情况通报和报告、述职述廉、民主生活会、信访处理、巡视、谈话和诫勉、舆论监督、询问和质询、罢免或撤换要求及处理10种监督制度做出了具体规定。尤其值得强调的是，党内监督条例首次以党内法规的形式确定党内监督的重要对象是党的各级领导机关和领导干部，特别是各级领导班子主要负责人，并明确了对中央政治局、常委的监督和意见反映问题。在此基础上，《中国共产党纪律处分条例》详细规定了对党员违法违纪行为的具体处罚措施，这是党要管党、从严治党、制度治党的具体体现。

根据我国具体国情，要进一步深化公共领导体制改革，规范公共权力运作，推动廉政建设，必须继续做好以下方面的工作。

（1）进行良好的宪政分权，发展直接民主，加强公共权力委托人对代理人的控制力度。公共权力的委托—代理失灵，是产生腐败的政治性制度根源。为了解决这一问题，必须合理划分政治权力，进行良好的宪政安排，增加由委托人决定政治事务的直接民主因素。要明确的是，并不是所有的国家权力都应当被代理、都可以被代理。作为公共权力行使后果承担者的委托人，应该合理地把某些权力委托给代理人行使，而相应地保留另一部分权力。人民应保留对政府的最终决定权，当政府的行为偏离了公共目标、损害了公共利益时，人民有权通过合法的形式来选择新的代理人。人民必须直接保留对政府官员的控制权，譬如选举权、罢免权、全民公决等；而政府则主要掌握对国家事务的具体决策和管理的权力。唯有进行合理的宪政分权，才不至于使人民在制度上陷于被动局面，造成公共权力的变异。事实上，直接民主制在现实政治中的某些运用，有利于克服代议制的弊端，共同促进政治民主化程度的提高。随着生产力的发展、科学技术的进步和公民素质的提高，公民直接的政治参与具备了更为便利的条件。中国近年来村民自治的政治实践表明，委托人作为公共权力所有者的抽象地位一旦在制度上得到具体化，将极大地激发其参政积极性，及其对代理人选择和控制的重视程度，从而大大压缩了代理人滥用职权、以权谋私的空间。

（2）引入政治竞争，实行政务公开，改善公共权力委托人与代理人之间信息不对称的状况。代理人的信息优势是引发委托—代理问题和代理人腐败的关键所在，良好的信息沟通是发扬民主、消除腐败的必要条件。在双方信息对称的情况下，人民可以掌握充分的信息，从而能够进行有效的管理，激励和监督也就变得极为容易，一切问题都将迎刃而解。为此，促进信息的交流，减少委托者与代理人之间的信息差距是非常重要的。现实中已经实行的政务公开制度，主要是由政府发布信息向人们传达有关情况。但仅有这一点是远远不够的，还应包括：适当的政治竞争机制，即通过政治家之间的深层次竞争，向社会公众披露大量的真实信息；开放的社会舆论，即人民享有思想和言论的自由，保证各种信息自由、顺畅地流动；独立的新闻媒体，即人们可以通过大众传媒及时地了解所需信息；规范的政务信息公开制度，即政府必须主动而非被动地告知民众，自动接受监督；完备的"阳光法案"，即彻底透视公职人员与职权相关的所谓隐私。

（3）转变政府职能，推动行政体制改革，规范政府行为。在现阶段，有许多人把腐败的恶化归咎于市场经济的发展。事实上，腐败行为之所以滋生蔓延，恰恰正是由于市场经济体制发展还不够完善造成的。在计划经济向市场经济转轨的过程中，由于政府对经济的干预过度和失当，出现了许多经济体制上的漏洞，如价格双轨制等，造成大量经济租金的存在，市场受到扭曲。所以，首要问题就是尽快完善市场经济体制，以创造公平竞争的市场经济环境，堵住经济体制中的漏洞，铲除滋生腐败现象的温床。与此相适应地，要加速政府经济职能的转变，使政府的经济职能从微观调控向宏观调控转变。要使资源尽快从权力的控制下解放出来，交由市场去配置。凡是市场能做的事，政府尽量不要干预，政府只在宏观领域间接调控经济，把不应由政府行使的微观职能逐步转给企业、市场和社会中介组织。只有这样，才能使"看不见的手"与"看得见的手"紧密配合、共同调节，既可以促进经济繁荣，又使腐败的可能性被限制到最低程度，从而在最大程度上堵塞政府官员以权谋私的渠道，使腐败现象得到有效遏制。

应当明确，转变政府职能并不是削弱政府的能力，更不是取消政府对社会的管理，而是转变政府管理的方式和方法。对于中国这样的发展中国家而言，适当强化政府能力，促进经济现代化是至关重要的。政府职能的发挥是依靠具体的政府机构及其工作人员来完成的，因此，在政府职能转变的基础之上，必须进一步深化行政体制改革，建立一个"职能配置科学、机构设置精简、权责划分合理、人员配备精干、运行机制高效"的现代化政府管理模式。目前，必须做好行政审批制度改革、国有企业管理制度改革、宏观调控体制改革、政府机构改革和人事制度改革。精兵简政，裁撤冗员，提高办事效率，规范公务员行为，保证公务员廉洁自律。

（4）强化监督机制和惩罚机制，加大腐败的风险和成本。没有约束的公共权力可能会给社会带来重大的伤害。目前，我国的监督机制还很不完善，这是现行政治体制的一个薄弱环节，很多地方亟待改进和强化。就遏制腐败而言，强化监督机制主要包括以下几个方面：一是社会监督。它是对腐败行为施加社会压力、制约行政权力的重要手段。在这方面，可推行政务公开制度，让人民群众了解政府管理过程，对官员的腐败行为加以曝光；完善举报制度，鼓励和保护群众的举报行为；开放新闻审查制，允许社会力量兴办新闻媒体，充分尊重新闻自由，发挥传媒的监督作用等。二是法律监督。提高立法机关的地位，改革人大制度，缩减人大规模，实行代表专职制，切实强化人大的行为能力和监督政府的能力；落实责任政府制度，要求各级政府首长对职权范围内的重大事项负领导责任，实现引咎辞职制和失责追究制；建立和健全反腐败的法律、法规，如公务人员财产申报法、反腐败法等，使之真正起到威慑腐败分子的作用。三是行政监督。我国当前的行政监察体制存在的问题很多，如监察机构地位较低、监察权力小、监察人员素质差等。为此，必须强化纪检、监察机关的权力，建立独立的、直属中央的反腐败机构体系，确保其办案的独立性。

此外，针对腐败分子，还必须强化惩罚机制。提高反腐败司法机关的工作效率，严密法网，提高破案率和惩罚力度，依法从重从快地给腐败分子以严厉制裁，大大提高腐败成本，使之成为得不偿失的事情。一方面，破案率高，判刑率高，司法追诉及时，是加大腐败心理成本的直接方法，也是一定时期内防范腐败的最有效方式。因此，必须建立健全专业的打击和预防腐败的司法队伍，提高打击腐败的效率。另一方面，刑罚严格，对腐败的惩罚力度大，是加大腐败惩罚成本的直接手段。因此，可以考虑修改刑法，加重对腐败犯罪的惩罚，提高罚金数额，完全剥夺腐败收益，使腐败失去获取利益的意义；同时延长刑期，使腐败分子忍受更长时间丧失自由的痛苦。①

（5）加强思想教育和道德约束，提高政府官员的廉洁自律度。诺思指出，意识形态或伦理道德能起到降低正式制度的实施成本的作用。道德是一种内在的力量，它从内心深处影响着人们的行为选择，具有先发性优势。在一定程度上，道德是约束经济人行为的最强大和最根本的力量。因而，在本质上，控制腐败的最佳方法就是政府官员的廉洁自律。那些从古至今被社会公认的道德规范和价值观念是无形的社会资源，如果通过现代化方式加以更新和利用，那么它们在反腐败以及制约官员的利己主义动机方面仍然能够起到十分重大的作用。因此，我们不应该忽略，反而应该加强思想教育，通过宣传教育，树立典型，确立合乎现代社会的行政价值观标准，使广大政府官员牢固树立人民公仆的观念，视人民利益高于一切，全心全意为人民服务，大公无私，奉公守法，勤政爱民，廉洁自律，并自觉地远离假公济私、损公肥私、腐化堕落等不良思想的影响。

总之，能否遏制腐败是一个政治系统是否制度化和有效率的重要尺度，也是我国现代化建设能否顺利进行的重要保障。应该认识到，彻底消除寻租腐败对于现实社会而言是几近乌托邦式的梦想。可以断言，在可预见的未来，在我们创造出更理想的社会制度之前，腐败现象极可能与人类社会相伴始终。我们承认寻租腐败现象很难被彻底根除，并不等于任其自流、泛滥成灾。与之相反，我们必须积极采取有效措施，探索新的路子，将寻租腐败现象遏制在最小范围内，不让其滋生蔓延。历史的教训告诉我们，如果不坚决同腐败开战，它将是永远高悬于我们头顶的达摩克利斯之剑，随时有断送我们的改革前程乃至颠覆国家政权的危险。而如果我们能够通过经济体制和政治体制的不断改革，在推动社会发展的同时，最大限度地遏制住腐败现象，那将又是一项彪炳千秋的伟业。

---

① 靳高风、张庆斌：《经济犯罪的经济分析》，载《福建公安高等专科学校学报：社会公共安全研究》2002 年第 1 期。